장진욱 지음

요한계시록!

한 권으로 끝내기

요한계시록! 한 권으로 끝내기

1판 1쇄 발행 2025년 01월 03일

지은이 장진욱

교정 신선미   편집 김해진   마케팅·지원 김혜지

펴낸곳 하움출판사   펴낸이 문현광
이메일 haum1000@naver.com   홈페이지 haum.kr

블로그 blog.naver.com/haum1000   인스타 @haum1007

ISBN 979-11-94276-53-1 (03230)

들어가기 전에

여러분들께서도 이미 잘 아시는 내용이겠지만 성경을 일독하시는 분들께 창세기와 더불어 스펙타클한 기적과 판타지 퍼레이드의 향연을 선사하는, 성경의 대단원을 장식하는 피날레가 바로 계시록입니다. 저는 어렸을 때부터 용이 날아다니고 짐승이 깽판을 치고, 아스트랄한 재앙과 초월적인 두려움, 일명 '코즈믹 호러'의 경지로 휘몰아쳐 가는 인류와 지구의 모습을 잘 그려 놓은 계시록의 스토리에 열광했고, 그 에네르깃슈하고 그로테스크한 한 편의 대서사시, 장렬한 스페이스 오페라에 푹 빠져 불과 열한 살, 초등학교 4학년 때부터 1~2주에 한 번씩은 계시록을 일독하며 감(?)을 유지해 왔습니다. 물론 직접적인 계기는 명화극장에 나온 「오멘」이라는 영화에서 주인공인 악마의 아들 데미안의 머가리에 666이라는 글자가 새겨져 있고 그것이 악마의 숫자라는 예언이 계시록에 나온다는 대목과 계시록을 직접 읽으며 그 부분을 발견하는 장면이 있어 그 영화를 감명 깊게 본 후에, 옛적 베뢰아 사람들처럼 〈그것이 과연 그러한가〉 싶어 집에 있는 성경책을 꺼내 본 것이었습니다. 정말 영화에 나온 그대로 요한계시록 13장 마지막 절에서 악마의 숫자 666을 발견했을 때 제 머리부터 발끝까지 모든 혈관에 뭔가 뜨거운 것이 차오르는 듯했고, 그때부터 현재까지 24년에 걸친 대장정이 시작되었습니다.

2년 정도는 그냥 읽고 놀라기만 하다가 6학년에 올라간 후부터는 아버지가 목사님인 친구네 집에서 요한계시록 강해들을 빌려다 읽기 시작했는데 다행히 독서열이 일찍 트여 그 나이 때부터 조지 오웰의 『1984』, 보카치오의 『데카메론』, 괴테의 『파우스트』와 단테의 『신곡』을 읽고 있던 터라 계시록 강해를 읽고 이해하는 데는 큰 어려움이 없었습니다. 그러다가 중학교에 들어간 14살 때 본격적으로 노스트라다무스의 『백시선』을 비롯한 예언들에도 관심이 커져 연구를 시작했는데, 당시만 하더라도 1992년 다미선교회 시한부 종말론 사건의 파국으로 인해 교회에서 체계적인 종말론 교육이 붕괴되고 시중에도 종말론과 계시록, 예언 연구에 참고할 만한 서적들이 잘 나오지 않는 상황이라 알고 싶은 것은 무지하게 많은데 배우고 익힐 도리가 없어 발만 구르고 있었습니다.

그렇게 목마른 사슴이 시냇물을 찾아 헤매듯이 머리를 싸매고 있던 15살의 저는 마침내 하나님 전에 서원하기를 "이 계시록의 말씀이 무슨 의미이며 어떤 뜻인지 알게 하여 주시고, 또한 짐승, 적그리스도가 누구인지 알게 하여 주시고, 제가 사는 시대에 이것을 보게 하여 주신다면, 남은 평생은 이것을 연구하고 전하는 데 쓰겠습니다…."라고 고하여 올렸습니다. 다만 그 나이에도 약간의 개념은 있었던 듯, 제가 생각하는 〈알게 하여 주십사〉 하는 것은 계시, 환상, 예언, 입신 등 그런 초월적인 은사를 통하여 후까닥 알게 해 주시거나 보여 달라는 것이 아니라, 〈공부하고 연구할 수 있게 도와주십사〉 하는 것이었습니다. 자료들도 구하고, 하다가 막히는 부분은 번득이는 영감으로 깨닫게 해 주시고, 차곡차곡 지식의 내공이 쌓여 때가 이르렀을 때 한눈에 꿰뚫어 볼 수 있는 그런 것을 원했던 것입니다.

하나님께서는 저의 서원을 받으셨던지 그로부터 지금까지 저로 하여금 수많은 자료와 서적을 접하고 보고 읽고 듣게 하셨고 동역자들을 만나게 하셨고, 주고받는 토론과 피드백을 통하여 칼날의 예리함이 더하게 하셨으며 제가 처음 서원을 드린 때로부터 이렇게 소박하게나마 계시록의 말씀을 강해하는 자리에 오기까지 꼭 24년이 걸렸으니 하나님께서는 결코 주님의 종을 나이롱뽕으로 뽑아서 후루꾸로 세우시는 게 아니라 철저히 기초부터 차근차근 배우고 익혀 준비될 때까지 단련시키신다는 것을 저 자신을 샘플로 깨닫게 되었습니다.

물론 지금도 완벽한 것은 없습니다. 여호수아가 7년 전쟁을 치르고도 점령하지 못한 가나안 땅이 많았듯이, 계시록을 각색하여 한 편의 소설로 그려 내고 이제는 말씀을 풀어 강해를 한다고 하면서도 서툴고 어설픈 것이 많습니다. 어쩌면 계시록을 완벽하게 푼다는 것은 천년왕국이 되거나 휴거되어 천당에 가서 요한 사도를 직접 만나 뵙고 말씀을 듣기 전에는 불가능할지도 모릅니다. 그러나 저는 주님 오실 날이 가까운 이 마지막 때, 구원의 복음은 물론이거니와 올바른 종말론과 계시록의 교의가 날이 갈수록 흐려지고 흐트러져 곡해되고 왜곡되는 것을 좌시할 수만은 없었습니다. 제가 뭐 대단하고 잘난 것도 아니고, 이런 표현이 어떤 분들께서는 〈네까짓게 뭔데 그렇게 건방지게 말하냐?〉고 하실 수도 있을 것입니다. 하지만 몰랐다면 모르되 안 이상에는 파수꾼으로서, 청지기로서 그에 맞게 행동하는 것이 도리 이전에 의무이며 한 달란트로 한 달란트를 남기고자 뛰어다니며 영업을 하는 종인 이상, 20여 년 세월 동안 하나님께서 가르치시고 익히게 하신 것을 아니 풀어놓을 수가 없었습니다. 최소한 마지막 때를 맞이하고 있는 우리네 성도들, 그리스도의 몸 된 교회의 지체들이 계시록에 대해 전연 까막눈인 채로 다시 오실 주님을 맞이하게 할 수는 없었습니다.

이미 많은 목사님들께서 요한계시록을 강해하셨고 많은 지식과 지혜들이 존재하고 있지만 저는 어설픈 레벨에 지나지 않습니다. 그러나 저 자신부터 어설픈 만큼 어렵고 복잡하게 설명할 일은 없을 것입니다. 제 목표는 계시록 강해를 주일학교 학생이 들어도 이해하도록 하는 것이며 지면에 적혀진 그 자체로 그냥 보아도 되는 것은 복잡하고 광범위하게 풀거나 해석하지 않고 간단명료한 풀이로 과감하게 돌파하며 중요한 키포인트 부분에 대해서는 저의 필력과 내공을 총동원하여 어렵지 않게, 그러나 의문점이 생기지 않도록 설명하는 것입니다. 최소한 제 강해를 읽고 들으시는 분들의 마음속에 〈아!! 이 부분이 이런 의미였구나!!〉라는 상쾌함과 시원함이 생길 수 있도록 성심을 다하겠습니다.

옛말에 1,000일 동안 군사들을 먹이고 입히는 것은 하루 동안의 전투에 쓰기 위함이라고 했듯이, 어쩌면 하나님께서도 24년간 제게 계시록을 읽고 공부하게 하신 목적이 이날을 위해서가 아닐지 어찌 알겠습니까? 다만 성경 공부는 주님 나라에 가는 날까지 하고 또 해도 모자람이 있는 터라 제가 강해를 결심한 때로부터 하루도 빠짐없이 기도하는 것은 제가 한마디라도 헛소리를 하지 않고, 삿된 것으로 미혹하지 아니하고, 하나님의 말씀과 뜻에 어긋나지 않기를 간구하는 것입니다. 여러분들께서도 이 어설픈 종을 위해 함께 기도하여 주신다면 그보다 더 큰 은혜가 없을 것입니다.

강해에 앞서서 먼저 몇 가지 양해를 구하는 것은

> 1. 말씀 본문은 『개역개정 성경』을 인용하며 필요시 부가적으로 한글 『킹제임스 성경』을 첨부합니다.
> 2. 강해를 할 때 단어 하나, 문장 하나에 꽂혀서 일일이 긁고 파는 식으로 광범위하고 장황한 풀이가 아닌, 해당 장의 전체적인 사건과 스토리 위주로 분석하겠습니다.
> 3. 중요한 키포인트 부분을 설명할 때 부가적인 설명이 추가될 수 있습니다.

이제부터 본격적인 준비운동에 들어가 보도록 하겠습니다.

요한계시록처럼 말도 많고 탈도 많은 성경이 없을 것입니다. 그 무슨 이단 사이비 교파들치고 요한계시록에서 자신들의 정체성을 찾지 않는 패거리들이 없으며, 신천지라고 하는 교파에서는 마치 계시록이 자신들 교파의 역사를 담고 있다는 식으로 개나발을 불어대고 나자빠졌는데 과연 계시록을 쓰신 요한 사도께서 신천지와 이만희가 누군지 알기나 하실지 심히 의문스러운 일이지요. 수많은 이단 사이비들이 계시록을 왜곡하여 자신들의 교리를 만들고 크고 작은 소요를 일으키며 교회와 세상을 심심하지 않게 만들어 주고 있는데, 과연 이 요한계시록이란 책은 뭐 어떤 책이기에 이렇게 바람 잘 날 없이 다사다난한가 싶기도 합니다. 일단 저자는 아시다시피 예수님의 열두 제자 중 유일하게 순교하지 않고 예수님의 모친, 마리아 전담 요양보호사로 평생을 책임졌던 〈사도 요한〉입니다. (살아 있는 노령 연금…)

그 요한 사도께서 대략 A.D. 91~96년 어간에 집필하셨는데 혹자는 서기 95년이라고 콕 집어서 말하기도 합니다. 대개는 계시록의 집필 연대를 네로의 박해가 있었던 A.D. 64년으로 보거나, 도미티안이 황제로 있던 A.D. 81~96년에서도 말엽인 91~96년으로 보는데, 아무래도 후자가 더욱 많은 지지를 받고 있습니다. 다만 네로든, 도미티안이든 살 떨리게 교회를 박해한 미저리 같은 것들이라 요한 사도께서 퍽 쾌적하고 평온한 분위기 속에서 계시록을 집필하셨다고 보기는 어려운데, 그 이유인즉슨 계시록을 집필할 때 요한 사도는 어디 대학 도서관이나 별장 같은 곳이 아닌, 〈밧모섬〉이라는 강제 노동 수용소 내지 정치범 수용소 같은 곳에 수감된 채 계셨던 것입니다. 아무래도 박해 시대다 보니 성도들과 주의 종들을 잡아 가두고 죽이고 하는데 요한 사도께서는 수명을 다 채우기 전에는 절대로 죽지 않는 〈조건부 불사신〉의 은사를 예수님으로부터 얻은 터라 순교하지 않고 섬으로 귀양을 가신 것 같습니다. 원래 그곳이 북한으로 치면 아오지 같은 곳이라 밧모섬 정치범 수용소의 죄수들은 탄광 노역을 했는데 요한 사도께서 광부로 일하셨다면 계시록을 쓰기는 힘드셨겠지요?

(팔십 대 노구를 낮에는 탄광 노역, 밤에는 계시록 집필을 시킨다면 그야말로 〈밤낮으로 쉼을 얻지 못하는〉 체험일 테다…)

풍문에 의하면, 아니, 설화에 의하면 요한 사도께서 첫날에는 탄광 노역에 투입되셨다가 탄광에서 다친 광부를 기도하여 낫게 하시자 밧모섬 정치범 수용소 당국에서 요한 사도는 탄광에서 일하지 말고 다친 죄수들을 위해 기도만 해 달라는 요청을 하여 뜻밖에도 다산초당에 유배 온 정약용처럼 집필할 천금 같은 시간을 얻게 되셨다고 합니다. 어쨌든 이렇게 요한 사도는 밧모 탄광 첫 출근과 동시에 퇴사하게 되고 탄광 노역을 면한 것에 한숨 돌리려나 싶다가 느닷없이 뒤에서 들려오는 큰 나팔 소리 같은 하나님의 음성을 듣고, 환상 속에서 풀옵션을 장착하신 예수님의 모습에 기겁을 하여 기절하려다가 주님께서 〈두려워 말라〉 하시며 본격적으로 〈기록하라!!!〉는 오더를 내리시지요.

(아마 처음에는 놀라서 기절하려다가 두 번째는 진짜로 기절하고 싶었을 듯하다. 기껏 탄광 노가다를 면하고 왔더니 예수님 덕분에 또다시 야근하게 생겼으니….)

어쨌든 그렇게 요한 사도는 붓을 들게 되고 계시록을 집필하는데, 우선 명시된 일차적 수신자는 소아시아 일곱 교회였습니다만 사실 사도들의 편지는 읽은 후에 교회들이 두루두루 돌려 보는 게 암묵의 룰이었기 때문에 사실상 〈모든 교회와 성도들〉입니다.

주제는 물론 성경 전체가 〈예수님에 대해 증거하고〉 있으니 이 계시록 또한 〈예수님의 심판과 재림〉이라 할 터이며 특히 성경의 대단원을 장식하는 것이니만치 구약 때로부터 예비하셨던 하나님의 〈종말론 프로그램〉의 비밀이 드디어 (60초 후에) 공개됩니다.

하나님께서 요한 사도로 하여금 계시록을 기록하게 하신 목적은 일차적으로 당대에 박해를 당하는 교회와 성도들을 위안하시려는 목적, 이차적으로는 마지막 때에 하나님께서 심판하실 적에 어떤 일이 벌어질지 미리 알려 주시려는 목적입니다. 그러니만치 요한계시록은 예언서입니다. 앞으로 이러이러한 일이 일어날 것이라는 예언이기에 일반적인 다른 신구약 성경처럼 교회사 전체에 두루두루 보편적으로 적용시킬 수는 없겠습니다.

계시록을 해석하는 기준을 보면 세 가지가 있습니다.

> **1. 이미 과거에 성취된 것으로 보는 과거주의 해석**
> **2. 초대 교회부터 재림까지 교회사 전체로 보는 역사주의 해석**
> **3. 미래에 일어날 일로 보는 미래주의 해석**

이 중에 아무래도 〈예언〉이니만치 미래주의 해석이 가장 타당한 방법이라 하겠습니다. 예언은 〈이러이러한 일이 일어날 것임〉이라고 미리 알려주는 것이기에 계시록에 나와 있는 바와 같은 그런 일이 문자적, 실무적으로 〈성취 실상〉이 되어 나타나야지만 비로소 그것이 이루어졌다고 할 것인데, 뭐 보시다시피 초대 교회 때로부터 현재까지 오른손과 이마에 표를 받게 하고 그거 없이는 물건도 못 사고, 그거 없다고 몇이든지 다 잡아다 죽이는 그런 일이 아직 일어나지 않았기에 현재 시점에서부터 〈미래〉에 일어날 것으로 상정하는 것이 타당합니다.

(그리고 이렇게 봐야지만 계시록을 왜곡하고 곡해하여 자신들의 교리에 갖다 붙이는 그 많은 이단 사이비들이 원천 차단됩니다.)

계시록을 해석하는 실무적인 기준이 과거주의·역사주의·미래주의라면, 계시록을 해석하는 신학적인 기준은 이렇습니다.
다른 말로는 〈천년왕국론〉이라고도 하지요.

1. 전천년설 2. 후천년설 3. 무천년설

이렇게 세 가지가 있습니다.

> **전천년설은 <재림 후에 천년왕국이 있다>는 해석이고**
> **후천년설은 <천년왕국 후에 재림이 있다>는 해석이며**
> **무천년설은 <천년왕국은 상징이다>라는 해석입니다.**

먼저 후천년설부터 보면 이것은 다시 〈보수주의 후천년설〉과 〈자유주의 후천년설〉로 구분됩니다.

> **1. 보수주의 후천년설**
> **: 선이 증가하고 악이 감소하여 천년왕국이 이루어진다.**
> **: 천년왕국 후 잠시 배교와 환난이 있고 이어 재림이 있다.**

> **2. 자유주의 후천년설**
> **: 기독교가 세계에 전파되어 천년왕국이 이루어진다.**
> **: 천년왕국 후에는 지상낙원이 건설된다.**

대충 들어도 이게 뭔 자다가 남의 다리 긁는 소리냐 하실 텐데 문제는 이 후천년설대로 하면 〈선이 증가해야〉 하는데 보시다시피 선이 증가하기는 개뿔, 나날이 악해져만 가는 세상인 데다가 더 문제는 아예 성경에도 마지막 때가 이르면 사람들이 악해지고 무정하고 원통하고 분을 풀지 아니하는 등등 〈악이 증가한다고〉 하지, 선이 증가한다고 되어 있지는 않다는 것입니다. 그리고 덧붙이자면 이 후천년설로 하면 재림에 대해 먼 미래 일로 치부하거나 아예 신경도 쓰지 않게 되는 부작용이 생기지요. 다음으로 무천년설을 보자면 말 그대로 〈천년왕국은 없다〉는 것인데, 없다고는 안 하고 〈천년왕국은 상징〉이라고 하더군요. 한 마디로 교회사와 구원, 부활 전체를 상징과 영적으로 통치겠다는 소리인데 대략 보면 이렇습니다.

> **1. 지상 기준으로 신약 전체 기간을 상징한다. → 사단 결박**
> **2. 천상 기준으로 신약 전체 기간을 상징한다. → 천년왕국**
> **3. 첫째 부활은 중생의 체험이다.**
> **4. 둘째 부활은 재림 때 부활하는 것이다.**

그런데 문제는 계시록 20장 본문에 적혀 있는 내용과도 전혀 아다리가 맞지 않을뿐더러 뻔히 〈천년〉이라고 적혀 있는 천년왕국의 기간도 인정하지 않는 것이고, 천년왕국이 분명하게 사탄과 짐승이 무저갱과 불못에 집어 처넣어진 후에야 천년이라는 기간이 스타트하는데, 그럼 도대체 예수님은 언제 재림하셨고 사탄과 짐승이 없는데 왜 이리도 세상은 요지경인지 설명이 안 됩니다.

(한 마디로 후천년설과 무천년설은 계시록의 지면에 적힌 본문 글자만 똑바로 읽어도 나올 수 없는 해석이다….)

그렇다면 남은 것은 전천년설인데 이것은 〈역사적 전천년설〉과 〈세대주의적 전천년설〉로 나뉘어집니다.

> **1. 역사적 전천년설**
> **: 재림 후 성도가 휴거되어 천년왕국을 맞는다.**
> **: 성도는 천 년 동안 왕 노릇 한다.**
> **: 천 년 후에는 심판의 부활이 있다.**
> **: 심판 후에는 새 하늘과 새 땅이 있다.**

일견 타당해 보이는데 여기에도 문제가 있는 것이 교회가 고스란히 환난을 다 거치고 지상 재림까지 봐야 한다는 것입니다. 그러니 한 마디로 〈교회 환난 통과설〉이 여기에서 나온 것이지요. 이 기조에서는 적그리스도가 압제하는 7년 대환난도 그냥 일반적인 교회에 대한 핍박과 박해로 인한 환난 기간으로 퉁쳐 버리고 아예 환난의 기간도 〈7년〉이라는 명시가 없이 두리뭉실하게 그냥 〈환난 기간〉 정도로만 풀이하고 있습니다. 무천년설은 아니다 싶은 성도들도 이 역사적 전천년설에 귀가 솔깃하시는 경우가 매우 많은데, 교계에서는 무천년설이 주류이지만 그나마 조금 깨어 있다는 분들은 역사적 전천년설을 정설로 보는 경우가 많습니다.

(아, 여기에서 깨어 있다는 것은 계시록을 단순 상징 정도로 완전히 퉁쳐 버리지 않고 어느 정도 미래에 일어날 예언 수준으로는 인지한다는 의미입니다. 하긴 무천년설 아닌 것만 해도....)

끝으로 소개 드릴 〈세대주의적 전천년설〉은 저의 계시록 기조이자 계시록의 문자적 해석에 가장 적합한 기준입니다.

> **2. 세대주의적 전천년설**
> : 인류의 역사를 일곱 세대로 구분한다.
> : 공중 재림과 지상 재림의 이중 재림이 있다.
> : 교회와 이스라엘은 구분된다.
> : 지상 재림 전에 7년 대환난이 있다.

역사적 전천년설과 다른 점이 〈교회의 환난 전 휴거〉를 인정한다는 것과 〈교회와 이스라엘을 구분〉하고 환난 또한 〈7년 환난〉으로 명확하게 짚고 있다는 것입니다. 다른 모든 천년왕국 이론은 계시록의 말씀을 상징으로, 영적으로, 비유로 해석해야만 그런 식으로 풀이가 나올 수 있지만, 유일하게 세대주의적 전천년설만은 상징적이고 영적이고 비유적인 해석 따위 필요 없이 지면에 적힌 본문 내용 그대로 풀이가 가능한 기조이니 이것이 계시록을 해석하는 데 가장 적합하고 타당한 기준이라 저는 확신합니다.

혹자는 세대주의 소리만 나와도 경기를 일으키는 분들이 더러 계시겠지만 분명 말씀드리거니와 세대주의 신학이란 것은 그 무슨 왜곡이나 곡해가 아니라 〈성경을 문자적으로 나누어 해석하는 기준〉이며 세대주의 종말론은 그 세대주의 신학에 따른 종말론의 해석이며, 무엇보다도 이단이기는커녕 기성 교회 여러 종말론 가운데 하나입니다. 그 세대주의 종말론을 핵심만 뽑아서 계시록을 해석하는 데 적용한 것이 〈세대주의적 전천년설〉인 것이지요. 그러니 그 무슨 이단 옆차기 같은 생각은 집어넣으시고 마음을 평안하게 가지시며 앞으로 이어질 계시록 1장 강해를 기대하여 주시기 바랍니다.

예수 그리스도의 계시라. 이는 하나님이 그에게 주사 반드시 속히 일어날 일들을 그 종들에게 보이시려고 그의 천사를 그 종 요한에게 보내어 알게 하신 것이라. (계 1:1)

1장.

반드시 속히 될 일들 ────────

예수 그리스도의 계시라. 이는 하나님이 그에게 주사 반드시 속히 일어날 일들을 그 종들에게 보이시려고 그의 천사를 그 종 요한에게 보내어 알게 하신 것이라. (계 1:1)

요한은 하나님의 말씀과 예수 그리스도의 증거 곧 자기가 본 것을 다 증언하였느니라. (계 1:2)

이 예언의 말씀을 읽는 자와 듣는 자와 그 가운데에 기록한 것을 지키는 자는 복이 있나니 때가 가까움이니라. (계 1:3)

우리가 요한계시록을 〈계시〉록이라고 하는 이유가 펼치자마자 등장합니다. 예수 그리스도에 관한 〈계시〉, 개역성경으로 하면 〈예수 그리스도의 계시〉인데 어차피 그 말이 그 말입니다. 예수님께서 주신 계시이며, 다시 오실 예수님과 심판하시는 예수님에 관해 말해주는 계시가 바로 〈요한계시록〉인 것입니다. 요한 사도께서는 계시록의 첫머리부터 이것은 하나님께서 주신 예수님에 대한 계시이며 〈반드시 속히 일어날 일들〉을 하나님의 종들, 곧 교회와 목회자들에게 알려 주라고 요한 자신에게 천사를 보내어 알게 해 주신 계시임을 밝혀 두고 있습니다.

(목회자들에게 알려 주면 그 주의 종들이 성도들에게 가르칠 것이기 때문에… 한마디

로 하나님 → 천사 → 사도 요한 → 주의 종들 순으로 내리 전파하는 시스템입니다.)

여기에서 이미 요한계시록을 일컬어 〈묵시 문학〉 운운하는 것은 핀트가 나간 소리임이 명백합니다. 그리고 계시록에 나와 있는 사건들이 〈실제로 일어나야만 성취된 것〉임이 명백해지지요. 왜냐하면 이러이러한 일들이 일어나리라고 계시하신 것이기 때문입니다. 만약 계시록의 일들이 모두 그 당대에 성취되었다면 계시록은 〈과거지사〉이며, 역사 속에서 계속하여 반복적으로 이루어지고 있다면 현재진행형의 〈역사〉겠지만, 엄연히 인을 치고 나팔을 불고 대접을 내리고 짐승과 거짓 선지자가 설쳐 대는 그러한 핵심적인 메인 스토리는 전혀 성취 실상으로 나타난 바가 없기에 현재 시점에서 계시록의 예언들은 〈미래에 일어날 일들〉입니다.

혹자는 〈반드시 속히 일어날 일들〉이니 하나님께서 사도 요한에게 계시를 내려 주신 그 당대를 전후하여 성취된 것이 아닌가 하며 계시록 13장을 로마 황제 시대의 박해와 핍박, 짐승의 우상에게 생기를 주어 말하는 것을 시몬 마구스에 의한 황제 신상의 복화술 수법으로 설명하기도 합니다만, 로마史 전체를 통틀어서 그 어떤 황제도 오른손과 이마에 표를 하고 그 표가 없이는 매매를 못 하게 하고 모조리 잡아 죽이는 짓을 한 적이 없으며 칼침을 맞고 죽었다가 다시 살아난 적이 없습니다. 또한 시몬 마구스를 비롯하여 그 어떤 거짓 선지자도 하늘에서 불이 떨어지게 한 적도 없으니 〈반드시 속히 일어날 일들〉이랬다고 그 예언의 말씀을 사도 요한 동시대에 기계적으로 적용하는 것은 큰 오류입니다. 일단 기본적으로 〈속히 일어난다〉는 기준이 과연 우리의 기준인지 하나님의 기준인지가 중요하겠지요. 하나님의 시간표상으로는 하루가 천 년 같고 천 년이 하루 같다는 것을 다들 기억하실 것입니다. 하나님의 기준에서는 천 년이 두 번 지나도 전혀 오랜 시간이 아니며 우리는 하나님의 그러한 시간 기준을 인정해야 할 필요가 있습니다. 아닌 말로 주님께서도 〈내가 속히 오리라〉 하고 가셨는데 그로부터 2,000년이 지났다고 해서 우리가 주님더러 〈어디서 약을 파시냐고〉 대들 수 있겠습니까?

그러나 이렇게만 본다면 하나님이 너무 우리에게 〈까라면 까〉라고 하시는 것 같아 다소 매정하게 보일 수도 있을 것입니다. 당연한 말씀이지만 그렇게 비상식적이고 매몰차게 역사하시는 분도 아니시고요. 계시록을 해석하신 많은 사역자 분들께서 거의 눈여겨보지 않고 지나쳐 가시는 부분이기도 한데 1장 1절의 〈반드시 속히 될 일들〉은 일차적으로는 당연히 하나님의 시간으로 속히 될 일이라 인간의 시간 개념으로 맞출 수 없다는 것이지만, 이차적으로는 그 반드시 속히 될 일들은 바로 이어질 〈소아시아 일곱 교회에 주시는 예언의 말씀들〉인 것입니다. 뒤에 계속 설명해 드리겠지만 에베소교회부터 라오디게아교회까지 소아시아 일곱 교회에 주신 계시록 3장까지의 말씀들은 물론 교회사 전체를 조감하며 교회와 성도들에게 주신 말씀이지만 당연히 일차적으로는 사도 요한 당대의 그 일곱 교회에 주신 말씀이기에 성취된 것 또한 사도 요한이 그 편지를 보내고 오래지 않아 그 일곱 교회에 이루어졌던 것입니다. 조금 더 말씀을 나누어 디테일하게 설명해 드리면 계 1장 1절의 〈반드시 속히 될 일들〉이란 에베소부터 라오디게아까지 소아시아 일곱 교회에 보낸 편지에 명시된 하나님의 계시인 것이지요.

(일차적으로는 계시록 전체 예언, 이차적으로는 소아시아 일곱 교회를 대상으로 한 예언입니다.)

그러나 〈반드시 속히 될 일들〉이라는 것을 거의 대부분의 사역자들이 계시록 전체 예언을 의미하는 것이라고 도매금으로 넘기고 있기에 혼선이 발생하는 것이고 사도 요한이 계시록을 집필한 초대교회 당대에 일어났던 일이라고 쉽게 치부하는 것입니다. 가령 신천지에서 계시록을 왜곡하는 자신들의 교리를 만들어 그 무슨 〈배도·멸망·구원의 계시록 실상〉이라 하며 1984년의 신천지 설립에 맞추어 계시록의 스토리를 날조하고 있는데, 여기에 대해 교계에서는 〈계시록의 예언이 반드시 속히 될 일들이라고 했거늘 1984년에 신천지가 세워지고 40년이 다 되어 가는데도 천년왕국이 건설이 안 됐는데 그게 무슨 속히 될 일이냐〉라는 식으로 반박을 하는 경우가 많습니다.

참으로 경악을 하여 말씀드립니다만 절대로 그런 식으로 반박을 하시면 안 됩니다. 만약 신천지에서 그런 교계를 향해 이런 식으로 내밀면 어떻게 하시겠습니까?

"너희는 계시록 13장을 로마 시대 교회 박해로 보는데 그렇게 따지면 우리는 1984년부터 고작 40년을 기다리고 있지만, 너희들은 무려 1,900년이 넘었는데도 천년왕국이 안 이루어지고 있으니 산술적으로 따져 보면 40년과 1,900년 중에 어느 쪽이 더 오차가 크냐? 너희가 우리보다 더 하자가 많지 않냐?"

이런 논리로 나온다면 참으로 유감스럽게도 교계의 역사주의 해석 내지 무천년설 기조의 계시록 해석으로는 죽었다 깨어나도 반박할 수 없습니다. 바로 이러한 이유에서라도 계시록의 메인 예언은 〈미래주의〉 개념으로 현 시점에서 아직 성취되지 않은 것으로 인정해야 하며 〈반드시 속히 될 일들〉은 일차적으로는 계시록의 전체 예언을 하나님의 시간 기준으로 포괄하되 이차적으로는 〈소아시아 일곱 교회에 주신 예언〉으로 범위를 명확히 해야 그 모든 계시록을 빙자한 이단들을 원천 차단할 수 있는 것입니다.

(그러면 〈반드시 속히 될 일들〉이 소아시아 일곱 교회로 한정된다면 계시록 3장 이후의 일들은 별개의 다른 것들이냐는 의문이 생길 수 있는데 그 부분에 대해서는 당연히 따로 설명해 드리도록 하겠습니다.)

아무튼 요한 사도께서는 자신이 받은 계시, 기록하신 계시록의 내용들이 하나님께서 천사를 통하여 주신 예수님에 대한 계시임을 명확히 하였고 계시록을 통하여 하나님의 말씀과 예수님께서 증거 하신 것들과 또한 집필하는 동안 천사를 통해 보았던 모든 환상과 표적들을 다 기록하였습니다.

요한 사도는 자신이 목격하고 전달받은 것을 기록하기에도 바빴을 것이며 무엇보다도 하나님께서 내리신 계시인지라 주시는 그대로 무삭제 감독판 블루레이로 기록하는 것 외에 다른 선택지는 없었을 것입니다. 그러니 계시록을 일컬어 〈묵시 문학〉 운운하며 비유나 상징 같은 것으로 치부하는 것은 첫째로는 하나님을 능멸하는 것이며, 둘째로는 필자인 사도 요한에 대한 명예훼손입니다. 그러니만치 요한계시록은 당당히 신구약 정경 육십육 권의 하나로 등재되었고 읽고 듣고 그 기록된 말씀을 지키는 자에게 복을 주시기로 하신 하나님의 약속이며 덧붙여 마지막 때가 가까운 이때 성경의 피날레를 장식하는 중요한 메시지라 하겠습니다.

요한은 아시아에 있는 일곱 교회에 편지하노니, 이제도 계시고 전에도 계셨고 장차 오실 이와 그의 보좌 앞에 있는 일곱 영과 또 충성된 증인으로 죽은 자들 가운데에서 먼저 나시고 땅의 임금들의 머리가 되신 예수 그리스도로 말미암아 은혜와 평강이 너희에게 있기를 원하노라. 우리를 사랑하사 그의 피로 우리 죄에서 우리를 해방하시고 그의 아버지 하나님을 위하여 우리를 나라와 제사장으로 삼으신 그에게 영광과 능력이 세세토록 있기를 원하노라. 아멘. (계 1:4~6)

할렐루야! 계시록의 의의와 정체성을 설명하자마자 곧이어 요한 사도께서는 먼저 〈구원의 복음〉을 선포하십니다.

요한 사도께서 말씀하신 대로 우리 예수님께서는

1. 지금도 계시고 전에도 계셨고 장차 오실 분, 즉 인간의 몸으로 이 땅에 오셔서 십자가를 지셨고 부활 승천하신 후 하나님 보좌 우편에서 우리와 함께하시며 앞으로 공중으로 강림하시어 주님의 신부들을 데려가실 분이시며
2. 그분 자신이 하나님의 구원 복음의 신실한 증인이시며
3. 죽은 자들 가운데서 첫 열매로 부활하셨으며
4. 땅의 모든 왕을 통치하시는 만왕의 왕, 만주의 주이시며
5. 우리를 사랑하시어 십자가 보혈로 우리의 죄를 씻으시고
6. 하나님의 영광을 위하여 우리를 왕 같은 제사장으로 삼으신

그리스도이시요, 살아 계신 하나님의 아들이십니다.

이것이 구원 복음의 알파와 오메가이며 이 외에 어떤 조건도 붙을 수 없으며 말씀하신 대로 〈큰 기쁨의 좋은 소식〉이기에 우리는 성령님의 인도하심을 따라 예수님을 주님이시라 고백하고 예수님께서 우리를 위해 죽으시고 부활하셨음을 믿으며 오늘 내가 죽어도 예수님을 만나 뵈리라 확신한다면, 구원이 나와 내 집에 이른 것이며 하나님의 자녀가 된 것입니다. 이렇게 구원받은 우리에게 남은 것은 예수님과 동행하며 주님께서 주시는 은혜와 평강을 받아 누리는 것이며 우리 예수님께 모든 영광과 권세가 세세토록 있을 것을 믿습니다.

볼지어다. 구름을 타고 오시리라. 각 사람의 눈이 그를 보겠고 그를 찌른 자들도 볼 것이요, 땅에 있는 모든 족속이 그로 말미암아 애곡하리니 그리하리라. 아멘. (계 1:7)

주 하나님이 이르시되 나는 알파와 오메가라, 이제도 있고 전에도 있었고 장차 올 자요, 전능한 자라, 하시더라. (계 1:8)

통상 이 부분을 구름을 동반하신다는(?) 표현으로 인해 휴거 때의 공중 강림으로 보는 경우가 많은데 〈지상 재림〉입니다. 혹자는 〈어? 지상 재림 때는 백마를 타고 오시지 않나요?〉 하시겠지만 간단하게 설명을 드리자면 이렇습니다.

하나님께서 직접 세상으로 임재하시는 부분은

1. 휴거를 위한 공중 강림
2. 아마겟돈에서의 지상 재림
3. 출애굽 백성들을 만나러 시내 산에 강림
4. 솔로몬 성전의 완공 예배 때 강림

이렇게 네 번 정도가 있습니다. 이 중에 지상 재림은 예수님 입장에서 땅으로 내려가시는 시선이며 나머지 세 번은 인간 입장에서 임재하신 하나님을 바라보는 시선인데 지상 재림 외에 나머지 세 번의 공통점은 〈구름〉이 가득한 모습으로 보여진 것입니다. 특히 천사들을 동반하고 오신 시내 산 강림 때는 구름과 나팔 소리까지 들려 거의 휴거 때를 방불케 하였지요.

셋째 날 아침에 우레와 번개와 빽빽한 구름이 산 위에 있고 나팔 소리가 매우 크게 들리니 진중에 있는 모든 백성이 다 떨더라. (출 19:16)

여호와의 영광이 시내 산 위에 머무르고 구름이 엿새 동안 산을 가리더니 일곱째 날에 여호와께서 구름 가운데서 모세를 부르시니라. (출 24:16)

(16절은 하나님께서 모세를 부르시려 시내 산에 다시 강림하신 장면입니다.)

제사장이 성소에서 나올 때에 구름이 여호와의 성전에 가득하매 제사장이 그 구름으로 말미암아 능히 서서 섬기지 못하였으니 이는 여호와의 영광이 여호와의 성전에 가득함이었더라. (왕상 8:10~11)

주께서 호령과 천사장의 소리와 하나님의 나팔 소리로 친히 하늘로부터 강림하시리니 그리스도 안에서 죽은 자들이 먼저 일어나고 그 후에 우리 살아 남은 자들도 구름 속으로 끌어올려 공중에서 주를 영접하게 하시리니, 그리하여 우리가 항상 주와 함께 있으리라. (살전 4:16~17)

사람 시선에서 하나님의 임재를 보면 항상 〈구름〉이 있지요?

성부 하나님, 그리고 성자 하나님이신 예수님께서 강림하실 때 그것을 보는 인간의 시선에서는 거대한 구름에 휩싸인 그런 모습으로 보이며 "구름을 타고 오신다."고 기록하기에 충분한 광경입니다. 다시 정리하면 강림하시는 하나님의 영광이 인간의 눈에는 구름처럼 보이는 것이며 바로 이러한 시스템입니다.

> **1. 시내 산 강림 = 구름 + 나팔 소리**
> **2. 성전 강림 = 구름**
> **3. 공중 강림 = 구름 + 나팔 소리**
> **4. 지상 재림 = 구름 + 흰말**

이렇게 재림하시는 예수님을 보며 휴거 때와는 달리 땅의 모든 생존자가 주님을 두 눈 시퍼렇게 뜨고 목격할 것이며 예수님을 찔렀던 자들, 그것이 예수님 공생애 때에 예수님을 십자가에 달리게 했던 대제사장들과 바리새인들, 서기관들과 로마 병정들이라면 지옥의 불꽃 속에서 고통하며 그 재림의 광경을 목도하고 더욱더 뼈가 시리는 후회와 고통으로 슬피 울며 이를 갈 것이고, 그들이 그 대제사장들과 바리새인들과 서기관들의 동족 후손들인 유대인들이라면 자신들 조상의 죄악에 대한 회개의 눈물과 대환난의 고통이 이제는 끝나고 참 메시아를 맞이한다는 기쁨의 눈물을 흘릴 것이며 땅의 모든 족속이 지상 재림의 장엄함 앞에서 크게 놀라 두려움에 떨며 울부짖고 애곡할 것입니다. 이 모든 일은 알파와 오메가요, 시작과 끝이고 지금도 계시고 전에도 계셨고 앞으로 오실 전능하신 성자 하나님, 예수님의 계시의 말씀이기에 에누리 없이 그대로 이루어질 것입니다.

나 요한은 너희 형제요, 예수의 환난과 나라와 참음에 동참하는 자라. 하나님의 말씀과 예수를 증언하였음으로 말미암아 밧모라 하는 섬에 있었더니 (계 1:9)

1장 1절이 시작되고 무려 여덟 구절이 지나고서야 드디어 본론이 나오기 시작합니다.

환란과 인내에 동참한다는 표현으로 보아 얼마나 요한 사도께서 주의 종이라는 이유로 핍박과 박해를 당해 오셨는지 짐작이 가고도 남는데 계시록을 쓰실 때도 복음을 전한다는 죄로 인하여 밧모섬으로 귀양을 가신 상태였습니다.

주의 날에 내가 성령에 감동되어 내 뒤에서 나는 나팔 소리 같은 큰 음성을 들으니 이르되 네가 보는 것을 두루마리에 써서 에베소, 서머나, 버가모, 두아디라, 사데, 빌라델비아, 라오디게아 등 일곱 교회에 보내라 하시기로 (계 1:10~11)

주의 날이라고 하는 이날은 〈안식 후 첫날〉인데 예수님께서 부활하신 것을 막달라 마리아와 다른 마리아가 천사로부터 전해 들었던 날이기도 합니다. 이날에 요한 사도께서는 성령님의 인도하심으로 〈입신〉하여 시공을 초월한 환상 속으로 들어갑니다.

(영화 〈매트릭스〉에 비유하면 목뒤에 케이블을 꽂고 가상현실로 입장한 상태라 할 수 있겠지요.)

이 상태에서 요한 사도는 그야말로 〈나팔 소리 같은〉 장엄하고 엄숙한 말씀을 듣는데 그 목소리의 주인공은 알파와 오메가요 처음과 마지막이신 예수님이셨고 주님께서는 오랜만에 만나는 제자 요한에게 이런저런 안부 인사를 나누며 사설들을 늘어놓는 대신, 지금부터 목격하는 모든 것들을 책으로 써서 아시아에 있는 일곱 교회, 그것도 교회 이름까지 하나하나 짚어 주시며 그 교회들에 보내라고 명령 하달을 하십니다. 어쨌든 그립고 그립던 예수님의 음성이 들리자 요한 사도는 반가운 나머지 얼른 돌아서는데 그의 눈에 비친 예수님의 모습은….

몸을 돌이켜 나에게 말한 음성을 알아보려고 돌이킬 때에 일곱 금 촛대를 보았는데 촛대 사이에 인자 같은 이가 발에 끌리는 옷을 입고 가슴에 금띠를 띠고 그의 머리와 털의 희기가 흰 양털 같고 눈 같으며 그의 눈은 불꽃 같고 그의 발은 풀무 불에 단련한 빛난 주석 같고 그의 음성은 많은 물소리와 같으며 그의 오른손에 일곱별이 있고 그의 입에서 좌우에 날선 검이 나오고 그 얼굴은 해가 힘 있게 비치는 것 같더라. (계 1:12~16)

(딴 건 모르겠고 일단 잘못했습니다….)

난데없이 일곱 금 촛대가 보였는데 일곱 금 촛대란 촛대가 일곱 개가 있는 게 아니라 일곱 개의 초를 꽂을 수 있게 된 촛대라는 의미입니다. 유대인들에게는 정말 중요한 제사용품이지요.

일곱 촛대. 일명 〈메노라〉입니다.

메노라 사이에 서 있는 무서운 분이라는 것에서 〈마누라〉가 유래했기는 개뿔….

일곱 촛대 사이에 서 계신 예수
님과 사도 요한의 모습

필자 주

: 간단한 상식 하나! 2세기경까지는 책이란 것이 양피지나 파피루스로 만든 〈두루마리〉였습니다. 두루마리를 헬라어로 〈비블로스〉라고 하는데 여기에서 〈바이블〉이 유래되었습니다.

일곱 촛대, 일곱 별, 그리고 일곱 교회. 확실히 하나님께서는 숫자 7을 좋아하시는 듯합니다. 잘 보면 풀옵션으로 풀템을 장착하신 완전체 버전의 예수님은 그 자체가 예수님의 권위와 의의를 상징하는 모습입니다.

> 1. 일곱 촛대 가운데 계시는, 즉 교회와 함께 계시는 주님이시고
> 2. 인자 같은 이, 즉 하나님이시며 사람이신 주님이시고
> 3. 발까지 닿는 긴 옷과 금띠, 즉 왕이시며 대제사장이시고
> 4. 흰머리와 머리털, 즉 한없는 지혜와 영광의 하나님이시고
> 5. 불꽃 같은 눈, 즉 모든 것을 보시고 감찰하시는 하나님이시고
> 6. 용광로에 달군 놋 발, 즉 강하고 확고한 심판의 하나님이시고
> 7. 많은 물소리 같은 음성, 즉 모든 사람에게 음성을 내리시며
> 8. 오른손에 가진 일곱 별, 즉 교회를 지키시고 붙드시며
> 9. 날카로운 양날의 칼, 즉 악을 심판하는 하나님의 말씀이며
> 10. 해 같은 용모, 즉 승리와 영광의 하나님이십니다.

이러한 주님의 모습은 구약의 선지자들도 목격하였습니다.

내가 보니 왕좌가 놓이고 옛적부터 항상 계신 이가 좌정하셨는데 그의 옷은 희기가 눈 같고 그의 머리털은 깨끗한 양의 털 같고 그의 보좌는 불꽃이요, 그의 바퀴는 타오르는 불이며 (단 7:9)

(선지자 다니엘이 목격한 예수님의 모습….)

그때에 내가 눈을 들어 바라본즉 한 사람이 세마포 옷을 입었고 허리에는 우바스 순금 띠를 띠었더라. 또 그의 몸은 황옥 같고 그의 얼굴은 번갯빛 같고 그의 눈은 횃불 같고 그의 팔과 발은 빛난 놋과 같고 그의 말소리는 무리의 소리와 같더라. (단 10:5~6)

　(선지자 다니엘에게 계시를 전하러 온, 하나님께 위임받은 천사의 모습….)

　이스라엘 하나님의 영광이 동쪽에서부터 오는데 하나님의 음성이 많은 물소리 같고 땅은 그 영광으로 말미암아 빛나니 (겔 43:2)

　(선지자 에스겔이 목격한 하나님의 영광과 음성….)

　여호와여, 주의 오른손이 권능으로 영광을 나타내시니이다. 여호와여, 주의 오른손이 원수를 부수시니이다. (출 15:6)

　두려워하지 말라. 내가 너와 함께 함이라. 놀라지 말라. 나는 네 하나님이 됨이라. 내가 너를 굳세게 하리라. 참으로 너를 도와 주리라. 참으로 나의 의로운 오른손으로 너를 붙들리라. (사 41:10)

　(예수님께서 일곱 별, 즉 일곱 교회를 담당한 천사들을 오른손에 쥐고 계신 것은 교회를 향해 너희와 함께하고, 내가 너희의 하나님이 될 것이며, 너희를 강건하게 하고, 너희를 도우며, 너희를 높이겠다, 하신 약속입니다.)

　내가 볼 때에 그의 발 앞에 엎드러져 죽은 자 같이 되매 그가 오른손을 내게 얹고 이르시되 두려워하지 말라. 나는 처음이요, 마지막이니 곧 살아 있는 자라. 내가 전에 죽었었노라. 볼지어다. 이제 세세토록 살아 있어 사망과 음부의 열쇠를 가졌노니 (계 1:17~18)

나는 살아 있는 자며, 죽은 자였으나, 보라. 영원무궁토록 살아 있노라. 아멘. 또한 내가 지옥과 사망의 열쇠들을 가졌노라. (계 1:18 킹제임스)

문제는 이런 풀옵션 완전체 무삭제 감독판 블루레이 예수님을 목격한 사도 요한은 그 자리에서 넋이 나가 멘붕이 되어 죽은 것처럼 뻣뻣해져 주님의 발 앞에 대 짜로 뻗어 버린 것입니다. 아닌 게 아니라 처음에는 부활 승천 이후 한 번도 뵙지 못해 오매불망 그립고 그립던 예수님이신지라 뜻밖에도 그분의 말씀이 들려오니 "오메, 스승님! 이게 얼마 만이어라?" 하며 반색을 하며 돌아섰을 텐데 그의 눈앞에 띈 예수님의 모습이 공생애 때의 그 모습이 아니라 그야말로 초월적인 성자 하나님의 모습이라 한낱 인간인 사도 요한의 내구력으로는 도저히 제정신을 가다듬고 그 앞에 서 있지도 못할 각이었던 것입니다.

아마 그때 사도 요한은 자기가 예수님의 품에 기대 있었던, 그 사랑하시는 제자였다는 것도 떠올릴 틈이 없었을지도 모릅니다. 아니면 예수님께서 저런 광대하고 장엄하신 분임을 그때는 깜빡 모르고 싸가지 없게(?) 그분께 기대고 있었다는 것에 쥐구멍을 파고 숨고 싶은 심정이었을지도 모르지요. 그런 옛 제자 요한을 보시며 예수님께서는 빙그레 웃으시고 "짜식이 그래도 인사성은 좋구먼. 나 왔다고 이렇게 넙죽 엎드려 절까지 하고 말이야." 하시면서 오른손을 요한에게 얹어 그를 일으켜 세우십니다.

(죽은 사람처럼 뻣뻣해졌던 사도 요한을 오른손을 얹어 한큐에 소생시키신 걸 보면 확실히 예수님의 오른손은 〈도우시고 강건케 하시고 높이시는〉 은혜의 손입니다.)

예수님께서 혹시나 풀옵션 버전이라 제자 요한이 주님을 못 알아봐서 그러나 싶으셨는지는 모르겠지만 다시 한번 요한에게 인증샷을 해 주십니다.

> 1. 나는 처음과 마지막이요.
> 2. 살아 있는 자며, 죽은 자였으나 영원히 살아 있는 자이며
> 3. 사망과 지옥의 열쇠들을 가진 자

라고 말이지요. 1, 2번은 더할 바 없이 예수님을 설명하는 것이며 3번 또한 모든 권세를 다 가지시고 사망과 지옥의 권세도 오직 예수님께 있음을 확연히 선포하시는 장면입니다. 그러니 흔한 지옥 간증에서 나오는 〈지옥의 왕좌와 보좌에 사탄이 앉아 있고 마귀들이 지옥 사자가 되어 영혼들을 고문하더라〉는 지옥 간증들은 일고의 가치도 없는 야부리에 불과합니다. 지옥의 열쇠가 주님께 있는데 마귀들이 뭔 수로 지옥에서 왕 노릇을 한답니까?

(사탄은 〈지옥 권세 잡은 자〉가 아니라 〈공중 권세 잡은 자〉입니다. 사망과 지옥의 열쇠는 명백히 예수님께 있으며 사탄은 인간의 육신을 멸하고 더 할 수 있는 게 없지만, 예수님께서는 능히 인간의 육신을 멸하고 그 영혼을 지옥에 던져 넣으실 권세를 가지신 분입니다. 라고 성경이 확고하게 증거하고 있습니다.)

몸은 죽어도 영혼은 능히 죽이지 못하는 자들을 두려워하지 말고 오직 몸과 영혼을 능히 지옥에 멸하실 수 있는 이를 두려워하라. (마 10:28)

마땅히 두려워할 자를 내가 너희에게 보이리니 곧 죽인 후에 또한 지옥에 던져 넣는 권세 있는 그를 두려워하라. 내가 참으로 너희에게 이르노니 그를 두려워하라. (눅 12:5)

(지옥의 권세는 오로지 예수님께 있습니다.)

이런 자를 사탄에게 내주었으니 이는 육신은 멸하고 영은 주 예수의 날에 구원을 받게 하려 함이라. (고전 5:5)

(사탄의 권세는 인간의 육신을 멸하는 데까지이고 영혼은 결코 건드릴 수 없습니다.)

또한 이 모든 것은 예수님께서 〈아멘〉으로 증명하셨지요. 그러는 사이에 슬금슬금 정신이 돌아와 한숨 돌리고 있는 제자 요한을 향해 예수님께서는 곧바로 본론으로 들어가십니다.

그러므로 네가 본 것과 지금 있는 일과 장차 될 일을 기록하라. 네가 본 것은 내 오른손의 일곱별의 비밀과 또 일곱 금 촛대라. 일곱별은 일곱 교회의 사자요, 일곱 촛대는 일곱 교회니라. (계 1:19~20)

제가 앞에서 〈반드시 속히 될 일〉에 대해 잠시 언급했던 것을 기억하실 텐데 예수님께서는 세 부분으로 나누어 요한 사도에게 주문하십니다.

1. 네가 본 것들 2. 현재 있는 일들 3. 이후에 일어날 일들

그런데 첫 번째인 〈네가 본 것들〉은 명확하게 예수님께서 말씀하셨으니 주님의 오른손 위에 있는 일곱 별과 일곱 금 촛대인데 그 의미는 다른 비유나 무엇도 필요 없이 일곱 교회의 천사들과 일곱 교회를 뜻하는 것입니다. 그러면 남은 것은 〈현재 있는 일들〉과 〈이후에 일어날 일들〉인데 이 현재 있는 일들이 바로 〈반드시 속히 있을 일들〉에 해당하는, 사도 요한 당대에 벌어질 일, 소아시아 일곱 교회에 전달한 편지의 계시라고 하겠습니다.

(그러니 〈이후에 일어날 일들〉이란 일곱 교회에 주신 편지의 말씀과 별개의 다른 내용으로 분류될 수밖에 없는 것입니다.)

그렇다면 주님께서 요한 사도에게 대필을 주문하신 〈현재 있는 일들〉과 〈반드시 속히 될 일들〉이 과연 어떤 것들인지는 다음 편 계시록 2장 강해를 기대하여 주십시오.

에베소 교회의 사자에게 편지하라. 오른손에 있는 일곱 별을 붙잡고 일곱 금 촛대 사이를 거니시는 이가 이르시되 (계 2:1)

2장.

일곱 교회의 허와 실 上

에베소 교회의 사자에게 편지하라. 오른손에 있는 일곱 별을 붙잡고 일곱 금 촛대 사이를 거니시는 이가 이르시되 내가 네 행위와 수고와 네 인내를 알고 또 악한 자들을 용납하지 아니한 것과 자칭 사도라 하되 아닌 자들을 시험하여 그의 거짓된 것을 네가 드러낸 것과 또 네가 참고 내 이름을 위하여 견디고 게으르지 아니한 것을 아노라. (계 2:1~3)

반드시 속히 일어날 일들, 현재 있는 일들의 첫 스타트는 바로 에베소 교회에서였습니다. 사실 세대주의 종말론에서만이 아니라 교계에서도 의외로 인정하고 있는 것은 소아시아 일곱 교회는 전체 교회사를 분류하는 예표이자 샘플이라는 것입니다. 이런 해석은 네덜란드의 신학자 비트링가에 의해 확립된 개념으로 오다가다 한 번씩 들어 보신 이야기일 터입니다.

1. 에베소 교회 (100~250년)
   : 사도 요한에서 데키우스 황제의 핍박까지.
2. 서머나 교회 (250~311년)
   : 데키우스 황제로부터 디오클레티아누스 황제의 핍박까지.
3. 버가모 교회 (311~800년) : 니케아 이후 시대
4. 두아디라 교회 (800~1200년) : 중세 카톨릭 시대
5. 사대 교회 (1200~1500년) : 개혁 전 카톨릭 시대

> 6. 빌라델비아 교회 (1500) : 종교개혁 시대
> 7. 라오디게아 교회 (현재) : 말세의 교회

또 다르게는 이렇게도 분류됩니다.

> 1. 에베소 교회 (30~100년) : 사도 시대
> 2. 서머나 교회 (100~313년) : 순교 시대
> 3. 버가모 교회 (314~590년) : 타협 시대
> 4. 두아디라 교회 (590~1517년) : 로마 교황 시대
> 5. 사데 교회 (1517~1700년) : 종교개혁 시대
> 6. 빌라델비아 교회 (1700~1900년) : 선교 시대
> 7. 라오디게아 교회 (1900~휴거) : 세상주의 시대

(그 유명한 〈스코필드 주석성경〉을 편찬한 스코필드는 일곱 교회는 교회사로 재림 때까지 있을 일곱 시대를 대표한다고 언급한 바 있습니다.)

참으로 사도 요한 당대 소아시아 일곱 교회의 모습이 각 시대별로 예표되는 그 시절의 모습과 기가 막히게 아다리가 맞아떨어지는데 그러니만치 시작부터 등장하는 일곱 교회에 대한 말씀과 계시도 그 중요성이 묵직하다 못해 무거울 지경입니다. 간단하게 정리하자면 소아시아 일곱 교회는 세 가지로 그 의미를 부여할 수 있는데 다음과 같습니다.

> 1. 사도 요한 당시의 실제 일곱 교회의 상태와 권면
> 2. 당시부터 휴거 때까지 교회와 성도들의 상태와 권면
> 3. 그리스도의 몸 된 교회의 일곱 가지 양상과 약속하신 상급

참으로 이 일곱 교회는 〈현재 있는 일들〉이며 〈반드시 속히 될 일들〉이

며 〈이후에 일어날 일들〉이기도 한 '일 타 쓰리 쿠션에 트리플 악셀'이라 하겠습니다. 우리는 소아시아 일곱 교회를 보며 사도 요한 당시에 교회들이 저런 모습들을 하고 있었음을 알 수 있고, 이후 주님 오실 날까지 교회들이 어떤 모습으로 변화해 가는지를 알 수 있으며, 그럼에도 불구하고 교회와 성도들에게 주님께서 약속하시고 주시리라 하신 상급과 영광이 무엇인지 다시금 받아 누리며 감사드릴 수 있는 것입니다.

그 시작은 에베소 교회부터입니다. 왜 하필 에베소 교회부터냐 하면 요한 사도께서 계시록을 집필하신 밧모섬에서 가장 가까운 교회였기 때문입니다. (참 쉽죠잉?) 섬에서 60마일 정도 떨어져 있고 가장 가까운 곳이었는데 아시아, 즉 현재의 튀르키예에 해당하는 당시 소아시아의 중심 도시였습니다. 이곳은 바울 사도께서 개척하셨고 이후 요한 사도께서 말년에 이곳에 머무르시며 요한복음과 요한 1, 2, 3서를 집필하셨고 풍문에 의하면 예수님의 모친 마리아를 에베소 교회에 모셨다가 소천하신 후 장례도 치렀다고 합니다.

소아시아의 중심 도시이니만큼 당연히 로마 제국의 대도시였을 것이며 온갖 우상 숭배와 타락이 판치는 곳이었을 텐데 특히 그곳은 다이아나 여신을 숭배하는 곳이었고 그 여제사장들은 신전 창기로서 성매매를 일삼는 것이 일상이라 도시 자체가 19금이었습니다. 그런 곳에 떡하니 버티고 선 에베소 교회는 그야말로 타락과 패악에 맞선 그리스도의 선봉대였고 그런 에베소 교회를 향한 주님의 모습은 〈오른손에 일곱 별을 붙잡고 일곱 금 촛대 가운데를 거니시는〉, 교회를 총폭탄처럼 지켜 보호하시고 든든하게 보살피시는 모습이었습니다. 에베소 교회는 그런 주님의 도우심과 가호에 힘입어 세상 앞에서나 주님 앞에서나 부끄럽지 않게 훌륭한 공로를 세웠습니다. 그들은 의로운 행위를 가졌고 복음 전하고 세상의 빛과 소금이 되는 것에 수고하였으며 핍박과 박해와 패악 속에서도 인내하며 그 믿음을 저버리지 아니하였고 악한 자들을 교회 안에서 용납하지 않으며 단호하게 치리하였고 또한 사도도 아니면서 자칭 사도라 하며 사도 행세를 하는 거짓말쟁이들을 매의 눈으로 분별하였는데 이러한 에베소 교회의, 주님의 영광을 위한 그 모든 수고와 사역, 인내는 주님께서 기억하신 바 되었습니다.

(저 당시의 악한 자요, 자칭 사도라 한다면 니골라당을 비롯하여 유대교인들과 영지주의자들 등을 들 수 있겠으나 어째 1,900년이 넘은 지금도 역사는 돌고 도는 것 같습니다. 〈자칭 사도〉라는 표현에서 〈신사도〉가 떠오른다면 기분 탓만이 아닙니다.)

한 마디로 에베소 교회는

> 1. 믿음만이 아닌 의로운 행실이 있었고
> 2. 주님의 영광을 위해 수고를 다하여 사역하였으며
> 3. 핍박과 환난 속에서도 인내하였고
> 4. 이단 감별에 탁월한 능력을 지닌 교회였습니다.

확실히 요즘 기준으로도 이런 교회는 어벤저스급에 들어갈 만한 엘리트 중에서도 에이스인데 그러나 우리 주님께서는 공과 사가 철저하십니다.

그러나 너를 책망할 것이 있나니 너의 처음 사랑을 버렸느니라. (계 2:4)

칭찬은 칭찬이고 이제부터는 한 대 맞을 타임입니다. 그런데 그 죄목인즉슨 〈처음 사랑〉을 저버렸다는 것이군요. 원래 첫사랑은 안 이루어진다고 하지만 그런 의미는 아닌 것 같고 그냥 간단하게 설명해 드리자면 순수한 주님에 대한 사랑, 주님 안에 형제와 자매들에 대한 사랑, 교회에 대한 사랑, 그러한 마음들이 서서히 흐려지고 저물어져 갔다는 것입니다. 대략 이런 모습들이겠지요.

1. 주님에 대한 사랑으로 헌신했던 섬김이 어느 순간 그냥 직장 생활하듯이, 일터에서 근무하듯이 무미건조해지고

2. 이단 분별을 하는 데도 영혼들을 위한 사랑이 아닌 직업적인 태도 내지는 일종의 기득권 보호(?) 차원의 계산이 덧붙어지고

3. 이런저런 일들에 치이고 치이며 성도 서로 간에 대한 사랑이 식어가고 형식적인 태도들만 남게 되는

그런 것들이라 하겠습니다. 다들 어디선가 보던 모습이겠지요.

그러므로 어디서 떨어졌는지를 생각하고 회개하여 처음 행위를 가지라. 만일 그리하지 아니하고 회개하지 아니하면 내가 네게 가서 네 촛대를 그 자리에서 옮기리라. (계 2:5)

그 많은 수고와 인내와 행위와 업적이 있었음에도 주님께서는 사랑을 잃어버린 에베소교회를 향해 〈떨어졌다〉고 표현하시며 질타하십니다. 원래 처음 가졌던 그 순수한 사랑과 열정을 회복하지 않고, 회개하지 않으면 촛대를 옮겨 버리겠다고 경고하시지요. 믿음과 소망과 사랑 중에 제일은 사랑이며 사랑은 허다한 죄를 덮는다고 했건만 사랑을 잃어버렸던 에베소교회는 주님께로부터 경고를 받은 그대로 현재는 전혀 흔적을 찾아볼 수 없는 폐허가 되었는데, 이유인즉슨 에베소 도시가 폐허가 되어 땅속으로 가라앉으면서 교회의 흔적 또한 오간 데 없이 사라진 것이니 주님께서 말씀하신 대로 촛대를 옮겨 버리신 것이었습니다.

(그러나 심판의 성취는 훗날의 일이었고 그 편지를 받은 당대의 에베소 교회는 주님의 말씀을 깊이 받아들여 자신들의 행위를 회개했을 것입니다. 그랬으니 훗날 사도 요한도 그 에베소 교회에 머물며 요한복음과 서신서를 집필했겠지요. 다만 에베소 교회의 최종 결말이 그랬던 것은 요나 선지자에게 멸망의 선포를 받은 니느웨가 회개했다가 다시 타락

하여 나훔 선지자에게 다시 멸망의 선포를 받아 완전히 멸망하는 것과 같은 예라고 하겠습니다.)

이렇게 서릿발 같은 질타를 하시지만 우리 주님께서는 역시나 공과 사가 철저하신 분이라 한 번 더 칭찬을 해 주십니다.

오직 네게 이것이 있으니 네가 니골라당의 행위를 미워하는도다. 나도 이것을 미워하노라. (계 2:6)

사실 이것은 칭찬치고 매우 씁쓸한 내용인데 앞의 모든 공로는 오간 데 없이 주님께 제대로 접수되어 기변 처리된 항목은 〈이단을 분별하여 진리를 수호한〉 내용뿐이었다는 것입니다. 첫사랑을 잃어버린 피드백은 이처럼 씁쓸한 것입니다만 한편으로는 올바른 정통신학과 복음을 지키며 이단을 대처하는 사역이 얼마나 주님 보시기에 의롭고 귀한 것인지 엿볼 수 있습니다.

니골라파, 〈니골라당〉이라고 하는 자들의 행실을 보면 대강 이러합니다.

> 1. 목회자와 교역자는 평신도 위에 군림하는 특수 계층이고
> 2. 우상 숭배와 부도덕한 짓을 해도 되는 영적 자유가 있으며
> 3. 복음 시대이기에 율법은 필요 없고
> 4. 육신은 악하고 영혼만이 선하고
> 5. 한번 믿은 후에는 뭔 짓을 해도 죄가 아니다.

(그야말로 신천지와 통일교와 구원파와 JMS를 합쳐 놓은, 요즘 기준으로도 답이 안 나오는 이단 사이비입니다.)

교회들이 다른 건 몰라도 〈하나님께서 미워하시는 것을 함께 미워하고 대적하는 것〉만은 제대로 해야 할 필요가 에베소 교회를 보면 더욱 뚜렷하게 드러나 보이지 않습니까?

귀 있는 자는 성령이 교회들에게 하시는 말씀을 들을지어다. 이기는 그에게는 내가 하나님의 낙원에 있는 생명나무의 과실을 주어 먹게 하리라. (계 2:7)

귀 있는 자는 성령께서 교회들에게 말씀하시는 것을 들을지어다. 이기는 자에게는 내가 하나님의 낙원 가운데 있는 생명나무를 주어서 먹게 하리라. (계 2:7, 킹제임스)

어쨌든 이 모든 말씀은 성령님께서 교회에 하시는 말씀입니다. 이 말씀이 단지 에베소 교회만이 아닌 모든 교회에 공통적으로 해당된다는 것은 〈성령이 교회들에게〉 하시는 말씀이라는 것만 봐도 알 수 있겠지요. 한바탕 에베소 교회를 질타하시고 또 칭찬하시고 하시다가 마침내 주님께서는 에베소 교회에 약속하십니다. 〈생명나무와 그 과실〉을 말이지요. 이 말씀을 통하여 그리스도의 몸 된 교회와 그 지체 된 성도들에게는 하나님께서 〈영생〉을 약속하셨음을 알 수 있습니다.

이제 두 번째 교회입니다.

서머나 교회의 사자에게 편지하라. 처음이며 마지막이요, 죽었다가 살아나신 이가 이르시되 (계 2:8)

사실 아까부터 좀 묘한 것이 편지의 수신자가 〈교회〉가 아니라 교회의 사자, 즉 〈교회의 천사〉인데 여기에는 이유가 있습니다. 천사라는 단어가 원어로는 종, 교역자, 목회자라고 하여 그 교회의 목회자 앞으로 보내는 것이 아닌가 하기도 하지만 엄연히 교회의 천사가 맞습니다. 초대 교회 시절에는 각 교회에 하나님께서 보내신 천사가 임재한다고 믿었고 그 천사가 하나님을 대신하여 그 교회를 보살피고 관리(?)한다고 생각했던 것입니다. 그리고 그런 생각이 틀리지 않은 것은 예수님께서도 오른손에 일곱 교회의 천사들을 일곱 별의 모습으로 쥐고 계셨기 때문이지요. 그러니 주님 입장에서는 일곱 교회를 대표하는 존재가 주님을 대신하여 파견한 〈천사〉이며 해당 천사를 수신자로 하여 말씀을 전달하신 것입니다.

(사단장이 대대에 보내는 공문이면 대대장이 수신자인 것처럼….)

어쨌든 서머나 교회가 두 번째로 편지를 받는데 에베소 교회에서 북쪽으로 35마일 떨어져 있는 곳이었고 그 서머나라는 도시는 에베소에 이어 넘버 2 정도 되는 도시였습니다. 그러나 모두가 잘 아시다시피 서머나라는 이름 자체가 〈몰약〉으로 향료였는데 예수님께 드려진 몰약 탄 포도주가 마취제를 겸한 매우 쓰디쓴 포도주였듯이 몰약은 무척 쓴맛을 지녔으며 그러니만치 서머나 교회는 조직의 쓴맛을 제대로 맛보아야 했습니다.

내가 네 환난과 궁핍을 알거니와 실상은 네가 부요한 자니라. 자칭 유대인이라 하는 자들의 비방도 알거니와 실상은 유대인이 아니요, 사탄의 회당이라. (계 2:9)

그들이 겪어야 했던 환난과 궁핍은 상상을 초월했고 로마 제국에 의한 공식적인 핍박도 열 번이나 있었습니다. 그 도시의 상권을 쥐고 있던 유대인들은 황제 숭배를 거부한다며 로마 관청에 밀고하여 성도들이 박해당하도록 유도하기까지 했기에 다구리에 장사 없다고 유대인들과 로마 제국에 이중으로 얻어터지던 서머나 교회의 성도들은 찢어지게 가난한 살림과 핍박으로 그야말로 살아 있는 자체가 산 순교였습니다. 그런 그들에게 삶은 곧 하나님께 바치는 순교였고 죽음 또한 하나님께 바치는 순교였으나 그들의 삶과 죽음은 주님께서 주시는 영원한 생명과 부활의 영광이 보장된 공로였으며 그런 그들을 향해 주님께서는 〈죽었다가 살아나신 분〉으로 나타나셨습니다. 예수님께서는 서머나 교회를 향해 너희가 가난하고 힘들지만 오히려 부요한 자라 극찬하셨고 유대인을 자처하며 교회를 핍박하는 자들이야말로 유대인이 아니라 사탄의 회라 질타하십니다만 치하가 끝나자마자 또다시 살 떨리는 말씀을 하시지요.

너는 장차 받게 될 고난을 두려워하지 말라. 볼지어다. 마귀가 장차 너희 가운데에서 몇 사람을 옥에 던져 시험을 받게 하리니 너희가 십 일 동안 환난을 받으리라. 네가 죽도록 충성하라. 그리하면 내가 생명의 면류관을 네게 주리라. (계 2:10)

이미 당한 것만으로도 숨이 넘어가는 판에 또다시 성도들에게 고난과 환란이 기다리고 있었습니다. 그러나 주님께서는 두려워하지 말고 죽기까지 신실하라고 권면하시는데 특히 〈열흘〉이라는 기간과 〈몇 사람〉이라는 한정된 대상자를 지목하시면서 그 모든 핍박과 환란도 온전히 주님의 주권 아래 있음을 선언하십니다. 그리고 모든 연단을 신실하게 치러 낸 그들에게 주님께서는 생명의 면류관이라는 빛나는 상급을 약속하셨습니다.

귀 있는 자는 성령이 교회들에게 하시는 말씀을 들을지어다. 이기는 자는 둘째 사망의 해를 받지 아니하리라. (계 2:11)

생명의 면류관과 더불어 〈둘째 사망의 해를 입지 않는〉, 바로 지옥에 가지 않고 천당 가는 은혜를 또한 약속해 주셨으니 이 말씀을 통하여 그리스도의 몸 된 교회와 그 지체 된 성도들에게 하나님께서 생명의 면류관과 천당 가는 은혜를 약속해 주셨음을 알 수 있습니다. 순교의 피를 흘리고 삶 자체를 순교로 드리는 교회는 절대로 주님 앞에 책망받을 것이 없음을 서머나 교회를 통해 제대로 볼 수 있는데 그러니만치 무척 깔끔하게 끝이 나서 세 번째 교회로 넘어가겠습니다.

버가모 교회의 사자에게 편지하라. 좌우에 날선 검을 가지신 이가 이르시되 (계 2:12)

서머나에서 북쪽으로 60마일 떨어진 곳에 있는 버가모라는 도시에 있는 버가모 교회를 향한 주님의 모습은 불의를 쳐부수는 날카로운 양날의 칼을 가지신 살벌한 모습입니다. 대체 이 교회에 무슨 일이 있으며 이곳은 어떤 곳이기 때문일까요?

네가 어디에 사는지를 내가 아노니 거기는 사탄의 권좌가 있는 데라. 네가 내 이름을 굳게 잡아서 내 충성된 증인 안디바가 너희 가운데 곧 사탄이 사는 곳에서 죽임을 당할 때에도 나를 믿는 믿음을 저버리지 아니하였도다. (계 2:13)

버가모 교회는 그야말로 복마전 한복판에 있었습니다. 숫제 대놓고 〈사탄의 권좌〉가 있는 곳이라 할 만큼 이곳은 우상 숭배의 총본산이며 지상의 올림포스였습니다. 당연히 교회는 영적으로 참혹한 도시 가운데 샌드위치가 되어 고뇌하고 있었는데 그럼에도 불구하고 믿음을 굳게 붙들어 지조와 의리를 지켰으며 안디바가 설화에 의하면, 도미티아누스 황제 대에 놋으로 된 황소 안에 갇혀 천천히 불에 구워져 죽는 잔혹한 처형을 당해 순교했음에도 눈도 깜짝 않고 믿음을 굽히지 않는 멋진 성도들이었습니다. 그러나 그렇게 온전하기만 했다면 주님께서 양날 사시미를 가지고 나오시지 않으셨겠지요?

그러나 네게 두어 가지 책망할 것이 있나니 거기 네게 발람의 교훈을 지키는 자들이 있도다. 발람이 발락을 가르쳐 이스라엘 자손 앞에 걸림돌을 놓아 우상의 제물을 먹게 하였고 또 행음하게 하였느니라. 이와 같이 네게도 니골라당의 교훈을 지키는 자들이 있도다. (계 2:14~15)

선 줄 안다면 넘어질까 걱정해야 하고, 군대가 가장 취약할 때는 방금 막 승리한 직후라고 했듯이 그토록 빛나는 순교의 위업을 달성하고 지조를 지켰던 버가모 교회는 정작 내부적으로 엄청난 적폐가 있었던 것입니다. 발람은 아시다시피 민수기에 등장하는 미디안의 만신무당 겸 주술사로 모압 왕 발락에게 복채를 두둑하게 받고 이스라엘 백성들을 저주하러 갔다가 하나님의 강권적 개입으로 저주는 개뿔, 축복만 걸판지게 늘어놓고 왔었는데 아무래도 받은 돈값은 해야 했던지 발락에게 이스라엘을 타락시킬 수법을 알려 주어 모압 여성들과 이스라엘 백성들을 음행하게 하고 우상의 제물을 먹고 우상에게 경배하게 했던 것입니다.

(이로 인해 하나님의 진노가 폭발해 이스라엘 백성들은 염병으로 무려 2만 4,000명이 죽고 청년 제사장 비느하스가 의로운 창을 휘둘러 음행 중이던 시므온 지파 지휘관 시므리와 미디안 왕녀 고스비를 죽인 후에야 하나님의 노를 그칠 수 있었습니다.)

딱 이런 상황이 그때 버가모 교회에서 벌어지고 있었던 것이지요. 같은 교회 안에서 누구는 순교의 피를 흘리고 핍박을 감당하며 죽어라고 믿음을 지키는데 누구는 우상의 제물을 먹고 음행하고 적당히 타협해 가면서 좋게 지낼 생각을 하고 나자빠졌으니 어느 집단이든 일정 비율의 반동분자가 있다는 〈또라이 질량 보존의 법칙〉이 빛을 발하는 순간입니다. 거기다 그 새빨간 이단 사이비인 니골라당의 교리에 미혹된 자들도 있으니 한 마디로 이 버가모 교회는 〈내우외환〉에 시달리고 있었습니다.

외부로부터의 핍박과 환란, 내부에서의 타락과 배교

이런 양면의 적폐를 청산하시기 위해 주님께서는 양날의 칼을 들고 버가모 교회를 향해 오셨던 것입니다. 그리고 말씀하십니다.

그러므로 회개하라. 그리하지 아니하면 내가 네게 속히 가서 내 입의 검으로 그들과 싸우리라. (계 2:16)

한 마디로 〈네가 정리할래? 내가 정리해 줄까?〉입니다. 이런 경우 매우 높은 확률로 본인 스스로 결자해지하지 못하고 타인의 손을 빌리게 된다면 본인에게는 무척 극심한 부담과 희생이 되는 스토리입니다. 그러나 여기에서 특기할 만한 점은 주님께서는 회개하라고 권면하시면서도 〈옥석을 구분하는〉 예리함을 보이십니다. 주님의 칼로 버가모 교회와 싸우신다는 게 아닙니다. 버가모 교회 안에 있는 〈그들〉, 우상의 제물을 먹고 음행하면서 니골라당의 교리에 미혹된 자들과 싸우신다는 것이지요. 이것은 돌려 말하면 〈배교한 자들〉과 〈이단 사이비〉들은 아무리 교회 안에 속하여 성도 행세를 하고 있어도 주님께서 지켜 보호하실 대상이 아닌, 쳐서 없애버려야 할 주님의 적들이라는 것입니다. 주님께서는 버가모 교회를 내려다보시면서도 그 교회 안에서 주님의 참 성도와 성도 아닌 자들을 명확히 구분하여 보십니다.

(우리가 조금은 쉽게 어떤 교회를 판단하고 타락했다, 배도했다 하며 정죄의 눈으로 보기도 하는데 결코 그렇게 해서는 안 된다는 것을 버가모 교회의 예에서 알 수 있습니다. 교회 안에 배교한 자들이 있고 타락한 자들이 있을지라도 그 교회 자체는 그리스도의 몸 된 교회이며 그 속에 배교하지 않고 타락하지 않은 자들은 주님의 백성들인 것입니다.)

사탄의 보좌가 있다고 할 만한 우상 숭배의 본거지에서 믿음을 지키며 순교의 피를 흘려 가며 주님을 섬기던 버가모 교회의 성도들에게 주님께서는 그 속에 숨어든 가라지들에게 미혹되지 말고 설혹 귀가 솔깃했더라도 회개할 것을 권면하시지만 그들에게 그 이상의 부담과 희생을 요구하지 않으시고 만약 정 어렵다면 주님께서 직접 그 적폐들을 도려내 버리겠다고 말씀하실 뿐입니다.

귀 있는 자는 성령이 교회들에게 하시는 말씀을 들을지어다. 이기는 그에게는 내가 감추었던 만나를 주고 또 흰 돌을 줄 터인데 그 돌 위에 새 이름을 기록한 것이 있나니 받는 자 밖에는 그 이름을 알 사람이 없느니라.(계 2:17)

그리고 약속하신 것은 감추어진 만나와 흰 돌입니다. 힘들고 고단하여 우상의 제물이라도 먹어야 하나 고민하는 성도들에게 주님의 만나, 생명의 양식을 약속하시고, 로마 시대 당시 법정에서 〈무죄〉를 상징하는 흰 돌을 주심으로써 성도들의 죄를 모두 용서하고 사해 주시겠다는 약속을 해 주셨습니다.

(생명과 죄 사함, 교회와 성도들에게 약속하신 상급입니다.)

말도 많고 탈도 많은 버가모 교회를 지나서 다음 교회입니다.

두아디라 교회의 사자에게 편지하라. 그 눈이 불꽃같고 그 발이 빛난 주석과 같은 하나님의 아들이 이르시되 (계 2:18)

버가모에서 남동쪽으로 40마일쯤 떨어진 곳에 있는 두아디라는 상업과 공업이 발달했는데 특히 염색 기술이 발달하여 그 유명한 자주 장사 루디아도 이 동네 출신입니다. 그런데 어째 주님의 모습이 예리하게 감찰하시는 불꽃 같은 눈과, 삿된 것들을 밟아 부숴 버리는 놋 같은 발을 가진 살벌한 풍채입니다. 대체 이 교회에는 어떤 일들이 벌어지고 있었던 것일까요?

내가 네 사업과 사랑과 믿음과 섬김과 인내를 아노니 네 나중 행위가 처음 것보다 많도다. (계 2:19)

이 두아디라 교회는 뭔가 한 방이 있는 교회였는데 사업과 사랑과 믿음과 섬김과 인내, 그리고 행위, 참으로 뭔가 따사롭고 훈훈한 교회의 모습이 그려집니다. 두아디라라는 도시 자체가 〈고통의 향기〉라는 뜻이라 뭔가 신앙생활을 하기에 애로사항이 꽃피는 동네였던 건 맞는 것 같은데 그 가운데서도 두아디라 교회는 자주 장사 루디아로 대표되듯 신실한 성도들이 줄을 이었고 열심으로 전도하고 봉사하고 이웃 사랑을 베풀며 본을 보인 결과 도시 인구 9,000명 중 3,000명을 전도하여 기가 막히게 부흥하는 교회였습니다.

(설화에 의하면, 자주 장사 루디아가 바울 사도에게 복음을 배우고 가정 교회를 세운 것이 두아디라 교회의 기원이라고 합니다.)

에베소 교회처럼 첫사랑을 잃어버리고 무미건조해진 것도 아니고 처음보다 나중이 더 많다고 할 만큼 따사로움이 오래 가던 곳이었는데 과연 그게 끝이라면 주님께서 그렇게 살벌 모드로 옵션을 갖추고 오셨겠습니까? 이쪽도 앞의 버가모 교회와 스케일만 다를 뿐 비슷한 적폐에 시달리고 있었습니다.

그러나 네게 책망할 일이 있노라. 자칭 선지자라 하는 여자 이세벨을 네가 용납함이니 그가 내 종들을 가르쳐 꾀어 행음하게 하고 우상의 제물을 먹게 하는도다. 또 내가 그에게 회개할 기회를 주었

으되 자기의 음행을 회개하고자 하지 아니하는도다. (계 2:20~21)

이세벨이라 함은 이스라엘 왕 아합의 왕비 이세벨과 동명이인인데 설마 본명일 리는 만무하지만 어쨌든 하는 짓이 그 이세벨이나 똑같아서 하나님이 보시기에는 그 이세벨과 동급으로 보이실 터입니다. 북이스라엘 왕국을 바알 숭배로 오염시키고 백성들로 하여금 우상의 제물을 먹고 음행하게 하며 타락하게 만들었던 원흉이던 이세벨의 전례를 따라 두아디라 교회의 자칭 여선지자 이세벨은 똑같이 성도들을 타락시키고 있었는데 자칭 여선지자라고 하는 걸 보니 기도 은사나 신유 은사 또는 예언의 은사 같은 게 있다는 여전도사 내지 여교역자인 모양입니다.

(두아디라 교회에 담임목사가 있었다면 그 은사에 넋이 나가서 선뜻 그녀를 전도사 자리에 덜커덕 앉혔을지도 모르겠다.)

자주 장사 루디아로부터 두아디라 교회가 시작되었다는 설이 있으니만치 우먼 파워가 적지 않았을 듯한데 이 이세벨은 여자의 몸으로 그 교회를 홀라당 휘어잡는 데 성공했습니다. 우선 그녀가 여선지자를 자처하니만치 은사를 빌미로 성도들을 미혹했을 것이며 그 두아디라라는 도시가 상업·공업과 관련된 조합들이 많고 각 조합마다 섬기는 신들이 있어 그 신들을 섬기는 제사와 함께 술판이 벌어지다 보니 음으로 양으로 직업과 생계 문제로 조합과 엮여 있어 고뇌하던 성도들에게 〈하나님과 우상을 겸하여 섬기고〉, 〈우상의 제물을 먹고 음행해도 무방하다고〉 야부리를 털기 시작했던 것입니다. 기도와 신유와 예언의 은사가 있다는 여선지자가 그러니 성도들은 귀가 솔깃하여 슬금슬금 따랐을 것이며 어느새 두아디라 교회는 속에서부터 썩어 들어가기 시작했던 것이지요. 그러한 패악질을 벌이는 이세벨에게 회개할 기회를 주었음에도 눈도 깜짝 않는 이러한 참담한 광경을 주님께서는 불꽃 같은 눈으로 감찰하시고 놋 같은 발로 부숴 버리려 하신 것입니다. 어떻게?

바로 이렇게 말입니다.

볼지어다. 내가 그를 침상에 던질 터이요, 또 그와 더불어 간음하는 자들도 만일 그의 행위를 회개하지 아니하면 큰 환난 가운데에 던지고 또 내가 사망으로 그의 자녀를 죽이리니 모든 교회가 나는 사람의 뜻과 마음을 살피는 자인 줄 알지라. 내가 너희 각 사람의 행위대로 갚아 주리라. (계 2:22~23)

그야말로 탈탈 털어 개발살을 내어 버리시겠다고 하십니다.

> **1. 침상에 던지다, 곧 꼼짝 못 하고 병원 신세를 지도록 만들겠다.**
> **2. 이세벨과 쿵짝 하던 것들도 회개 안 하면 대환난에 던지겠다.**
> **3. 이세벨의 자녀들도 모조리 죽어 버리겠다.**
> **4. 너희들이 한 대로 모조리 갚아 주겠다.**

특히 〈대환난에 던지겠다〉는 것은 그들을 휴거 신부, 즉 하나님의 자녀, 주님의 백성, 그리스도의 신부로 인정하지 않으시겠다는 뜻입니다. 한 마디로 우상의 제물을 먹고 음행하는 것들, 곧 배교를 하고도 회개하지 않는 것들은 더 이상 성도가 아니라는 것이지요. 바로 다음 말씀에서 주님께서는 버가모 교회와 마찬가지로 같은 교회에서 옥석을 구분하심을 알 수 있습니다.

두아디라에 남아 있어 이 교훈을 받지 아니하고 소위 사탄의 깊은 것을 알지 못하는 너희에게 말하노니 다른 짐으로 너희에게 지울 것은 없노라. 다만 너희에게 있는 것을 내가 올 때까지 굳게 잡으라. (계

두아디라 교회 안에 함께 있지만 이세벨에게 미혹되어 우상의 제물을 먹고 음행하며 배교한 자들은 아예 도려내어 버리시고 그 나머지 성도들에게는 〈다른 어떤 짐도 지우지 않을 테니 이미 가진 구원의 확신과 복음을 잘 지키고 있으라〉고만 하십니다. 다행히 그런 참 성도들이 배교한 자들보다 쪽수가 많았던 모양입니다.

(사탄을 대적하기 위해서는 사탄의 깊은 것들을 알아야 하고 그러려면 사탄의 행위들을 경험해 보고 따라 해 봐야 하니 우상의 제물도 먹어 보고 음행도 해 봐야 한다는 별 미친 개소리를 지껄이며 이세벨 패거리들이 미혹했을 가능성이 매우 큰데 다행히도 두아디라 교회는 그 와중에도 미혹된 자들보다 순수한 성도들이 더 많았던 뼈대 있는 교회였습니다.)

어려운 여건 가운데서 분투하며 내부의 적폐들에도 미혹되지 않고 순수한 믿음을 잘 지켜 나간 성도들에게 주님께서는 또다시 상급을 약속하셨습니다.

이기는 자와 끝까지 내 일을 지키는 그에게 만국을 다스리는 권세를 주리니 그가 철장을 가지고 그들을 다스려 질그릇 깨뜨리는 것과 같이 하리라. 나도 내 아버지께 받은 것이 그러하니라. 내가 또 그에게 새벽 별을 주리라. 귀 있는 자는 성령이 교회들에게 하시는 말씀을 들을지어다. (계 2:26~29)

두아디라 교회는 전도하는 교회였고 유혹 속에서 믿음을 지킨 교회이며 미혹된 자들보다 참된 자들이 더 많았던 교회였습니다. 그렇기에 그들에게 약속하신 상급도 뻑적지근했는데 무려 〈만국을 다스리는 권세〉이며 예수님께서 하나님께 받은 것과 같은 것이었습니다. 그리고 새벽 별, 예수님 자신을 그들에게 주시리라 약속하셨으니 교회가 영원무궁토록 주님과 함께한다는 것입니다. 두아디라 교회를 통해 하나님께서 교회와 성도들에게 주님과 함께 영원토록 동행하고 천년왕국의 왕 노릇할 권세를 약속하셨음을 알 수 있었습니다. 이렇게 우리 하나님께서는 알뜰살뜰히 교회를 보살피시고 때로는 질타하시고 때로는 치하하시며 궁극적으로는 더없이 귀중한 상급들을 약속하셨는데 사실 에베소 교회와 서머나 교회, 버가모 교회와 두아디라 교회 모두가 우리 교회들의 여러 가지 단편적 모습들을 보여 주는 것입니다. 그 모든 교회의 모습들이 결국 우리의 모습이며 그 모든 교회에 약속하신 상급들은 결국 우리 모두에게 주어진 것들입니다.

우리는 각각의 교회들의 모습을 보며, 그 교회들에 주신 주님의 말씀을 통하여 우리 모습을 바로잡고 주님께서 보시기에 합당한 모습으로 다듬어 나가는 것이 성도 된 도리가 아닐까 합니다. 이렇게 말하면 마치 끝난 것 같은데 아직 아닙니다. 일곱 교회 중 남은 세 교회에 대해서는 이어지는 계시록 3장 강해를 기대하여 주십시오.

사데 교회의 사자에게 편지하라. 하나님의 일곱 영과 일곱 별을 가지신 이가 이르시되 내가 네 행위를 아노니 네가 살았다 하는 이름은 가졌으나 죽은 자로다. (계 3:1)

3장.

일곱 교회의 허와 실 下 ——————

사데 교회의 사자에게 편지하라. 하나님의 일곱 영과 일곱 별을 가지신 이가 이르시되 내가 네 행위를 아노니 네가 살았다 하는 이름은 가졌으나 죽은 자로다. (계 3:1)

시작부터 살벌합니다. 사데 교회는 두아디라 교회에서 남동쪽으로 33마일 떨어진 곳에 위치해 있는데 이곳 또한 에베소나 버가모에 버금가는 소아시아의 주요 도시였고 사치와 부가 극에 달하여 향락과 방탕함이 넘치는 곳이었습니다. 그러니만치 교회가 신앙생활을 하기에 뭔가 애로사항이 꽃피었을 것 같은데 여기는 에베소나 버가모, 두아디라와는 달라서 딱히 핍박이나 박해를 받은 것도 없이 뭔가 조용한 곳이었지요. 그런데도 불구하고 주님께서는 사데 교회를 향해 살았다고 쓰고 죽었다고 읽고 계십니다. 우리가 흔히 7을 하나님의 숫자, 완전수라고 하듯이 하나님의 일곱 영은 그 자체로 완전무결하고 전지전능하신 하나님의 영, 그리고 성령님을 의미합니다. 이러한 초월적인 신성의 성령님께서 그 손에 일곱 별을 쥐고 나타나셨으니 〈너희가 아무리 깽판을 쳐도 나는 너희를 놓지 않을 테다〉라는 무언의 시위였습니다.

너는 일깨어 그 남은 바 죽게 된 것을 굳건하게 하라. 내 하나님 앞에 네 행위의 온전한 것을 찾지 못하였노니 그러므로 네가 어떻게 받았으며 어떻게 들었는지 생각하고 지켜 회개하라. 만일 일깨지 아

니하면 내가 도둑 같이 이르리니 어느 때에 네게 이를는지 네가 알지 못하리라. (계 3:2~3)

사데라는 도시 이름 자체가 〈붉은 자들〉 혹은 〈붉다〉라는 의미로서 흔히 이 사데 교회를 종교개혁이 한창일 때 로마 가톨릭의 종교재판에 순교의 피를 흘린 교회를 예언했다고도 합니다만 제가 보기에는 그야말로 이 사데 교회는 〈빨갱이 교회〉였습니다. 핍박도 없고 박해도 없고 신앙생활에 애로사항이 하등 꽃필 것도 없음에도 알아서 죽어 가고 알아서 무너지는 사데 교회는 앞의 네 교회에 비하면 겉으로는 태평성대를 구가하고 있었으나 그 네 교회의 성도들이 보았다면 쌍욕이 거저 나오고도 남았을 만큼 한심스러운 상태였습니다. 로마 제국이 핍박하는 것도 아니요, 자칭 유대인들이 올무를 놓는 것도 아니요, 자칭 사도라 하는 거짓말쟁이들이 미혹하는 것도 아니요, 자칭 여선지자라 하는 이세벨도 없고, 니골라당도 없고, 우상의 제물을 먹고 음행하도록 미혹하는 자들도 없음에 감사한 줄 알고 신실하고 성실하게 신앙생활을 하고 하나님을 믿고 사랑하지는 못할망정 폼으로만, 껍데기로만 신앙생활을 하고 실상은 전도의 열정도, 하나님에 대한 사랑도, 이웃들과 성도들에 대한 사랑도 뭣도 아무것도 없는 이것들에게는 〈죽었다〉는 말밖에 더 붙일 타이틀이 없었습니다. 그들은 그렇게 껍데기만 살아 있는 채 이미 속으로는 사망의 문턱에 와 닿은 채였습니다.

이런 그들에게 주님께서는 깨어 있을 것을, 죽어가는 형제자매들을 서로 일깨워 주고 격려해 줄 것을 명하십니다. 너희들이 애초에 어떻게 복음을 전해 듣고 영접하고 믿게 되었는지 기억하고 그때 그 믿음을 굳게 지켜 회개할 것을 권면하시는데 그럼에도 불구하고 그렇게 하지 않아 깨어 있지 않는다면 그런 자들에게는 주님이 언제 오실지 전혀 감도 잡지 못한 채 도둑같이 임할 것이라고 경고하십니다. 빛 가운데 거하지 못하여 다시 오실 주님께서 언제 오실지 전연 짐작조차 하지 못하는 성도는 휴거 신부는

커녕, 구원받을 성도조차도 못 되는 것이기에 이 말씀은 돌려 말하면 〈너희 중에 끝까지 그렇게 회개하지 않는 것들은 애초에 내 백성도 뭣도 아니다〉라는 선포나 마찬가지였습니다.

그러나 사대에 그 옷을 더럽히지 아니한 자 몇 명이 네게 있어 흰 옷을 입고 나와 함께 다니리니 그들은 합당한 자인 연고라. (계 3:4)

이 와중에도 주님께서는 공과 사가 철저하시고 앞의 교회들과 마찬가지로 옥석을 구별하십니다. 살아 있다고는 하나 죽었다고 그 서릿발 같은 무서운 질책을 하시면서도 그 교회 안에서 하나님의 참 백성들을 지명하여 구별하시지요. 대개 이 〈흰옷〉을 그 성도들의 정결하고 거룩하고 온전한 행실로 인해 입게 된 것이라 생각하시는 경우가 많은데 그 성도들이 흰옷을 입게 된 것은 그들이 온전히 율법을 100% 지키고, 행위를 온전히 정결하고 거룩하게 하고, 죄에서 완전히 떠나서 그렇게 된 것이 결코 아닙니다. 예수님의 십자가 보혈의 공로, 그 죄 사함을 믿고, 예수님을 자신의 구주로 믿고 영접하며, 내가 죄인이었으나 예수님을 영접함으로 용서받았음을 믿고, 내가 지금 죽어도 예수님을 만나 뵐 것이라는 구원의 확신이 있었기에 그들의 모든 죄과는 십자가에서 도말되고 보혈의 피로 씻어지고 예수님의 의로움이 그들에게도 덧씌워져 〈흰옷〉을 입게 된 것입니다.

돌려 말하면 사대 교회의 다른 자들은 애초에 예수님을 자신의 구주로 믿고 십자가 죄 사함의 공로를 의지하여 구원의 확신을 갖는 것조차 하지 않고 그야말로 무슨 동호회 나오듯이, 클럽에 다니듯이, 종교행사 하듯이 교회를 다녔다는 의미입니다. 그러나 그래도 일단 교회랍시고 다니기는 했으니 구원의 복음에 대해 전해 듣기는 했을 것인지라 주님께서는 너희들이 들었던 그 구원의 복음을 기억해 내고 회개하고 깨어 있으라고 그야말로 〈미워도 다시 한번〉 권면하고 계신 것입니다.

이기는 자는 이와 같이 흰 옷을 입을 것이요, 내가 그 이름을 생명책에서 결코 지우지 아니하고 그 이름을 내 아버지 앞과 그의 천사들 앞에서 시인하리라. (계 3:5)

사실 이 〈흰옷〉은 사데 교회에 주시는 상급이라기보다는 그곳의 죽어가는 성도들로 하여금 회개하고 깨어나서 다시 예수님을 영접하고 믿어서 이미 흰옷을 입고 있는 성도들처럼 구원받으라는 권면입니다. 그러니 이미 흰옷을 입고 있는 사데 교회 성도들은 흰옷, 생명책에 기록됨, 아버지와 천사들 앞에서 인정받음을 모조리 다 받아 누리고 있는 것입니다. 그리고 이러한 모든 것들은 그리스도의 몸 된 모든 교회와 그 지체 된 성도들에게 주시는 하나님의 선물이며 약속입니다.

귀 있는 자는 성령이 교회들에게 하시는 말씀을 들을지어다. (계 3:6)

잘 들으셨죠? 그럼 다음 교회로 이동해 보겠습니다….

빌라델비아 교회의 사자에게 편지하라. 거룩하고 진실하사 다윗의 열쇠를 가지신 이, 곧 열면 닫을 사람이 없고 닫으면 열 사람이 없는 그가 이르시되 (계 3:7)

빌라델비아 교회는 여러분들 모두가 인정하시는 전설의 레전드입니다. 서머나 교회와 더불어 주님께 오로지 칭찬만 받았던 교회이며 그러니만치 빌라델비아 교회를 향한 주님의 모습도 거룩하고 진실하고 다윗의 열쇠에다가 열면 아무도 못 닫고 닫으면 아무도 못 여는 전지전능하신 멋진 모습이지요. 빌라델비아 교회는 하나님이 보시기에 거룩한 곳이었고 진실한 곳이었으며 다윗의 열쇠라는 마스터키, 즉 새 예루살렘의 통치권을 가지신 주님께서 직접 눈여겨보시고 다스리시는 곳이었으며 여닫는 모든 권세를 가지셔서 치리하시는, 엘리트 중에 에이스와 같은 교회였습니다.

(앞의 다른 교회들은 주님께서 약간은 관찰자 · 감사역 시점인데 빌라델비아 교회에 대해서는 직접적인 통치자이십니다.)

사데 교회가 있는 사데시에서 남동쪽으로 28마일 정도 떨어진 곳에 있는 빌라델비아는 교통의 요지에 위치해 있어 말 그대로 문과 같은 곳이었는데 그래서 아마 열쇠 또는 열고 닫는다는 표현이 그곳 성도들에게 더욱 잘 이해되었을지도 모를 일입니다.

볼지어다. 내가 네 앞에 열린 문을 두었으되 능히 닫을 사람이 없으리라. 내가 네 행위를 아노니 네가 작은 능력을 가지고서도 내 말을 지키며 내 이름을 배반하지 아니하였도다. (계 3:8)

대형 교회도 아니었고, 크게 부흥하여 교인들 쪽수가 많고 재정이 풍족한 그런 곳도 아니었지만 빌라델비아 교회는 아담하고 소박한 와중에도 가진 능력껏 복음 전도와 신앙생활에 최선을 다했으며 그들의 행위 또한 하나님이 보시기에 흠잡을 데 없었으니, 그런 그들에게 주님께서는 누구도 닫을 수 없는 열린 문, 한 마디로 그 누구도 막을 수 없는 선교의 열매와 그들의 모든 사역, 삶, 생계와 장래가 형통하도록 주님께서 책임져 주시는 것으로 치하하셨습니다. 능력이 적다고 그 업적과 상급이 적은 게 아닙니다. 각자가 받은 능력과 달란트로 얼마나 달성해 내었는지 비율과 %로 계산되기 때문에 1인분의 능력을 가진 자가 1명을 전도했다면 100%를 해낸 것이며 100인분의 능력을 가진 자가 10명을 전도했다면 오히려 10%인 것이지요. 그만큼 하나님께서는 많이 주신 자에게 많이 기대하시며 한 달란트를 받았다 해도 한 달란트를 남기는 데 열과 성을 다한다면 그 상급은 세 달란트 받은 자와 조금도 다를 것이 없는 것입니다.

보라, 사탄의 회당 곧 자칭 유대인이라 하나 그렇지 아니하고 거짓말하는 자들 중에서 몇을 네게 주어 그들로 와서 네 발 앞에 절하게 하고 내가 너를 사랑하는 줄을 알게 하리라. (계 3:9)

보라, 자칭 유대인이라고 하지만 아니요, 오히려 거짓말하는 자들을 내가 사탄의 회당에 속한 자들로 만들리니, 보라, 내가 그들을 오게 하여 너의 발 앞에 경배하게 하여서, 내가 너를 사랑하는 것을 알게 하리라. (계 3:9, 킹제임스)

빌라델비아 교회의 헌신과 열정은 실로 경탄할 만하여 앞의 서머나 교회가 자칭 유대인이라 하는 사탄의 회당으로 인해 고초를 겪으며 고통받았으나 빌라델비아 교회는 그 사탄의 회당에 속한 자칭 유대인들, 거짓말하는 자들을 오히려 회심시키고 그들 앞에 경배하게 하고 하나님께서 참 하나님이심을, 예수님께서 참 메시아이심을 인정하게 만들었습니다. 이러한 업적은 이들의 굳센 믿음과 튼튼한 교리만이 아니라, 그들 삶 자체가 그리스도의 향기를 전하여 〈저런 사람들이 믿는 하나님이라면 진짜겠다〉라는 마음이 들게 했기 때문일 것입니다. 그리스도인들이 보는 성경은 〈하나님의 말씀〉이지만 불신자들이 보는 성경은 〈그리스도인들의 말과 행실〉이라는 것을 기억해 둘 필요가 있습니다. 그리고 이런 멋진 성도들에게 주님의 포상도 두둑합니다.

네가 나의 인내의 말씀을 지켰은즉 내가 또한 너를 지켜 시험의 때를 면하게 하리니 이는 장차 온 세상에 임하여 땅에 거하는 자들을 시험할 때라. (계 3:10)

네가 나의 인내의 말씀을 지켰기 때문에 나도 시험의 때에 너를 지키리니, 이는 온 세상에 임하여 땅 위에 사는 사람들을 시험하는 때라. (계 3:10, 킹제임스)

주님 오심을 기다리는 마라나타 성도들이 금과옥조로 새기고 있는 바로 이 말씀, 온 세상에 임하여 땅에 거하는 자들을 시험하는 그 시험의 때를 면케 해 주겠다, 환난 전 휴거를 약속하십니다. 혹자는 〈시험의 때에 지켜 준다는〉 것이 휴거가 아니라 환난을 통과할 수 있게 지켜 주신다는 것 아니냐, 하기도 하고 원어 운운하며 면제해 준다는 의미가 없다고 개드립을 치기도 합니다.

그러나 그 문구 의미가 무엇이든 딱히 상관없습니다. 하나님께서 그리스도의 신부들을 환난으로부터 지켜 주시는 방법이 아예 데려가시는 휴거인 것이며 그 어떤 곳보다 가장 안전한 도피성인 그분의 집으로 데려가셔서 지켜 주시고 보호해 주시고 돌봐 주시는 것입니다.

(해당 구절의 원어를 해석할 때 제외한다, 면케 한다는 뜻이 없이 돌보다, 지키다, 보호한다는 의미만 있다고 보기도 하지만 〈면케 하리니〉의 원어에 들어가는 EK가 다름 아닌 '~로부터 벗어나다, 탈출하다'라는 의미를 지닌 'out of'와 같은 뜻이라고 합니다. 그러니 원어로 해도 〈시험의 때로부터 너를 끄집어내어〉 지키겠다는 의미가 되는 것이지요. 저 에크 EK를 사용한 단어 중 유명한 단어가 〈밖으로 불러낸 사람들〉이란 뜻의 〈에클레시아〉입니다.)

사실 원어의 뜻에 대해서도 참 논란들이 많은데 적어도 그냥 우리 귀로 들어봐도 저것이 환난 한가운데 놓아두고서 지켜 주겠다는 의미로 접수되지는 않습니다. 그러나 환난 통과를 의미한다고 보는 의견도 상당히 많으니 이 문제는 믿음의 문제로 두어 환난에 들어가고 싶은 것들은 굳세게 믿고 대환난에 즐거이 들어가시고요. 환난 전에 공중에서 주님을 만나 뵙고 싶은 분들은 믿고 주님 오심을 기다리시면 될 일이라 생각합니다.

내가 속히 오리니 네가 가진 것을 굳게 잡아 아무도 네 면류관을 빼앗지 못하게 하라. 이기는 자는 내 하나님 성전에 기둥이 되게 하리니 그가 결코 다시 나가지 아니하리라. 내가 하나님의 이름과 하나님의 성 곧 하늘에서 내 하나님께로부터 내려오는 새 예루살렘의 이름과 나의 새 이름을 그이 위에 기록하리라. (계 3:11~12)

면류관은 이미 선불로 땡겼고 하나님의 성전에 기둥이 되고, 하나님의 이름과 새 예루살렘의 이름도 기록하고, 주님의 새 이름도 기록해 주신다고 하니 그야말로 빌라델비아 교회에 주신 하나님의 상급은 종합선물세트입니다. 말이 필요 없는 주님의 백성, 그리고 그리스도의 신부에게 주실 선물이며 그리스도의 몸 된 모든 교회와 그 지체 된 성도들에게 약속하신 은혜입니다.

귀 있는 자는 성령이 교회들에게 하시는 말씀을 들을지어다. (계 3:13)

잘 들으셨지요? 그러면 이제 마지막 교회로 이동하겠습니다.

마지막 교회는 바로 빌라델비아로부터 남동쪽으로 45마일 떨어진 곳에 위치해 있는, 은행 · 상업 · 무역의 요지이며 대지진이 일어나도 로마 제국의 지원 없이 자체적으로 엔빵을 하고 뿜빠이를 해서 복구한 〈부티 나는〉 도시, 소아시아의 강남인 라오디게아에 있는 라오디게아 교회입니다.

라오디게아 교회의 사자에게 편지하라. 아멘이시요, 충성되고 참

된 증인이시요, 하나님의 창조의 근본이신 이가 이르시되 (계 3:14)

앞에서는 일곱 별도 들고 계셨고, 더러는 양날 사시미도 차고 계시고, 불꽃 같은 눈과 놋 같은 발로 서 계셨고 기타 등등 위엄과 카리스마 넘치는 모습으로 나오셨는데 라오디게아 교회를 향하신 주님의 모습은 아멘이시고, 신실하시고, 진실하시다는, 어째 좀 위엄 넘치는 왕의 모습과 달라 보이십니다. 다만 하나님의 창조를 시작하신 분이라는 타이틀로 성자 하나님이신 예수님도 성부 하나님과 동일한 하나님이시라는 인증은 확실하게 해 주셨지요.

내가 네 행위를 아노니 네가 차지도 아니하고 뜨겁지도 아니하도다. 네가 차든지 뜨겁든지 하기를 원하노라. 네가 이같이 미지근하여 뜨겁지도 아니하고 차지도 아니하니 내 입에서 너를 토하여 버리리라. (계 3:15~16)

이 라오디게아라는 동네 자체가 식수 사정이 시큰둥한 관계로 멀리 떨어진 곳으로부터 수로를 통해 물을 받아다 썼는데 그 물이 오다가 중간에 뜨거운 온천과 차가운 지하수가 섞여 도착할 즈음에는 미지근한 온도였다고 합니다. 물론 그냥 쓰기에는 그리 나쁘지 않았겠지만 뜨거우면 뜨거운 맛에, 차가우면 차가운 맛에 마시거나 할 텐데 미지근하고 흐리멍덩한 맛은 미식가들 입장에서는 네 맛도 내 맛도 없는, 토해 버려야 마땅할 것이었습니다.

라오디게아 교회의 상태는 바로 그런 상태였습니다. 핍박도 박해도 이단의 미혹도 그런 것도 없이, 그렇다고 해서 살기 힘들고 팍팍한 것도 아닌데 이들은 열정과 사랑과 믿음에 있어 뜨거움과 시원함을 잃고 흐리멍텅해져 있었습니다. 대부분의 성도님들께서 이 부분을 읽으시며 타락하고 배교하여 주님께로부터 토하여 내쳐질 버림받은 교회, 현대 교회와 대형 교회로 상징되는 그런 마지막 때의 허탄한 교회로 생각하기에 딱 좋은 각입니다. 게다가 이어지는 설명은 더욱 그렇습니다.

네가 말하기를 나는 부자라, 부요하여 부족한 것이 없다 하나 네 곤고한 것과 가련한 것과 가난한 것과 눈 먼 것과 벌거벗은 것을 알지 못하는도다. (계 3:17)

토하여 내쳐질 판인데도 정신을 못 차리고 잘났다고 뻗대는 이 라오디게아 교회는 한마디로 주님 앞에서나 같은 성도들 앞에서나 노답 중에 노답이었는데…. 그런 그들에게 이어지는 주님의 말씀은 상상 초월이었습니다.

내가 너를 권하노니 내게서 불로 연단한 금을 사서 부요하게 하고 흰 옷을 사서 입어 벌거벗은 수치를 보이지 않게 하고 안약을 사서 눈에 발라 보게 하라. (계 3:18)

하나 잘한 게 없고 칭찬받을 게 없는데 불로 단련된 금, 흰옷, 안약을 그냥 주시겠다고 하는 주님의 말씀이 참으로 어안이 벙벙할 지경입니다. 말씀인즉 사라고 하시지만 비참하고 가련하고 가난하고 눈멀고 헐벗은 저들이 주님께 금과 옷과 안약을 살 수 있을 턱이 없습니다. 주님께서 〈값없이〉 주시는 것이 너무도 뻔한 상황인데 그것도 내게서 받아 가라고 명령하시는 게 아니라 〈권고〉, 즉 부탁을 하시고, 그냥 주겠다고 하사하시는 것도 아닌, 〈내게서 사라〉고 하시며 자존심마저 지켜 주시는 참으로 〈이것들이 대체 뭐라고 이렇게 특별대우를 하시지?〉라는 생각이 들게 만드십니다.

그 이유는 바로 이러했습니다.

무릇 내가 사랑하는 자를 책망하여 징계하노니 그러므로 네가 열심을 내라. 회개하라. (계 3:19)

바로 주님께서 라오디게아 교회를 〈사랑하셨기〉 때문입니다. 비록 앞에서는 차지도 덥지도 않아 너를 토하여 내치겠다 하셨지만 주님의 목적은 토하여 내치는 것이 아니었습니다. 거의 대부분의 성도님들이 그 부분을 라오디게아 교회를 〈책망〉하시는 것으로 아시지만 그것은 책망이 아닙니다. 차지도 덥지도 않고 답답하게 구는 여인을 향하여 〈너 자꾸 그러면 나 진짜 떠난다〉라며 마음에도 없는 말을 내던져 보는, 사랑에 빠진 남자의 독백일 뿐입니다. 사실 이 라오디게아 교회를 한 여자로 비유해 보자면 그 상태는 진정으로 참혹합니다. 차든 덥든 간에 감히 주님 앞에서 면상을 내밀 수도 없는 버러지 같은 존재입니다.

> 비참하고 가련한 가난뱅이
> 앞도 못 보는 시각장애인
> 옷도 제대로 못 입은 거지
> 그럼에도 자기가 부자라는 망상에 빠진 정신병자....

쪽방촌에 뒹구는 거렁뱅이나 길거리를 헤매는 노숙자 정도가 아니라 정신병원의 병동에 갇혀서 앞도 보이지 않으면서 제멋대로 지껄이고 깔깔거리는, 개도 안 물어 갈 존재였습니다. 책망을 받는 것도 뭔가 사명을 감당하여 그 공과 과를 평가하는 절차에 따라 부족한 부분을 책망받고 질책을 받는 것인데 이 여인은 책망과 질책을 할 가치조차 없는, 그냥 쓰레기였습니다. 그런데도 주님께서 금과 드레스와 안약을 바리바리 싸 들고 그 여인이 갇혀 있는 정신병원으로 달려가 그 병실 문 앞에 서서 이것들을 내게서 사라고 부탁하시는 것은 오로지 그 여인을 〈사랑〉하셨기 때문이었습니다. 사랑했기 때문에 차든지 덥든지 하라고, 안 그러면 토해 버리겠다고 던져 보기도 한 것이었고, 사랑했기 때문에 제발 정신 좀 차리라고 어깨를 잡고 흔들어 보기도 하셨던 것입니다. 다른 모든 교회들을 향해서는 주님은 온전히 〈갑〉의 모습으로 나타나셨건만 라오디게아 교회를 향해서 만큼은 온전히 〈을〉의 모습으로 신실함과 진실함을 보이셨습니다.

볼지어다. 내가 문 밖에 서서 두드리노니 누구든지 내 음성을 듣고 문을 열면 내가 그에게로 들어가 그와 더불어 먹고 그는 나와 더불어 먹으리라. (계 3:20)

당장 헌병들을 풀어서 군홧발로 문을 걷어차고 들어가 그 여인의 머리채를 잡고 끄집어내 주님 앞에 무릎을 꿇린다 해도 백번이고 천 번이고 지당한 일인데 주님께서는 그 여인의 병실 문 앞에 서서 그 문을 두드리고 계십니다. 여인이 문을 열어 줄 때까지 말이지요. 그녀가 할 수 있는 것은 단하나, 주님을 향해 그 문을 열고 그 사랑을 온전히 받아들이는 것입니다. 라오디게아 교회에 베푸신 은혜가 이토록 크고 깊었으며 그들에게 주실 상급 또한 가장 빛나고 고귀한 것이었습니다.

이기는 그에게는 내가 내 보좌에 함께 앉게 하여 주기를 내가 이기고 아버지 보좌에 함께 앉은 것과 같이 하리라. (계 3:21)

주님의 보좌에 함께 앉을 자격이었으니 우리는 이로써 이 참혹한 라오디게아 교회가 〈휴거 신부 교회〉였음을 알 수 있습니다. 마지막 때에 믿음을 보겠느냐 하신 말씀대로 마라나타 신앙은커녕 기본적인 구원 복음조차 흐려져 구원의 확신과 예수님을 믿는 믿음마저 사그라든 교회를 향해 주님 오시기 전 마지막으로 그 구원과 복음을 일깨워 은혜를 베푸시듯이 주님께서는 라오디게아 교회의 천사에게 보내는 편지를 일곱 교회 중 마지막으로 보내셨던 것입니다. 에베소 교회부터 시작하여 교회사를 거치며 최종적으로 이른 모습이 라오디게아 교회였으나 그 라오디게아 교회에게 주님의 보좌에 함께 앉을 상급을 주셨듯이 교회의 최종 결말은 〈주님의 신부가 되어 주님의 보좌에 함께 앉는〉 것임을 우리는 명확히 계시록을 통해 깨달을 수 있습니다.

(당연한 말이지만 주님의 사랑하는 자라는 표현답게 사도 요한 당대의 라오디게아 교회는 이 편지를 받고 정신 차리고 회개하여 믿음을 새롭게 하였을 것입니다. 라오디게아 도시가 멸망한 것은 이후 1,000년 하고 수백 년이 더 지나 튀르키예에 의해서였습니다.)

어느 교회는 책망을 받고, 어느 교회는 칭찬을 받았다 하여 그 교회는 구원받고, 그 교회는 버려지는 것인가 생각들 하겠지만 결코 그렇지 않습니다. 편지를 받은 일곱 교회 모두 천사가 임재하여 있는 주님의 교회이며 그리스도의 몸이었으며 아무리 상태가 좋지 않은 교회라 한들 그 속에서 주님께서는 철저하게 그분의 참 백성들을 가려내며 옥석을 구분하고 계셨습니다. 한 교회 안에 있으면서도 주님의 참 백성에게는 사랑의 하나님으로, 배교한 자와 불신한 자에게는 공의의 하나님으로 각각 모습을 달리하시며 궁극적으로는 모두가 다 한마음으로 예수님을 영접하고 그 믿음으로 구원을 받아 그리스도의 신부가 되기를 원하시는 그 마음이었습니다. 에베소 교회로부터 라오디게아 교회에 이르는 일곱 교회에 보내신 편지의 참 의미는 바로 이것입니다.

> **1. 교회들이 가진 여러 가지 양상과 모습들을 보며 바로잡아야 할 점과 지켜나가야 할 점들을 깨닫고**
> **2. 교회와 성도들에게 주시는 구원과 상급과 은혜를 확실히 약속하시며 보장하시고**
> **3. 나의 모습이 어떠하든 간에 하나님의 구원은 값없이 은혜로 내리시며 그 구원은 우리를 그리스도의 신부로 만들어 주님**

| 보좌에 함께 앉혀 주시는 데까지 이른다는 것입니다.

그러니 우리가 얼마나 크나큰 은혜를 입었으며, 하나님 앞에 얼마나 빚진 자, 용서받은 죄인, 구원받은 백성으로서 겸손하며 마음을 다하고 힘을 다하고 뜻을 다하여 오직 하나님만을 사랑하고 경외해야 하겠습니까?

| 우리가 뭔가 부족하면 구원에서 탈락될 것 같습니까?
| 우리가 뭔가 저지르면 구원에서 버려질 것 같습니까?

우리가 그런 죄인들이고, 그럴 죄인들이고, 그러고도 남을 죄인들이기에 예수님께서 몸소 십자가를 지신 것입니다. 우리가 애초에 주님께 구원받을 때부터 가난뱅이, 소경, 정신병자였는데 그런 우리를 위해 십자가를 지시고 보혈의 피를 흘려주시고 자신의 목숨과 바꾸어 우리를 구속하신 주님께서 우리를 하나님의 사랑에서 끊으시고 그 손에서 우리를 빼앗기시겠습니까?

(하나님의 은혜가 괜히 Amazing Grace가 아니다….)

결국 이긴 자는 예수님을 마음으로 믿어 의에 이르고 입술로 고백하여 구원에 이른 자이며 성령님의 인도하심으로 예수님을 주님이시라 고백하고 오늘 당장 죽어도 예수님을 만나 뵐 것이라 확신하는 그리스도인입니다. 그런 구원의 확신이 있는 자에게 주님께서도 약속된 모든 상급을 다 내리실 것이며 그의 이름을 하나님과 천사들 앞에서 시인하시고 그를 하나님의 성전 기둥으로 삼아서 새 예루살렘의 이름과 주님의 새 이름을 그 위에 기록하실 것입니다.

귀 있는 자는 성령이 교회들에게 하시는 말씀을 들을지어다. (계

3:22)

　이 모든 말씀을 듣고 아멘으로 받을진대 여러분은 진실로 하나님 앞에 〈이긴 자〉이며 〈이기는 자〉이며 〈이길 자〉입니다.

　여기까지 계시록의 카테고리 중 〈반드시 속히 있을 일들〉과 〈현재 있는 일들〉에 해당하는 소아시아 일곱 교회에 보내는 편지를 살펴보았는데 이제 본격적으로 〈계시록〉이라는 제목에 어울리는 파트로 넘어갈 시간입니다. 이후에는 과연 어떠한 계시와 예언들이 사도 요한에게 내려질지 계시록 4장 강해를 기대하여 주십시오.

　이 일 후에 내가 보니 하늘에 열린 문이 있는데 내가 들은 바 처음에 내게 말하던 나팔 소리 같은 그 음성이 이르되 이리로 올라오라, 이 후에 마땅히 일어날 일들을 내가 네게 보이리라, 하시더라. (계 4:1)

4장.

이리로 올라오라

이 일 후에 내가 보니 하늘에 열린 문이 있는데 내가 들은 바 처음에 내게 말하던 나팔 소리 같은 그 음성이 이르되 이리로 올라오라, 이 후에 마땅히 일어날 일들을 내가 네게 보이리라, 하시더라. (계 4:1)

사실 계시록의 모든 이야기들이 1장 1절부터 한큐에 일 자로 이어진다고 생각들 하시지만 잘 보면 몇 가지 장면의 전환들이 있는데, 그중에서도 1장 1절에서 소아시아 일곱 교회에 보내는 편지인 3장까지는 시즌 1입니다. 그리고 4장에서부터 시즌 2가 시작되는 것이지요. 제가 주구장창 말씀 드리던 것이 계시록 1장에 언급된 〈반드시 속히 될 일〉은 크게 보면 계시록의 전체 예언이지만 좁게 보면 소아시아 일곱 교회에 보내는 편지의 계시라는 것이며 주님께서 사도 요한에게 기록하라고 하신 것들 중에 〈현재 있는 일들〉이 또한 그 일곱 교회에 보내는 편지라는 것입니다. 거기까지는 3장, 라오디게아 교회에 보내는 편지까지로 끝을 맺었고 4장부터는 본격적으로 다른 이야기가 펼쳐집니다.

그러므로 네가 본 것과 지금 있는 일과 장차 될 일을 기록하라. (계 1:19)

〈네가 본 것〉이란 일곱 별과 일곱 금 촛대였으며 〈지금 있는 일〉은 일곱 교회에 보내는 편지였으며 〈장차 될 일〉이 바로 4장 1절에 언급된 〈이후에 마땅히 일어날 일들〉인 것입니다. 이 구분을 거의 대부분의 마라나타 사역자들 및 계시록을 가르치시는 분들이 잘 알지 못하시고 계시록 전체를 싸잡아서 반드시 속히 일어날 일들로 퉁치다 보니 계 13장을 로마 황제에 의한 교회 박해 정도로 치부해 버리는 일이 벌어지는 것이지요. 잘 보시면 명확히 다른 언급입니다. 〈반드시 속히 일어날 일들〉에는 〈속히〉라는 시한이 명시되어 있으나 〈이후에 마땅히 일어날 일들〉에는 어떠한 시한이 명시되어 있지 않으며 그냥 이후에 언젠가 일어날 일들이라고만 되어 있습니다. 그러니 계시록 4장부터 나오는 계시와 예언들은 언급된 그대로의 어떤 사건이 실무적으로 나타나야만 성취된 것이며 그렇지 않고서는 결코 〈일어난 사건〉이 아닌 것입니다. 그러나 대부분의 계시록 연구자들은 4장 1절을 자세히 보지 않고 그냥 스쳐 지나가는 터라 이후에 벌어지는 계시와 예언이 실제로 일어나지 않았음에도 〈상징〉으로 해석하고 〈영적으로〉 풀이하여 마치 일어나기라도 한 것처럼 제껴 버리는 일이 벌어집니다.

다시 말씀드리자면 1장 1절의 반드시 속히 일어날 일들은 일곱 교회에 보내는 편지의 계시까지이며 4장 1절부터는 기한이 명시되어 있지 않고 사도 요한 및 초대 교회 당대와 전혀 무관한 미래의 어떤 시점에 성취될 사건인 것입니다. 그러면 과연 〈이후에 마땅히 일어날 일들〉이 성취되는 그 분수령은 어떤 사건인가 생각해 볼 수 있는데 그것을 사도 요한이 계시를 받으러 가는 장면이 직접적인 예표가 되어 주고 있습니다. 하늘 문이 열리며 나팔 소리 같은 음성을 들으며 주님께서 〈이리로 올라오라〉 하시는 장면을 보면 무엇이 딱 떠오릅니까?

주께서 호령과 천사장의 소리와 하나님의 나팔 소리로 친히 하늘로부터 강림하시리니 그리스도 안에서 죽은 자들이 먼저 일어나고 그 후에 우리 살아 남은 자들도 그들과 함께 구름 속으로 끌어 올려

공중에서 주를 영접하게 하시리니 그리하여 우리가 항상 주와 함께 있으리라. (살전 4:16~17)

딱 이 장면 아닙니까? 바로 예수님의 공중 강림과 더불어 성도들이 맞이할 〈휴거〉의 모습입니다. 하늘 문이 열린다는 그 표현이 얼마나 오랫동안 휴거의 장면으로 생각되었는지 과거 1992년의 시한부 종말론 사건 때 선풍적인 인기를 끌었던 〈다가올 미래를 대비하라〉 시리즈에서도 2편의 제목이 〈하늘 문이 열린다〉였을 정도였지요.

(이른바 〈다미 시리즈〉는 총 4부작이었는데 1편은 '다가올 미래를 대비하라'이고 2편은 '하늘 문이 열린다', 3편은 '경고의 나팔', 4편은 '1992년의 열풍'입니다. 2편이 〈열린다〉이니 3편은 〈닫힌다〉가 되어야 할 텐데 당시에 휴거를 기다렸던 인천 온누리교회라는 곳의 박화자 사모라는 사람이 먼저 〈하늘 문이 닫힌다〉라는 제목으로 책을 써 버리는 바람에 3편의 제목을 〈하늘 문이 닫힌다〉 대신 〈경고의 나팔〉로 바꾸었다고 합니다.)

사실 이 장면은 많은 마라나타 성도들이 생각하시는 것과 달리 엄밀히 따지면 〈휴거의 모습이 아니라〉 사도 요한이 계시를 받기 위해 입신하여 부름을 받는 장면입니다. 그러나 단순히 사도 요한 개인에게 국한된 장면으로만 치부하기에는 의미가 매우 큰데 계시록의 스토리상으로도 정확히 이 장면부터 〈교회〉라는 단어가 한 번도 등장하지 않습니다. 3장까지 그렇게 줄기차게 나오던 그 〈교회〉라는 단어가 4장 1절이 시작되면서부터 약속이나 한 듯이 전혀 나오지 않거든요. 교회 환난 통과설을 주장하는 치들은 이후에 나오는 〈성도〉라는 단어에 이미 교회라는 의미가 있다고 말하지만 콧구멍으로 껌 씹는 소리입니다.

(그럴 거면 차라리 그냥 〈교회〉라고 쓰고 말지 그전까지 멀쩡하게 잘만 쓰던 단어를 왜 안 쓰고 있겠나?)

그러니 계시록의 자체 스토리로만 보더라도 사도 요한이 나팔 소리 같은 음성을 들으며 하늘 문이 열려 부름을 받은 후부터는 뭔가 정상적인 〈교회 시대〉를 넘어선 새로운 국면으로 전환되었다고 보는 것이 타당한 것입니다. 요한계시록이라는 책 자체의 스토리로도 그러하며 사도 요한 본인에게는 당대 교회들을 넘어선 새로운 차원의 계시가 열리게 되며, 이후 미래에는 정상적인 역사를 지나 대환난 시대로 치닫게 되는, 휴거라는 대사건이 모두 이 4장 1절에서 한 번에 제시되어 있다고 해도 과언은 아닙니다. 좁게는 사도 요한의 부름받음, 넓게는 휴거의 예표로 해석하는 것이 가장 적절하겠지요. 그러나 어디까지나 일차적인 해석은 사도 요한의 부름받음입니다.

내가 곧 성령에 감동되었더니 보라, 하늘에 보좌를 베풀었고 그 보좌 위에 앉으신 이가 있는데 앉으신 이의 모양이 벽옥과 홍보석 같고 또 무지개가 있어 보좌에 둘렸는데 그 모양이 녹보석 같더라. (계 4:2~3)

사도 요한은 직접 육체가 들림받은 것이 아니라 영으로 부름을 받은 것이었고 그렇기에 이 장면을 곧바로 휴거 자체로 연결시켜서는 안 되는 것입니다. 휴거는 육신까지 통째로 들림받는 것이니까요. 어쨌든 열린 하늘 문으로 들어간 사도 요한은 하나님의 보좌를 목격하게 됩니다. 당연히 하나님은 인간의 눈으로 감히 쳐다볼 수 없고 그 외모를 묘사할 수 없는 터라 사도 요한 역시 그분의 용모를 겨우 보석에 비유할 뿐이었습니다. 다만 특기할 만한 점은 하나님의 모습은 핏빛처럼 시뻘건 색의 벽옥과 홍보석인데 그분의 보좌를 두른 무지개는 초록색의 에메랄드라는 것에서 상반된 모습을 동시에 엿볼 수 있다는 것입니다. 이제 남은 것은 심판과 복수뿐인 불신 세상과 악의 무리들을 향한 핏빛 분노와 진노, 그럼에도 불구하고 그 가운데서 주님의 백성들은 건져 내어주시겠다는 사랑과 자비의 푸른 무지개.

참으로 예전 노아의 때를 떠올리게 만드는 모습입니다.

이르시되 내가 창조한 사람을 내가 지면에서 쓸어버리되 사람으로부터 가축과 기는 것과 공중의 새까지 그리하리니 이는 내가 그것들을 지었음을 한탄함이니라, 하시니라. 그러나 노아는 여호와께 은혜를 입었더라. (창 6:7~8)

그러나 노아는 주의 눈에서 은혜를 찾았더라. (창 6:8, 킹제임스)

내가 내 무지개를 구름 속에 두었나니 이것이 나와 세상 사이의 언약의 증거니라. 내가 구름으로 땅을 덮을 때에 무지개가 구름 속에 나타나면 내가 나와 너희와 및 육체를 가진 모든 생물 사이의 내 언약을 기억하리니 다시는 물이 모든 육체를 멸하는 홍수가 되지 아니할지라. (창 9:13~15)

세상을 멸하시겠다는 하나님의 눈에서 발견된 은혜, 그 은혜를 받아 누린 사람, 그리고 하나님의 사랑과 은혜의 상징인 무지개는 성경의 오프닝인 창세기에서 빛을 발한 후 성경의 피날레인 계시록에서 다시 한번 빛을 발하고 있으니 이 또한 놀라운 수미쌍관이라 하겠습니다.

그런데 하나님의 보좌는 사도 요한만 목격한 건 아니더군요.

그 머리 위에 있는 궁창 위에 보좌의 형상이 있는데 그 모양이 남보석 같고 그 보좌의 형상 위에 한 형상이 있어 사람의 모양 같더라. (겔 1:26)

내가 보니 그 허리 위의 모양은 단 쇠 같아서 그 속과 주위가 불같

고 내가 보니 그 허리 아래의 모양도 불같아서 사방으로 광채가 나며 그 사방 광채의 모양은 비 오는 날 구름에 있는 무지개 같으니 이는 여호와의 영광의 형상의 모양이라. 내가 보고 엎드려 말씀하시는 이의 음성을 들으니라. (겔 1:27~28)

에스겔 선지자로부터 요한 사도까지 물경 수백 년 세월이 흘렀을 텐데 하나님의 보좌는 이처럼 변함이 없었습니다. 그리고 그 보좌 옆에는 마치 지휘관 옆의 참모들처럼 줄지어 앉아 있는 분들이 있었습니다.

또 보좌에 둘러 이십사 보좌들이 있고 그 보좌들 위에 이십사 장로들이 흰 옷을 입고 머리에 금관을 쓰고 앉았더라. (계 4:4)

또 그 보좌 주위에는 스물네 좌석이 있는데, 내가 본 그 좌석들에는 흰 옷을 입은 스물네 장로가 앉아 있고, 그들은 금으로 만든 면류관을 머리에 썼더라. (계 4:4, 킹제임스)

마침내 그 유명한 〈24 장로〉의 등장입니다. 너무도 유명한 분들이라 딱히 설명할 것도 없어 보이지만 한 가지 확실한 것은 그 어떤 사람이 와서 자신이 24 장로의 반열에 들었다고 나발을 분다면 이단 사이비라고 보시면 된다는 것입니다. 24 장로의 정체에 대해서는 의견이 분분하긴 하지만 최소한 계시록 안에서 추리를 해 보면 여기에서밖에 찾을 수 없을 것 같습니다.

크고 높은 성곽이 있고 열두 문이 있는데 문에 열두 천사가 있고 그 문들 위에 이름을 썼으니 이스라엘 자손 열두 지파의 이름들이라. (계 21:12)

그 성의 성곽에는 열두 기초석이 있고 그 위에는 어린 양의 열두 사도의 열두 이름이 있더라. (계 21:14)

최소한 구약의 열두 지파의 조상들, 그리고 신약의 열두 사도. 이들이 합쳐 24 장로를 구성한다면 모를까 그 외에 어떤 사람도 이보다 더한 대상자가 될 것 같지는 않습니다. 다만 특기할 만한 점은 분명 열두 족장과 열두 사도는 각자 이름들이 있으나 전혀 언급되지 않고 한데 퉁쳐서 〈24 장로〉라고만 칭해집니다. 이후에 등장할 두 증인 또한 모세와 엘리야라는 이름 대신 그냥 〈두 증인〉이라고만 칭해지는 것과 비슷한데 하나님의 권능과 심판으로 인류 역사를 마무리 짓는 이 순간에 이르러서는 각자의 이름 따위는 중요하지 않으며 하나님 앞에서 모두는 그 직분과 직책으로만 서게 되는 것이 아닌가 하는 생각이 먼저 들었습니다.

두 번째 생각은 이들이 이미 땅에서 한번 죽었고 천국에 올라간 것이니 성도로서 천국에 올라가 〈새 이름〉을 받았기에 과거 지상에서의 이름은 지워졌거나 혹은 천국 시점에서는 의미가 없어졌거나, 그 새 이름을 자신과 하나님만 알기에 사도 요한이 그것을 듣고 기록할 수가 없었던 것이 아닌가 싶기도 합니다. 그 장로들 복색이 〈흰옷〉과 〈금 면류관〉으로 이긴 자 된 구원받은 성도에게 주어진 상급이란 점에서 더욱 그렇습니다.

그러니 이 24 장로의 정체는 일차적으로는 열두 지파의 조상들과 열두 사도들, 이차적으로는 구원받은 구약과 신약의 성도들을 상징하는 것이 아닌가 합니다. 신·구약 모든 성도를 대표하여 그 24 장로들이 보좌 주위에 둘러앉아 있는 것이라 볼 수 있겠지요. 쉽게 말해서 모두 다 나와서 앉아 있으면 하나님의 보좌 주변이 도떼기시장에 자갈치시장이 될 것이니 대표로 몇 명만 추려내어 앉혀둔 것이 24 장로라는 것 정도로 보시면 되겠습니다.

보좌로부터 번개와 음성과 우렛소리가 나고 보좌 앞에 켠 등불 일곱이 있으니 이는 하나님의 일곱 영이라. 보좌 앞에 수정과 같은 유리 바다가 있고 보좌 가운데와 보좌 주위에 네 생물이 있는데 앞뒤에 눈들이 가득하더라. (계 4:5~6)

이미 앞서 설명해 드렸지만 하나님께서 임재하실 때는 구름과 나팔 소리, 천둥과 번개, 호령과 음성이 배경음악 및 기본 옵션으로 세팅이 됩니다. 평소에도 그렇거니와 심판을 앞둔 때이니만큼 번개와 천둥은 이후에도 인을 떼고, 나팔을 불고, 대접을 쏟을 때 계속하여 일어남으로써 하나님께서 심판을 완전히 결심하셨음을 인증해 주고 있습니다. 또한 보좌 앞의 일곱 등불, 하나님의 일곱 영, 즉 성령께서도 이미 스탠바이 하신 상태입니다. 보좌 앞에는 수정 같은 〈유리 바다〉가 있다는데 이것에 대해서도 의견이 분분합니다. 진짜 천국에 있는 거대한 바다라는 의견이 있고, 그렇게 말씀하시는 분들께서는 지구 바깥의 우주에도 거대한 물층이 있다는 것과 특히 〈깊음〉이라고 하는 거대한 물층이 은하계에 있어 그 표면이 완전히 얼어붙어 있어 유리처럼 보였다는 견해를 제시하기도 합니다.

물은 돌 같이 굳어지고 깊은 바다의 수면은 얼어붙느니라. (욥 38:30)

물이 돌로 된 것처럼 감추어졌고 깊음의 표면은 얼어 있도다. (욥 38:30, 킹제임스)

땅이 혼돈하고 공허하며 흑암이 깊음 위에 있고 하나님의 영은 수면 위에 운행하시니라. (창 1:2)

땅은 형체가 없고 공허하며 어두움이 깊음의 표면에 있으며 하나

님의 영은 물들의 표면에서 거니시더라. (창 1:2, 킹제임스)

그러나 또다시 생각해 보면 하나님의 보좌가 있음은 그곳이 일단 임금님이 계신 〈대궐〉이라는 것인데 왕궁 안에 뜬금없이 큰 바다가 있다는 게 뭔가 어정쩡하기도 합니다. 그러니 사도 요한이 본 유리 바다는 파도치는 〈바다〉가 아니라 수정같이 투명하고 맑은 거대한 공간이었다는 것입니다. 특히 구약의 성막에는 제사장이 성소로 들어가기 전에 반드시 거쳐 가야 하는 곳이 있으니, 성소에 들어갈 수 있을 만큼 정결해지기 위해 몸을 씻는 커다란 수조 같은 물두멍이 있었고 그 물두멍을 일컬어 〈바다〉라 했습니다. 성막이 하나님의 보좌를 본떠서 아날로그로 재현해 놓은 것이라면 성소에 해당하는 하나님의 보좌로 가기 위해 거쳐 가야 하는 곳이 물두멍, 〈바다〉이기에 하나님의 보좌 앞의 거대한 공간을 바다라 칭하고 그곳이 유리나 수정처럼 투명했으니 그곳을 유리 바다라고 칭한 것도 무리는 아닙니다. 혹은 정말 문자 그대로 재현하면 성소 앞의 바다를 디자인은 그 모습 그대로 크기만 천국 넓이에 맞게 거대화시켜 보좌 앞에 놓아두되 재질이 유리로 된 제품이라 말 그대로 유리 바다인 것입니다. 이런저런 상징적, 비유적, 영적 해석을 다 빼면 이것이 가장 타당한 추리라 생각됩니다.

그리고 보좌 주변에는 눈알이 많이 달린 네 생물이 있었는데….

그 첫째 생물은 사자 같고 그 둘째 생물은 송아지 같고 그 셋째 생물은 얼굴이 사람 같고 그 넷째 생물은 날아가는 독수리 같은데 (계 4:7)

이들은 보좌를 빙 둘러싸고 있는데 어렵게 생각할 것이 없습니다. 각자가 자세히 보면 하나님의 속성들을 하나씩 맡아 가지고 있습니다.

> 왕이며 위엄과 권위와 강력한 힘을 가진 사자
> 강한 힘과 함께 성실하고 부지런한 소
> 만물을 다스리며 지성과 인성을 갖춘 사람
> 날아다니듯 초월적인 위엄과 권능을 가진 독수리

그리고 이들이 가진 눈들은 모든 것을 알고 보시는 하나님의 전지전능함을 의미할 것입니다. 그런데 그들은 보좌 옆에 가만히 서 있기만 하는 것이 아니라 이러고 있었습니다.

네 생물은 각각 여섯 날개를 가졌고 그 안과 주위에는 눈들이 가득하더라. 그들이 밤낮 쉬지 않고 이르기를 거룩하다, 거룩하다, 거룩하다, 주 하나님 곧 전능하신 이여, 전에도 계셨고 이제도 계시고 장차 오실 이시라, 하고 (계 4:8)

여섯 개의 날개라는 것에 스랍이나 그룹을 떠올리실 분들도 계시겠지만 어쨌든 이들은 하나님의 직접적인 속성을 하나씩 맡아 상징하고 있기에 무척 중대한 위치에 서 있는 이른바 최측근인데 그런 그들이 밤낮없이 집중하는 사역은 바로 〈찬양〉이었습니다. 천국의 찬양 담당자였던 사탄이 대천사장이었다는 것만 보더라도 찬양이 얼마나 중요한 임무인지 알 수 있습니다. 당장 하나님께서 사람을 창조하신 이유도 하나님을 찬양하게 하려고 만드신 것입니다. 게다가 이들 네 생물들은 각각 들짐승, 가축, 인간, 날짐승 등 지구상에 존재하는 모든 생명체를 상징하느니만큼 〈모든 만물의 존재의 목적이 하나님을 찬양하는 것〉임을 참으로 잘 보여 주고 있다고 하겠습니다.

그 생물들이 보좌에 앉으사 세세토록 살아 계시는 이에게 영광과 존귀와 감사를 돌릴 때에 이십사 장로들이 보좌에 앉으신 이 앞에

엎드려 세세토록 살아 계시는 이에게 경배하고 자기의 관을 보좌 앞
에 드리며 이르되 (계 4:9~10)

스물 네 장로가 보좌에 앉으신 분 앞에 엎드려 영원무궁토록 살아
계시는 분께 경배하며 그들의 면류관을 그 보좌 앞에 던지며 말씀드
리기를 (계 4:10, 킹제임스)

생물들도 저리 열과 성을 다해 찬양하는데 24 장로들도 가만히 앉아 있
을 수가 없었습니다. 그들은 숫제 자신들이 쓰고 있는 면류관을 보좌 앞에
던지고(!!!) 무릎을 꿇고서 경배하는데 왜 하필 자신들이 쓰고 있는 면류관
을 던질까 생각해 본 결과 졸업식이나 임관식 때 학생들과 초임 장교들이
자신들이 쓰고 있던 학사모와 정모를 벗어 던지며 기쁨을 표시하는 모습,
그리고 고대의 왕들이 항복할 때 자기의 왕관을 벗어 내려놓고 절하던 모
습이 함께 떠올랐습니다. 즉, 하나님의 절대적인 주권과 권능을 인정하며
하나님 앞에 자신들은 아무것도 아님을 인정하는 의미로 면류관을 바치고,
그 자체가 지극한 기쁨과 찬양으로 드려지는 것이었습니다.

우리 주 하나님이여, 영광과 존귀와 권능을 받으시는 것이 합당하
오니 주께서 만물을 지으신지라. 만물이 주의 뜻대로 있었고 또 지
으심을 받았나이다, 하더라. (계 4:11)

창세기의 역사를 한마디로 정리해 주는 기가 막힌 수미쌍관의 라임이
아닐 수 없습니다. 게다가 이 한 문장으로 하나님께서 모든 만물을 창조하
셨고, 모든 만물을 주관하시며, 모든 영광과 존귀와 권능을 가지신 주 하나
님이심을 고백하고 있습니다. 이 장로들이 자신들의 면류관을 기꺼이 벗어
하나님 앞에 내려놓은 것은 그 면류관이 자신들이 뭘 잘해서 받은 것도 아
니고, 당연히 받을 것을 받은 것도 아니며, 오로지 하나님께서 주관하시고

베푸셔서 받게 된 것임을 알기 때문입니다. 애초에 내 것이 아닌데 하나님께서 주셔서 가지게 된 면류관이기에 그것을 기꺼이 하나님을 높이기 위해 드릴 수 있었던 것이지요. 주의 것으로 주께 드리나이다, 라는 고백과 주시는 이도 하나님이시며, 취하시는 분도 하나님이시니 하나님만이 영광 받으시길 원한다는 욥의 고백이 이 상황에 딱 어울리는 각입니다. 이러한 모든 고백이 오늘 우리가 주님 앞에 드리는 고백과 찬양이며 또한 저 천상의 하늘 보좌에서 24 장로가 주님 앞에 드리는 찬양과 고백입니다. 하늘에 있는 24 장로의 찬양, 그리고 땅에 있는 우리의 찬양이 합쳐져 하나님의 보좌를 울리는 경배가 될 것이니 이 얼마나 은혜롭고 멋진 일인지요.

이렇게 은혜와 감동으로 푹 젖어 있는 사이에 서서히 올 것이 오기 시작합니다. 그것이 무엇인지는 이어질 계시록 5장 강해를 기대하여 주십시오.

내가 보매 보좌에 앉으신 이의 오른손에 두루마리가 있으니 안팎으로 썼고 일곱 인으로 봉하였더라. (계 5:1)

5장.

어린양과 새 노래 ——————————

내가 보매 보좌에 앉으신 이의 오른손에 두루마리가 있으니 안팎으로 썼고 일곱 인으로 봉하였더라. (계 5:1)

또 내가 보좌에 앉으신 분의 오른손에서 한 권의 책을 보았는데, 안팎으로 기록되었고 일곱 인으로 봉해졌더라. (계 5:1, 킹제임스)

이 당시의 〈책〉이란 건 이 당시만이 아니라 무려 2세기까지 그 모양이 〈두루마리〉였습니다. 다들 아시다시피 두루마리는 이름 그대로 둘둘 말아서 들고 있다가 펼쳐서 읽는 것인지라 내용은 한쪽 면에만 기록되어 있는 경우가 많은데 이 두루마리는 〈양면〉으로 기록되어 있지요.

(좌우에 날이 선 양면 칼을 좋아하시더니 책도 양면으로….)

하나님께서 그 오른손에 턱 하니 쥐고 계시니 그 어느 간덩이 부은 놈이 그 책을 훔쳐 갈까마는 그것으로도 모자라 일곱 개나 되는 봉인을 해 놓으셨습니다. 하필 봉인 개수가 일곱 개인 것은 일곱이란 숫자가 하나님의 숫자이며 완전수이기도 하지만 당시에 로마에서는 유서를 쓸 때 일곱 명의 증인이 입회하며 그 유서에 각각 봉인을 해 놓기 때문에 일곱 개의 인이 다 떼어지기 전에는 그 유서 내용을 집행할 수 없는 룰이 있었다고 합니다.

필자 주

: 온 천하가 다 하나님께 속하였으니 모든 나라의 문물과 문화도 하나님께서 언제든 필요하신 대로 쓰실 수 있으십니다. 이것과 비슷한 예시가 바울 사도께서 말씀하신 하나님의 전신 갑주인데 잘 보면 그 갑주가 세팅된 구성이 〈로마 군인〉의 장비입니다.

그러니 이것을 본 사도 요한은 자신도 로마 제국의 문화권에 있는 사람인지라 저 일곱 인이 너무나도 익숙할 것이며 저 인이 다 떼어지기 전에는 그 책의 내용이 실행될 수 없음을 알고도 남음이 있을 터입니다. 그 책의 내용이 궁금하시다면 일곱 인이 떼어지는 계시록 6장을 기대해 주시면 됩니다. (응? 벌써 끝?)

또 보매 힘 있는 천사가 큰 음성으로 외치기를 누가 그 두루마리를 펴며 그 인을 떼기에 합당하냐, 하니 (계 5:2)

사도 요한의 생각을 읽었음인지 대번에 어떤 천사장이 큰 음성으로 누가 저 책을 펼 것이며 봉인을 뗄 거냐고 외치는데 사도 요한 또한 눈을 초롱초롱 빛내며 보고 있었을 것입니다.

하늘 위에나 땅 위에나 땅 아래에 능히 그 두루마리를 펴거나 보거나 할 자가 없더라. 그 두루마리를 펴거나 보거나 하기에 합당한 자가 보이지 아니하기로 내가 크게 울었더니 (계 5:3~4)

기껏 "이리로 올라오라! 내가 이후에 반드시 일어날 일들을 네게 보이리라!" 하는 말씀을 듣고 하늘 문을 통해 들려 올라와서는 기대에 가득 차서 어떤 일들을 보게 될까 기다리고 있었더니 그 계시들이 담긴 책을 눈앞에 두고 말짱 황이 되어 사도 요한 입장에서는 기가 막히고 코가 막힐 일입니다.

　땅 아래, 즉 이전에 죽어서 지옥에 떨어진 모든 자들, 그리고 지옥의 흑암에 결박되어 유폐된 타락 천사, 마귀들, 심지어 사탄까지도 그 책을 열어 볼 자격이 되지 못했고, 땅 위, 즉 지상에 현재 살고 있는 모든 인류와 모든 사도들과 선지자들과 주의 종들도 그 책을 열어 볼 수 없었고, 하늘 위, 즉 천상에 있는 모든 성도들과 천군천사들 가운데서도 아무도 그 책을 열어 볼 자가 없다고 하니 사도 요한은 그저 눈물만 주룩주룩….

　장로 중의 한 사람이 내게 말하되 울지 말라, 유대 지파의 사자 다윗의 뿌리가 이겼으니 그 두루마리와 그 일곱 인을 떼시리라, 하더라. (계 5:5)

　사실 사도 요한은 기껏 부름 받아 왔다가 빈손으로 돌아가게 된 것이 서글퍼서 운 것만은 아닙니다. 그 봉인된 책이 결국은 이 세대를 심판하고 이 시대를 결말지을 하나님의 종말 프로그램이며 모든 악한 자들과 흑암의 세력들을 파하고 교회와 성도들을 구하실 계획임을 예수님과 공생애를 함께하고 사도 짬밥이 물경 수십 년에 달할 요한이 몰랐을 리가 만무하지요. 그런데 그 책이 칭칭 봉인되어 있고 그 인을 뗄 자가 아무리 둘러봐도 없으니 그 계획은 영영 물 건너간 것이며 그림의 떡이 된 것인가 하는 멘붕에 빠진 것입니다. 하나님의 오른손에 들려 있음에도 일곱 봉인이 튼튼하게 되어 있고 그 인을 뗄 자가 없다는 것은 사도 요한의 입장에서는 뒷목을 잡고도 남을 일이었습니다. 그런 사도 요한의 마음을 읽었음인지 24 장로 중에 한 사람이 냉큼 다가와서는 사도 요한에게 〈눈물 뚝!!〉을 시전한 후 설명충으로 등판합니다. 그 장로의 말에 따르면 인을 떼실 분은

　1. 유다 지파의 사자　2. 다윗의 뿌리　3. 이기신 자

입니다. 여기서 〈사자〉는 어흥! 하는 그 사자인데….

유다는 사자 새끼로다. 내 아들아, 너는 움킨 것을 찢고 올라갔도다. 그가 엎드리고 웅크림이 수사자 같고 암사자 같으니 누가 그를 범할 수 있으랴. (창 49:9)

바로 야곱의 예언에서 유래한 것입니다. 이 예언 이래로 유다의 상징은 사자가 되었으며 유다 지파 소속에 〈다윗의 자손〉이며 십자가에서 부활하셔서 승리하신 분은 단 한 분뿐이시니 바로 주 예수 그리스도이십니다.

(유다 지파에 다윗의 자손이면 북한 기준으로 〈백두혈통〉에 해당하는 최고급 로열패밀리입니다.)

이 말을 들은 사도 요한은 그제서야 무릎을 탁! 치면서 주위를 둘러보기 시작합니다.

내가 또 보니 보좌와 네 생물과 장로들 사이에 한 어린 양이 서 있는데 일찍이 죽임을 당한 것 같더라. 그에게 일곱 뿔과 일곱 눈이 있으니 이 눈들은 온 땅에 보내심을 받은 하나님의 일곱 영이더라. (계 5:6)

(사자가 아니라 어린양이라서 못 봤던 것이냐…. 아니면 일부러 장로의 소개가 떨어지자마자 짠! 하고 나타나시도록 무대 연출을 하셨을 수도 있겠다.)

장로의 설명에 따르면 사자라는데 느닷없이 어린양이 등장하여 당황할 수도 있겠으나 예수님은 〈세상 죄를 지고 가는 하나님의 어린양〉이시기에 이보다 더 정확한 모습은 없을 것입니다. 게다가 그분 자신이 모든 인간의 죄를 짊어진 희생제물이 되어 죽임을 당하셨고 그 죽음의 흔적이 사도 요한의 눈에도 선명히 보였습니다. 그러나 사도 요한의 눈에 보인 어린양은 더 이상 조용히 도살장에나 끌려가는 그런 연약함 대신 일곱 개나 되는 뿔을 가진 초월적인 강력한 존재였고 특히 모든 것을 꿰뚫어 보고 아시는 일곱 개의 눈, 그리고 하나님의 일곱 영, 성령까지 다 갖추신 어린양은 말 그대로 〈전지전능〉의 하나님 자체였습니다.

그 어린 양이 나아와서 보좌에 앉으신 이의 오른손에서 두루마리를 취하시니라. 그 두루마리를 취하시매 네 생물과 이십 사 장로들이 그 어린 양 앞에 엎드려 각각 거문고와 향이 가득한 금 대접을 가졌으니 이 향은 성도의 기도들이라. (계 5:7~8)

그가 와서 보좌에 앉으신 분의 오른손에서 그 책을 취하더라. 그가 그 책을 취하니 네 짐승과 스물네 장로가 각자 하프와, 향으로 가득한 금 호리병들을 가지고 그 어린양 앞에 엎드렸더니, 그 향은 성도들의 기도라. (계 5:7~8, 킹제임스)

당연한 말이지만 어린양 또한 하나님이십니다. 그렇기에 그 책을 스스로 쥐고 나와서 보란 듯이 인을 떼실 수 있으시지만 어린양께서는 성자 하나님으로서 아버지 되신 성부 하나님의 보좌 앞으로 나아가 먼저 그 책을 넘겨받으시는 절차를 밟으십니다. 이는 삼위일체의 하나님, 그 위격의 서열을 보여 주는 것이기도 하지요.

("아버지, 제게 맡기시죠.", "아들아, 화이팅이다.")

성자 하나님이신 예수 그리스도, 어린양께서 성부 하나님으로부터 그 책을 받아 들고 우뚝 서시자 네 짐승과 24 장로들은 그 자리에서 넙죽 엎드려 하나님께 바치는 경배를 올려 드리며 특히 거문고와 향으로 대표되는 〈찬양과 기도〉를 주님 앞에 올려 드립니다.

그들이 새 노래를 불러 이르되 두루마리를 가지시고 그 인봉을 떼기에 합당하시도다. 일찍이 죽임을 당하사 각 족속과 방언과 백성과 나라 가운데에서 사람들을 피로 사서 하나님께 드리시고 그들로 우리 하나님 앞에서 나라와 제사장들을 삼으셨으니 그들이 땅에서 왕 노릇 하리로다, 하더라. (계 5:9~10)

그들이 새 노래를 부르며 말하기를 "주께서 그 책을 취하시며 그 봉인들을 열기에 합당하시니이다. 이는 죽임당하셨던 주께서 하나님께로 각 족속과 언어와 백성과 민족 가운데서 우리를 주의 피로 구속하여 우리 하나님 앞에 우리를 왕들과 제사장으로 삼으셨음이니, 우리가 땅 위에서 통치하리이다."라고 하니라. (계 5:9~10, 킹제임스)

여기서 또다시 〈구원의 복음〉이 선포됩니다.

> 1. 예수님께서 죽임을 당하셔서
> 2. 모든 인류 가운데서 우리를 구속하셔서 하나님께 드리셨고
> 3. 우리는 그 은혜로 왕과 제사장이 되어
> 4. 천년왕국에서 왕 노릇을 할 것입니다.

이것은 사도 바울의 구원론, 제자들의 구원론도 아닌 숫제 하늘 보좌를 모시고 선 네 생물과 24 장로의 선포이니 그 누가 여기에 대해 시비를 털고 반대를 할 일입니까. 〈새 노래〉라는 것도 어렵게 생각할 것이 없습니다. 예수님의 십자가 보혈의 죄 사함을 믿고 예수님을 영접하며 그분을 주님이라 부르는 자들이 영접 이전에 전혀 부르지 못했던 노래입니다. 예수님의 구

원의 은혜를 찬양하고 모든 인류 가운데서 우리를 구속하셔서 하나님의 자녀로 삼으시고 왕 같은 제사장으로 세워 주신 그 자비와 사랑에 경배드리는 찬양이라면 그것이 〈새 노래〉입니다.

한바탕 찬양과 경배가 울려 퍼지며 슬슬 판이 커져 갑니다.

내가 또 보고 들으매 보좌와 생물들과 장로들을 둘러 선 많은 천사의 음성이 있으니 그 수가 만만이요, 천천이라. (계 5:11)

네 생물과 24 장로에 이어 최소 수천 수만의 천사들이 있다고 하는데 산술적으로 계산하면 1,000 x 1,000 + 10,000 x 10,000 = 1억 100만 명이며 그냥 관행적으로 설명하면 수를 알 수 없이 많고 많은 천군천사들이 자신들도 몸이 들썩들썩하는지 외치기 시작합니다.

큰 음성으로 이르되 죽임을 당하신 어린 양은 능력과 부와 지혜와 힘과 존귀와 영광과 찬송을 받으시기에 합당하시도다, 하더라. (계 5:12)

네 짐승과 24 장로에 이어 수억 수천만 명의 천사들이 외치기 시작하자 이에 질세라 또다시 외치는 무리들이 있었습니다.

내가 또 들으니 하늘 위에와 땅 위에와 땅 아래와 바다 위에와 또 그 가운데 모든 피조물이 이르되 보좌에 앉으신 이와 어린 양에게 찬송과 존귀와 영광과 권능을 세세토록 돌릴지어다, 하니 (계 5:13)

우주 공간에 존재하는 모든 생명이 하나님과 예수님을 향해 외치고 또 외치며 찬양과 경배를 올리고 있으니 이 모습은 상상조차 할 수 없는 거대한 부흥회이며 그 자체가 오직 하나님만을 위한 악단이며 무대였습니다.

네 생물이 이르되 아멘, 하고 장로들은 엎드려 경배하더라. (계 5:14)

끝나지 않을 찬양의 열기 속에 네 생물의 '아멘!'과 더불어 장로들이 엎드려 하나님께 경배를 올렸습니다. 우리가 교회에서 소박하게 올리는 찬양과 경배를 나중에 천국에 들어가게 되면 이렇게 장엄하고 거대하게 주님께 올려 드릴 것이니 이 찬양과 경배 자체가 바로 우리에게 크나큰 기쁨이며 행복이며 영광이 되리라 생각합니다. 모든 천지 간 만물들이 이렇게 한목소리로 하나님을 찬양하며 예수님을 경배하는데 저 또한 가만히 있을 수는 없지요. 그냥 이것저것 필요 없이 예수님이 어떤 분이신지에 대해서만 여러분들께 말씀드려 보겠습니다. 우리 예수님이 어떤 분이신가 하면

인류의 역사 가운데 오신 하나님의 아들이시며
인류의 죄를 대신하여 죽은 우리의 구원자이시며
지혜와 지식의 모든 보화를 가지신 하나님의 비밀이시며
우주의 창조자이시며 시간의 시작과 끝이시며 만물의 주인이시며
인류의 다가올 미래이시며 우리 존재의 근거와 뿌리이시며
역사의 방향과 목표이시며 만왕의 왕이며 만주의 주이시며
가장 완벽한 인격자이시며 모든 인생의 극치이며
신인 동시에 사람이시며 인생의 모든 문제의 해결자이시며
생명의 주님이시며 세상을 바꾸어 놓은 혁명가이시며
하나님을 계시한 아들이시며 생명을 존재케 하는 힘이며
전 인류에게 라이프 스토리의 주제이시며

희망의 등불을 밝히는 광명한 새벽별이시며
우리의 영원한 안내자요, 스승이시며 능력의 원천이요, 축복의 근원
이시며
역사 무대에 길이 빛날 영원한 스타이시며
정의의 사자이시요, 의의 태양이시며
종말론 시대를 마무리 지을 메시아이시며
우리를 돌보시는 목자이시며 지존 무상하신 초월자이시며
전지전능하신 하나님의 본체이시며
생명의 떡과 물이요, 은혜의 생수이시며 영원히 마르지 않는 샘이며
우리가 추구해야 할 절대적 가치이시며 변치 않는 진리이시며
천국 가는 길이며 지고의 선이시며 죽음을 이긴 승리자이시며
새로운 시대의 모델이시며 항상 살아 있는 말씀이시며
믿는 자의 소망이시며 우리가 흔들어야 할 깃발이시며
불러야 할 노래이시며 목숨을 바쳐 살아야 할 신앙의 대상이시며
열린 문이요, 감추어진 보물이며
우리의 정신세계를 불타게 하는 생명의 에너지이시며
새로운 세계로의 탈출구이시며 영원으로 가는 다리이시며
생명의 원리요, 존재의 터전이시며 우주의 중심이시요, 받쳐 주는 기
초이시며
의로움을 입히시는 옷이요, 치료하는 의원이시며
유능한 상담자이시요, 가르치는 선지자이시며 필요를 채우는 공급
자이시며
지키고 보호하시는 하늘의 사자이시며
위로하고 어루만지시는 사랑의 아버지이시며
인생철학과 이데올로기의 주체이시며 만물의 목적이시며
지구촌의 최종 운명이십니다.

아멘! 할렐루야! 그렇습니다. 이 모든 설명으로도 부족한, 아니 이 모든 말들로 예수님을 설명하기에는 오대양 모든 바다에서 물 한 컵을 퍼낸 정도밖에는 되지 않을 것입니다. 우리 예수님과, 그 예수님의 영원한 사랑은 우리가 온종일 찬양을 해도 부족할 뿐이라 이 땅에서 못다 한 찬양과 경배는 천국에 가서 영원무궁토록, 주님을 직접 대면하여 올려 드릴 것입니다.

이제 좋은 구경은 당분간 못 할 것 같습니다. 왜냐하면 바로 다음 편부터 본격적으로, 어쩌면 여러분들께서 기다리시던 대환난의 스토리가 펼쳐지기 때문입니다. 본격적으로 떼어질 일곱 인에 대해서는 이어질 계시록 6장 강해를 기대하여 주십시오.

내가 보매 어린 양이 일곱 인 중의 하나를 떼시는데 그 때에 내가 들으니 네 생물 중의 하나가 우렛소리 같이 말하되 오라, 하기로 (계 6:1)

6장.

일곱 인의 허와 실 ──────────

내가 보매 어린 양이 일곱 인 중의 하나를 떼시는데 그 때에 내가 들으니 네 생물 중의 하나가 우렛소리 같이 말하되 오라, 하기로 (계 6:1)

또 그 어린양이 그 봉인 가운데 하나를 여실 때 내가 보고, 내가 들으니 네 짐승 가운데 하나가 천둥 같은 목소리로 말하기를 "와서 보라." 하기에 (계 6:1, 킹제임스)

드디어 여러분들께서 기다리셨던 일곱 인이 떼어지는 시간입니다. 모르긴 몰라도 요한 사도께서도 이제나저제나 그 인이 떼어지기만을 기다리며 바람직한 기자 정신(?)에 입각하여 메모지와 펜을 들고 뚫어져라 쳐다보고 있었을 터입니다. 역본에 차이가 좀 있는데 〈와서 보라〉고 한 역본은 마치 사도 요한에게 와서 저 말과 탄 자를 보라고 지시하는 것 같으며, 〈오라〉고 하는 역본은 인을 뗄 때마다 나타나는 말과 그 탄 자에게 나오라고 하는 듯한 뉘앙스가 느껴집니다. (별로 중요한 내용은 아닙니다.)

이 일곱 인을 대환난의 일부로 포함시키는 해석에 의하면 7년 대환난의 순서를 일곱 인 → 일곱 나팔 → 일곱 대접의 순서로 이해하며, 일곱 인은 대환난의 일부가 아니라고 하는 해석에 의하면 다섯째 인까지는 그냥 평시이며 여섯째 인에서 하늘이 두루마리처럼 쓸려가고 산과 섬이 위치 이동을 하고 해가 검어지고 달이 피처럼 변하는 타이밍에 〈휴거〉가 일어나 그때부터 본격적으로 대환난이 시작된다고 이해합니다만 둘 다 나가리입니다.

전자는 이미 적그리스도가 첫째 인부터 등장하고 다섯째 인에서 거의 지구가 그로기 상태가 되었는데 거기에서부터 나팔 재앙과 대접 재앙이 벌어진다는 게 도무지 핀트가 맞지 않으며 더군다나 여섯째 인에서 땅의 임금들과 인류들이 〈어린양의 진노〉 앞에 벌벌 기고 있는데 그로부터 나팔 재앙을 거쳐 짐승에게 미혹당해 후 3년 반을 거친다는 게 도저히 말이 안 되는 소리입니다.

후자는 이미 적그리스도가 첫째 인부터 등장하고 다섯째 인에서 거의 지구가 그로기 상태가 되었는데 거기에서부터 휴거가 일어나고 대환난이 시작된다는 게 도무지 핀트가 맞지 않으며 더군다나 여섯째 인에서 땅의 임금들과 인류들이 〈어린양의 진노〉 앞에 벌벌 기고 있는데 그때부터 휴거가 일어나고 나팔 재앙으로 전 3년 반을 보내고 짐승에게 미혹당해 후 3년 반을 거친다는 게 도저히 말이 안 되는 소리입니다.

(어째 둘 다 똑같은 이유인 것 같다는 건 기분 탓인가?)

제가 전편에서 스쳐 가듯 설명을 드린 적이 있는데 당시 로마인들이 유서를 쓸 때 일곱 증인이 각각 봉인을 하여 그 일곱 인이 다 떼어지기 전까지는 유서에 적힌 대로 이행할 수 없다는 룰이 있었습니다. 그러니 일곱 인은 그 책의 내용을 이행하기 위해 먼저 떼어져야 할 사전 작업이며 인을 뗄 때마다 나타나는 모든 장면들은 〈그 책 내용을 예고편으로 먼저 보여 주는 리뷰〉인 것입니다. 다시 정리하면 일곱 인은 그 자체가 일곱 나팔이나 대접 같은 대환난의 실무적 재앙이 아니고 대환난이 일어나기 전의 예비적 개념의 해산의 고통 같은 그런 것도 아니라 그 자체가 〈본편 내용의 다이제스트판 요약 버전의 리뷰〉입니다. 하나하나 떼면서 대환난에는 이런 일들이 벌어질 것이라고 예고편처럼 조금씩 보여 주는 것이 바로 일곱 인의 의미이지요.

자, 그러면 이제부터 인을 하나씩 떼어 보겠습니다.

이에 내가 보니 흰 말이 있는데 그 탄 자가 활을 가졌고 면류관을 받고 나가서 이기고 또 이기려고 하더라. (계 6:2)

내가 보니, 보라, 흰 말 한 마리가 있는데 그 위에 탄 자가 활을 가졌더라. 그에게 한 면류관이 주어졌고 그는 나가서 정복하고 정복하려 하더라. (계 6:2, 킹제임스)

어느 눈치 없는 자들은 이 〈흰말을 탄 자〉를 예수님으로 해석하는데 예수 그리스도와 적그리스도가 같은 그리스도가 아닙니다. 흰말을 타고, 이기고 또 이기고, 정복하고 또 정복하는 게 얼핏 보면 비슷해 보이기도 하는데 이 일곱 인 자체가 대환난 재앙을 예고하는데 첫째 인에서부터 갑자기 예수님이 나오시는 게 도무지 말이 안 되는 소리지요. 더군다나 예수님께서는 〈인을 떼고 계신 어린양〉이신데 본인이 인을 떼고 뛰어가서 말을 타고 나오고 하는 1인 2역을 하신다는 것입니까. 게다가 뒤에 보면 아시겠지만 예수님은 〈많은 면류관〉을 쓰셨는데 이자는 이제 겨우 면류관 하나를 받았고, 예수님은 계시록 1장에서 이미 이기셨는데 이자는 이제야 이기려하고, 사용하는 연장을 봐도 예수님은 〈양날의 칼〉을 쓰시는데 이자는 활, 그것도 화살도 없는 빈 활을 쥐고 있습니다.

(본인이 직접 가진 무력은 후달리는데 이빨을 잘 털고 잘 꼬시고 평화를 빌미로 이래저래 미혹하여 패권을 잡는 그런 놈이겠지?)

당연히 이 흰말 탄 자는 메시아를 가장한 적그리스도입니다. 정의의 기사로 가장한 악마이며, 난세를 평정하는 영웅으로 행세하는 마귀인 적그리스도는 이미 역사 속에서 수도 없이 예표들이 등장하여 구세주 되신 예수님을 가장하며 난장을 쳤습니다.

필자 주

: 대개 적그리스도의 예표라 하면 시리아 왕 안티오코스 에피파네스 정도를 떠올리지만 여호수아가 쳐서 무찌른 예루살렘 왕 아도니세덱도 적그리스도의 예표입니다. 그의 직책인 〈예루살렘 왕〉은 살렘 왕과 같은 〈평화의 왕〉이란 뜻이며 그의 이름인 아도니세덱은 멜기세덱이 〈의의 왕〉인 것과 비슷하게 〈의의 주〉이며 예수님이 십자가에 죽으신 것과 비슷하게 기브온 전투 이후 나무에 달려 처형을 당합니다.

: 예표가 아닌 진짜 적그리스도의 본체가 왔던 적도 있으니 그가 이스카리옷 유다, 일명 가룟 유다입니다. 예수님께서 직접 그를 〈마귀, 멸망의 아들〉이라 칭하셨으며 예수님을 판 후 스스로 목을 매어 자신의 처소인 무저갱으로 복귀했습니다. 그는 계시록에 다시 등장할 예정입니다.

예수께서 대답하시되 내가 너희 열둘을 택하지 아니하였느냐. 그러나 너희 중의 한 사람은 마귀니라, 하시니 이 말씀은 가룟 시몬의 아들 유다를 가리키심이라. 그는 열둘 중의 하나로 예수를 팔 자러라. (요 6:70~71)

주께서는 시몬의 아들 유다 이스카리옷에 대해 말씀하셨으니, 이는 그가 열둘 가운데 하나로 주를 배반할 자였음이라. (요 6:71, 킹제임스)

내가 그들과 함께 있을 때에 내게 주신 아버지의 이름으로 그들을 보전하고 지키었나이다. 그중의 하나도 멸망하지 않고 다만 멸망의 자식뿐이오니 이는 성경을 응하게 함이니이다. (요 17:12)

내가 그들과 함께 세상에 있었을 때는 아버지의 이름으로 그들을 지켰나이다. 아버지께서 내게 주신 그들을 내가 지키었고 멸망의 아들 외에는 그들 중 아무도 잃어버리지 아니하였으니 이로써 성경이 이루어지게 한 것이옵니다. (요 17:12, 킹제임스)

(예수님께서 친히 그를 〈마귀〉라 칭하시고 적그리스도의 대명사인 〈멸망의 아들〉이란 호칭을 그에게 붙이십니다.)

누가 어떻게 하여도 너희가 미혹되지 말라. 먼저 배교하는 일이 있고 저 불법의 사람, 곧 멸망의 아들이 나타나기 전에는 그 날이 이르지 아니하리니 그는 대적하는 자라. 신이라고 불리는 모든 것과 숭배함을 받는 것에 대항하여 그 위에 자기를 높이고 하나님의 성전에 앉아 자기를 하나님이라고 내세우느니라. (살후 2:3~4)

불법의 비밀이 이미 활동하였으나 지금은 그것을 막는 자가 있어 그 중에서 옮겨질 때까지 하리라. 그 때에 불법한 자가 나타나리니 주 예수께서 그 입의 기운으로 그를 죽이시고 강림하여 나타나심으로 폐하시리라. (살후 2:7~8)

바울 사도께서 말씀하신 바와 같이 휴거 이후 대환난의 시작은 바로 적그리스도의 출현입니다. 엄밀히 따지면 이미 1개 국가의 지도자로서 있던 그가 대환난이 시작되자 급속도로 주목을 받고 수완을 발휘하여 국제급·세계급 리더로 급부상하는 것이지요. 휴거가 일어나자마자 어디 하늘에서 뚝 떨어지는 존재 내지는 어디 UFO를 타고 날아온 외계인 같은 존재가 아니라는 겁니다.

둘째 인을 떼실 때에 내가 들으니 둘째 생물이 말하되 오라, 하니 이에 다른 붉은 말이 나오더라. 그 탄 자가 허락을 받아 땅에서 화평을 제하여 버리며 서로 죽이게 하고 또 큰 칼을 받았더라. (계 6:3~4)

대환난은 그야말로 피로 피를 씻는 대전쟁의 연속입니다. 전쟁과 핍박과 학살이 비일비재를 넘어 일상다반사로 벌어지며 둘째 인에 해당하는 대표적인 사건으로 휴거 직후의 3차 세계대전, 즉 〈곡과 마곡 전쟁〉이 벌어집니다. 이 전쟁은 핵전쟁이며 유럽과 중동, 이스라엘을 배경으로 러시아와 이슬람의 연합군이 쳐들어가 한바탕 깽판을 놓을 것입니다. 그렇게 서방에서 저들이 난장을 칠 동안 과연 〈미국은 뭘 하고 있는가?〉 궁금해하실 텐데 대부분의 마라나타 사역자들은 러시아와 이슬람의 연합, 즉 부활 소련 연합군이 이스라엘을 침공하기 전에 먼저 미국을 기습적인 핵 공격으로 타격하여 무력화시켜 놓는 작업을 한다고 해석했습니다.

그러나 미국이란 나라가 선방을 얻어맞고 〈나를 먼저 때린 건 네가 처음이야〉라면서 벌벌 기고 있을 그런 겉보리 껍데기가 아니기에 이런 해석은 어림 택도 없는 소리지요. 그렇다면 대체 그 어떤 이유로 그렇게 애지중지하는 이스라엘을 침략군에게 홀로 맞서게 할 만큼 방치해야만 하는지 궁금할 수 있는데 이미 앞의 두 차례 세계대전에서 그 이유를 엿볼 수 있습니다. 세계대전은 단지 독일이 유럽의 패권을 쥐고자 터뜨린 전쟁인 게 아니라 서부전선, 동부전선, 그리고 아시아전선으로 나뉘어 거대한 국제급 대전쟁이 벌어졌던 것입니다.

특히 7년 대환난의 예표라 할 만한 2차 세계대전은 유럽·아프리카·러시아 전선과 더불어 동아시아 전역을 대상으로 벌어진 태평양전쟁이 발발하였으며 휴거 직후 핵전쟁 또한 서방에서는 곡과 마곡 전쟁, 동방에서는 미·중 극동 대전쟁이 겹쳐져 그야말로 〈나라가 나라를 대적하고 민족이 민족을 대적하는〉 세계급 대전쟁이 터질 것입니다. 만약 곡과 마곡 전쟁이 단순히 연합군이 이스라엘을 침공했다 깨지는 것으로 끝이라면 마 24장에서 예수님이 말씀하신 것처럼 그런 거대한 전쟁이 될 수가 없는데 러시아·이슬람 연합군에 의한 유럽 침공 및 이스라엘 침공과 더불어 미국과 중국의 전쟁, 한국과 북한의 전쟁, 베트남·인도·일본·대만 등도 개입하여 한바탕 어우러진다면 그 전쟁은 지구를 한번 들었다 놓는 대전쟁이 될 것입니다. 이미 대환난 초입부터 이런 핵전쟁이 벌어져 인류 몇 분의 몇을 날려버릴지 각이 안 나오는데 뒤에 설명해 드리겠지만 또다시 유브라데강 어귀에서 동원 병력 2억 명이 참전하는 대전쟁이 벌어져 그때는 아예 명확하게 〈잔존 인류의 3분의 1〉이 사망하게 되니 붉은 말과 그 탄 자의 활약이 이처럼 지대합니다.

셋째 인을 떼실 때에 내가 들으니 셋째 생물이 말하되 오라, 하기로 내가 보니 검은 말이 나오는데 그 탄 자가 손에 저울을 가졌더라. 내가 네 생물 사이로서 나는 듯한 음성을 들으니 이르되 한 데나리온에 밀 한 되요, 한 데나리온에 보리 석 되로다. 또 감람유와 포도주는 해치지 말라 하더라. (계 6:6~7)

그때 네 짐승들의 한가운데서 한 음성을 들었는데, 말하기를 "밀 한 되가 한 데나리온이요, 보리 석 되가 한 데나리온이라." 하고 또 "너는 기름과 포도주는 손상시키지 말라." 하더라. (계 6:6, 킹제임스)

적그리스도가 나타나 세상을 미혹하고, 거대한 전쟁과 학살로 지구가 박살이 나고 있으니 이런 와중에 농사가 잘되겠습니까, 사업이 잘 풀리겠습니까? 당연히 농사도 망하고 사업도 망하고 가정이 무너지고 사회가 무너지고 다들 각설이 타령이나 부르게 되는 지경에 이르는 것입니다. 경제 대공황 정도가 아니라 그야말로 전 인류의 거지화가 이루어지는데 당시에 노동자 하루 일당에 해당하는 한 데나리온으로 밀 한 되나 보리 석 되밖에 못 산다는 것이 얼마나 혹독한 식량난과 경제난인지 대강 보여 주고 있습니다. 그 와중에도 〈기름과 포도주〉, 혹은 〈감람유와 포도주〉는 해치지 말라고 하는데 이 말은 인을 떼시는 어린양을 보필하는 네 생물들이 그 검은 말 타고 저울을 든 자에게 명령한 것입니다.

이래저래 해석은 난무하지만 누구도 그 의미를 명확하게 풀어낸 학자는 없어 계시록의 난제가 된 것 중에 하나가 바로 〈기름과 포도주를 해치지 말라〉는 말씀인데 어렵게 생각할 것이 없습니다. 기름과 포도주 자체가 중요한 게 아니라 〈그것을 건드리지 마라〉고 하신 게 핵심일 터입니다. 창세기에서 아담과 이브에게 땅을 정복하고 모든 만물을 다스리는 끗발을 주시면서 에덴동산의 그 어떤 과일도 다 따 먹을 수 있게 하셨으나 선악과만은 못 먹게 하신 것은 아담과 이브가 〈하나님의 권위와 주관하심 아래〉 있음을 명확히 해 두신 인증샷입니다. 그 선을 넘었으니 아담과 이브를 에덴동산에서 강퇴시키시고 영원한 생명 대신 죽어서 흙으로 돌아가는 벌을 내리신 것이지요. 그때처럼 저울 든 자에게 대환난의 와중에 경제난과 식량난과 온갖 기근과 공황이 일어나도록 리드할 끗발은 주시되 어디까지나 그 모든 것은 〈하나님의 권위와 주관하심 아래〉에서만 이루어지도록 명확하게 제한을 가하신 것이라고 보시면 됩니다. 바로 이런 이유로 7년 대환난은 적그리스도의 패악질이 아니라 〈어린양의 진노〉이며 적그리스도 또한 대환난의 주체가 아니라 하나님께서 주관하시는 대환난의 한 소품에 불과한 것입니다. 좀 더 추리를 하여 〈감람유와 포도주〉를 건드리지 못하도록 제한을 거신 이유를 보자면 감람유와 포도주, 즉 올리브기름과 포도주는 계시록이 집필될 당시 문화권에서는 정말 기본적인 생필품이었습니다. 사치품도 아닌 누구나 당연히 사용하는 그런 것이었습니다. 비록 대환난 시기에 벌어지는 식량난과 경제난이라 한 데나리온에 밀 한 되, 보리 석 되라는 참상이지만 그럼에도 불구하고 사람들의 최저 생계만은 완전히 파탄시키지 않도록 선을 그어 두신 하나님의 배려와 은혜가 아닐까 하는 생각입니다.

넷째 인을 떼실 때에 내가 넷째 생물의 음성을 들으니 말하되 오라, 하기로 내가 보매 청황색 말이 나오는데 그 탄 자의 이름은 사망이니 음부가 그 뒤를 따르더라. 그들이 땅 사분의 일의 권세를 얻어 검과 흉년과 사망과 땅의 짐승들로써 죽이더라. (계 6:7~8)

이에 내가 보니, 보라, 창백한 말 한 마리가 있는데 그 위에 탄 자의 이름은 사망이요 지옥이 그 뒤를 따르니, 그들에게 칼과 굶주림과 사망과 땅의 짐승들로 땅의 사분의 일을 죽일 권세가 주어졌더라. (계 6:8, 킹제임스)

적그리스도의 깽판과 대전쟁, 기근과 흉년과 경제난, 식량난이 한바탕 난리를 치고 있으니 당연히 수도 없는 사람들이 죽어 가는 〈사망〉 그 자체입니다. 그리고 그렇게 죽은 자들 중에 지옥으로 떨어지는 불신자들이 부지기수일 것입니다. 그런데 특기할 만한 점은 마지막에 땅의 4분의 1을 죽일 권세를 그 창백한 말을 탄 자에게 주시는 게 아니라 〈그들에게〉, 즉 흰말 탄 자부터 창백한 말 탄 자까지 네 기사 모두에게 주십니다. 이는 넷이 한 팀이며 대환난 와중에 벌어질 네 가지 양상을 순차적으로 보여 주신 것임을 알 수 있습니다.

(이 시점에서 흰말 탄 자가 예수님 어쩌고 하는 개소리는 그야말로 쥐약 먹고 물 안 마신 소리렷다….)

칼이라 함은 전쟁과 학살, 굶주림은 기근과 흉년과 아사, 사망은 그냥 말 그대로 죽는 것이며 질병과 전염병이라는 해석도 있지만 땅의 짐승들이라는 표현에 의아할 수도 있는데 여기에 대해서는 적그리스도 자신이 계시록에서 〈짐승〉으로 호칭되기에 적그리스도에 의한 학살이라는 의미로도 쓰이며 어떤 해석에 의하면 무저갱이 열려 황충, 메뚜기 모양의 괴물들이 나타나 사람들을 괴롭혔듯이 대환난 때에는 지옥이 잠시 열려 그곳에 갇혀 있던 마귀들이나 혹은 영혼들이 반인반수, 인간과 짐승이 섞인 모습으로 지상으로 나와 사람들을 죽이게 될 것이 아닌가 하기도 합니다.

(그리스 신화에 나오는 켄타우로스 같은 그런….)

이는 매우 조심스러운 해석이지만 눈여겨봐야 할 것이 이사야서에 마지막 때에 온갖 괴물들이 난무하며 지옥의 불못에 불신한 영혼들이 〈짐승 모습으로 갇혀 있다〉는 대목이 있기 때문입니다.

하늘의 만상이 사라지고 하늘들이 두루마리 같이 말리되 그 만상의 쇠잔함이 포도나무 잎이 마름 같고 무화과나무 잎이 마름 같으리라. (사 34:4)

(누가 봐도 지상 재림과 최종 종말의 광경입니다.)

여호와의 칼이 피 곧 어린 양과 염소의 피에 만족하고 기름 곧 숫양의 콩팥 기름으로 윤택하니 이는 여호와를 위한 희생이 보스라에 있고 큰 살륙이 에돔 땅에 있음이라. 들소와 송아지와 수소가 함께 도살장에 내려가니 그들의 땅이 피에 취하며 흙이 기름으로 윤택하리라. 이것은 여호와께서 보복하시는 날이요, 시온의 송사를 위하여 신원하시는 해라. (사 34:6~8)

유니콘들이 그들과 더불어 내려오며, 수송아지들이 수소들과 함께 내려오리니 그들의 땅이 피로 흠뻑 젖게 될 것이며, 그들의 흙이 기름으로 윤택해 지리로다. (사 34:7, 킹제임스)

(분명 아마겟돈 결전의 장면 같은데 주님의 칼이 온갖 짐승들과 괴물들을 죽여 버리시는 모습으로 표현됩니다.)

애돔의 시내들은 변하여 역청이 되고 그 티끌은 유황이 되고 그 땅은 불붙는 역청이 되며 낮에나 밤에나 꺼지지 아니하고 그 연기가 끊임없이 떠오를 것이며 세세에 황무하여 그리로 지날 자가 영영히 없겠고 (사 34:9~10)

(불과 유황으로 타는 못이 만들어지는 장면입니다. 그런데 그 지옥, 불못에 거주하는 영혼들이 어떤 모습을 하고 있는가 하니….)

당아새와 고슴도치가 그 땅을 차지하며 부엉이와 까마귀가 거기에 살 것이라. 여호와께서 그 위에 혼란의 줄과 공허의 추를 드리우실 것인즉 (사 34:11)

그 궁궐에는 가시나무가 나며 그 견고한 성에는 엉겅퀴와 새품이 자라서 승냥이의 굴과 타조의 처소가 될 것이니 들짐승이 이리와 만나며 숫염소가 그 동류를 부르며 올빼미가 거기에 살면서 쉬는 처소로 삼으며 부엉이가 거기에 깃들이고 알을 낳아 까서 그의 그늘에 모으며 솔개들도 각각 제 짝과 함께 거기에 모이리라. (사 34:13~15)

그 궁들에는 가시들이 자라며 그 요새에는 쐐기풀과 가시나무가 자랄 것이요, 그것은 용들의 처소가 되며 올빼미들을 위한 뜰이 될 것이라. 광야의 들짐승들도 섬의 들짐승들과 만날 것이며, 사티로스가 자기 동료를 부르고, 헛간 올빼미도 거기서 쉬며 자신의 안식처를 찾을 것이라. 큰 부엉이가 거기에 깃들며 알을 낳아 까서 자신의 그늘 아래 모으고 독수리들도 각기 자기 짝과 함께 거기 모이리라. (사 34:13~15, 킹제임스)

이것이 단순히 아마겟돈 결전 후 폐허가 된 곳에 아무도 거주하지 않고 온갖 날짐승과 동물들이 모여들어 거주한다고만 보기에는 서두에 그곳이 〈불못〉이 된다고 하는 구절이 있기 때문에 참으로 묘한 대목인데 만약 그냥 적힌 대로 불신 영혼들이 짐승과 괴물의 모습으로 지옥에 거한다면 하나님을 믿지 않고 예수님을 영접하지 않고 죽을 때까지 불신하고 패역한 자들은 죽어서 그 하나님의 형상을 닮은 인간의 몸마저 빼앗기고 한낱 버러지 같은 동물과 괴물의 모습으로 전락해 버린다는 의미가 되겠지요.

(그래서 예수님께서 지옥에서는 〈그들의 벌레도 죽지 않고 불도 꺼지지 않는다고〉 말씀하셨던 것인가…. 아예 지옥에 떨어진 자들의 몸 자체가 벌레나 구더기가 되어 뒹굴고 있는….)

흔히 들어보기 힘든 해석이기는 한데 매우 흥미로운 내용이라 잠시 여러분들께 소개 드려 보았습니다. 사실 이 부분보다 넷째 인에서 가장 중요한 대목은 따로 있습니다. 대부분의 사역자들은 네 말을 탄 자들이 〈인류 4분의 1〉을 죽일 권세를 받는다고 해석하고 그 대규모 사망이 벌어지는 사건을 곡과 마곡 전쟁, 핵전쟁으로 보는 경우가 많습니다만, 제 생각은 좀 다릅니다. 만약 그 구절이 그런 뜻이면 차라리 〈사람 4분의 1〉을 죽인다고 하지 왜 〈땅의 4분의 1〉이라고 했을까요?

이 세 재앙, 곧 자기들의 입에서 나오는 불과 연기와 유황으로 말

미암아 사람 삼분의 일이 죽임을 당하니라. (계 9:18)

(유브라데 전쟁을 묘사한 구절에서는 명확하게 〈사람 3분의 1〉이라고 명시되어 있습니다.)

제가 앞에 〈기름과 포도주를 손상시키지 마라〉고 한 것을 대환난의 주체는 하나님이시며 적그리스도도 그 소품에 불과하고 모든 것은 하나님께서 주관하시며 대환난의 모든 것이 하나님의 주권 아래 있다는 인증샷이라고 설명해 드렸는데 여기에서 그것이 더욱 명확해집니다. 바로 대환난 때 적그리스도가 온전히 다스리고 지배할 수 있는 영역은 〈전 세계의 4분의 1〉에 불과하다는 것입니다. 다시 말하면 아무리 적그리스도가 이기고 또 이기고, 정복하고 또 정복하며 패악을 부리고 깽판을 쳐 봤자 그에게 허락된 권세는 땅의 4분의 1을 다스리는 것뿐이며 여전히 세상에는 적그리스도의 지배하에 들어가지 않는 4분의 3이 잔존해 있다는 것입니다.

(최소한 적그리스도가 제대로 마흔두 달의 권세를 받는 후 3년 반 전까지는 지구 4분의 3은 적그리스도의 치하에 들어가지 않는다고 봐야 합니다.)

다섯째 인을 떼실 때에 내가 보니 하나님의 말씀과 그들이 가진 증거로 말미암아 죽임을 당한 영혼들이 제단 아래에 있어 큰 소리로 불러 이르되 거룩하고 참되신 대주재여, 땅에 거하는 자들을 심판하여 우리 피를 갚아 주지 아니하시기를 어느 때까지 하시려 하나이까, 하니 (계 6:9~10)

이 순교자들은 그야말로 참혹하기 이를 데 없는 모습인데 이 다섯째 인은 바로 후 3년 반에 접어들어 적그리스도가 지배하는 영역에서 온갖 혹독한 형벌과 고문 끝에 다행히 짐승의 표를 받지 않고 순교한 영혼들입니다.

얼마나 극심한 고통을 겪고 분에 차 있었으면 하나님의 보좌 앞에 와서까지 자신들의 원수를 갚아 달라고 부르짖는지 참으로 애처롭기까지 한데….

각각 그들에게 흰 두루마기를 주시며 이르시되 아직 잠시 동안 쉬되 그들의 동무 종들과 형제들도 자기처럼 죽임을 당하여 그 수가 차기까지 하라, 하시더라. (계 6:11)

그러자 그들 각자에게 긴 흰 옷을 주시면서, 그들의 동료 종과 형제도 그들처럼 죽임을 당하여 그 수가 가득 채워질 때까지 잠시만 더 쉬라고 말씀하시더라. (계 6:11, 킹제임스)

그들에게 주시는 상급이란 구원을 의미하는 〈흰옷〉과 고통과 고난 없이 쉬는 것뿐입니다. 우리가 흔히 생각하는 것처럼 순교자의 영광과 빛나는 상급은 언감생심이고 대환난 와중에는 전쟁이나 굶주림, 사고 등으로 죽어서 천국에 오든, 순교를 당해 천국에 오든, 그냥 예수님을 믿고 구원받은 1인일 뿐이며 그들에게 주어질 상급은 구원 그 자체와 천국에서 거주할 수 있는 극히 기본 옵션밖에는 없다는 것에 참으로 안타까움이 느껴집니다. 그러니 휴거 전에 예수님을 믿고 영접하여 구원을 받는 그리스도의 신부들이 얼마나 영광되고 복된 것입니까. 그 모진 고통, 고초를 겪고도 면류관조차 받지 못한다면….

내가 보니 여섯째 인을 떼실 때에 큰 지진이 나며 해가 검은 털로 짠 상복같이 검어지고 달은 온통 피같이 되며 하늘의 별들이 무화과나무가 대풍에 흔들려 설익은 열매가 떨어지는 것 같이 땅에 떨어지며 하늘은 두루마리가 말리는 것 같이 떠나가고 각 산과 섬이 제 자리에서 옮겨지매 (계 6:12~14)

이제 여섯째 인에 이르면 일곱 대접 중에 일곱 번째에 해당하는, 거의 대환난의 클라이맥스입니다. 말 그대로 대지진과 함께 운석이 떨어지고 해가 검어지고 달이 피처럼 붉어지면서 기상이변과 천체이변과 산과 섬이 무너지고 굴러다니는 재난까지 벌어져 이제는 네가 봐도 내가 봐도 누가 봐도 지구 종말입니다. 하늘이 싹 말려서 쓸려 가 열렸으니 예수님과 하늘 군대가 재림해 올 길이 활짝 열렸다고 봐야겠지요?

땅의 임금들과 왕족들과 장군들과 부자들과 강한 자들과 모든 종과 자유인이 굴과 산들의 바위틈에 숨어 산들과 바위에게 말하되 우리 위에 떨어져 보좌에 앉으신 이의 얼굴에서와 그 어린 양의 진노에서 우리를 가리라. 그들의 진노의 큰 날이 이르렀으니 누가 능히 서리요, 하더라. (계 6:15~17)

재림하시는 주님을 보며 각계각층이 모조리 멘붕으로 대동단결하여 산과 동굴과 바위틈으로 숨어 꽁무니를 빼고 있습니다. 지상 재림의 광경이 불신한 자들과 악한 자들에게 얼마나 두렵고 무서웠으면 산과 바위들에게 헛소리를 지껄이고 있으니 기절초풍도 이만하면 갑이라 하겠습니다. 평생 하나님을 믿지 않고 신앙도 없이, 오히려 여기에서 왕들과 왕족들과 장군들과 부자들과 강한 자들은 만약 그들이 적그리스도의 나라에 속한 자들이라면 성도들을 괴롭히고 짓밟고 죽였을 수도 있는데 그런 버러지들 주제에 그 주둥아리에서 〈보좌에 앉으신 분과 어린양〉이라는 말이 튀어나오고 있으니 사람이 죽을 때가 되면 정신이 든다는 속담이 정답입니다. 아니, 사람이 안 하던 짓을 하면 죽을 때가 되었다는 속담이 이 상황에 더 어울릴 것 같기도 합니다.

(적그리스도의 나라에 속하지 않은 자들이면? 그래도 일단 무서워서라도 애곡하고 징징거리면서 도망쳐서 숨었겠지요. 그러다가 짐승의 표를 받은 자들은 예수님의 입에서 나

온 검으로 싹 죽어 자빠지고 표가 없는 자들은 천사들의 손에 모조리 끌려 나와서 양과 염소의 심판을 받게 될 것입니다.)

이렇게 일곱 개의 인에 대해 알아보았는데 어째 계시록 6장에서 벌써 대환난 전체를 다 둘러본 느낌입니다. 그런데 일곱 인이라면서 왜 여섯째 인에서 끝이냐고요? 아무래도 일곱 번째 인은 좀 더 진도를 빼야 볼 수 있을 것 같습니다. 말씀드렸다시피 이 일곱 개의 봉인이 모두 다 떼어져야 그 문서 내용이 시행되기 때문에 일곱 번째 인이 떼어지는 순간이 바로 예고편 따위가 아닌 진짜 본편이 시작되는 순간일 터입니다. 그런데 그 전에 살펴봐야 할 것이 있으니, 바로 이런 혹심한 대환난 와중에 하나님께서 써먹으실 종들입니다. 말도 많고 탈도 많아 수많은 이단 사이비들을 탄생시키기도 했던 단서로도 쓰였는데 바로 인을 맞은 14만 4천 명에 대한 것입니다. 그들에 대해서는 이어지는 계시록 강해 7장을 기대하여 주십시오.

이 일 후에 내가 네 천사가 땅 네 모퉁이에 선 것을 보니 땅의 사방의 바람을 붙잡아 바람으로 하여금 땅에나 바다에나 각종 나무에 불지 못하게 하더라. (계 7:1)

7장.

인 맞은 십사만 사천 명 ————————

이 일 후에 내가 네 천사가 땅 네 모퉁이에 선 것을 보니 땅의 사방의 바람을 붙잡아 바람으로 하여금 땅에나 바다에나 각종 나무에 불지 못하게 하더라. (계 7:1)

한바탕 인을 떼며 대환난 전체를 싹 훑어보며 아마도 어안이 벙벙해졌을 사도 요한에게 또다시 신묘한 광경이 들어옵니다. 네 천사가 땅의 네 모퉁이에 서서 바람을 붙잡아 불지 못하게 한다는 참으로 스페이스 오페라 같은 모습인데 어렵게 설명할 것은 없습니다. 하나님의 예언에서 〈바람〉이 불어 재끼면 항상 뭔가 이벤트가 벌어졌었지요.

다니엘이 진술하여 이르되 내가 밤에 환상을 보았는데 하늘의 네 바람이 큰 바다로 몰려 불더니 큰 짐승 넷이 바다에서 나왔는데 그 모양이 각각 다르더라. (단 7:2~3)

그러니 〈계시〉 차원에서는 바람이 불지 못하게 붙잡고 있다는 것은 잠시 쉬어 가는 타임을 갖자는 소리이고, 실무적인 차원에서는 바람으로 인한 재앙을 잠시 멈춰 놓는다는 의미입니다. 바람으로 무슨 재앙이 일어나느냐고 물으실 테지만 태풍, 폭풍, 강풍도 모두 〈바람〉입니다. 땅 위에 불어 대면 한바탕 토네이도와 회오리바람이 되어 땅의 건물들과 사람들과 산과 나무들을 개발살을 낼 터이며, 바다에 불어대면 한바탕 폭풍과 태풍이 되어, 혹은 해일이나 쓰나미가 되어 바다를 갈아버릴지도 모를 일입니다. 이런 생각이 전혀 야부리가 아닌 이유는 바로 다음 절에 나오는데 감사하게도 왜 이 시점에서, 막 인을 떼고 환난의 막이 오른 이 타이밍에 느닷없이 쉬는 시간을 갖는지 설명해 주십니다.

또 보매 다른 천사가 살아계신 하나님의 인을 가지고 해 돋는 데로부터 올라와서 땅과 바다를 해롭게 할 권세를 얻은 네 천사를 향하여 큰 소리로 외쳐 이르되 우리가 우리 하나님의 종들의 이마에 인치기까지 땅이나 바다나 나무나 해하지 말라 하더라. (계 7:2~3)

또 내가 보니, 다른 천사가 동쪽에서 올라오는데 살아 계신 하나님의 인장을 가지고 있더라. 그가 땅과 바다를 손상시킬 권세를 받은 네 천사에게 큰 음성으로 소리 질러 말하기를 "우리가 우리 하나님의 종들인 그들의 이마에 인장으로 표시할 때까지 땅이나 바다나 또는 나무들을 손상시키지 말라."고 하더라. (계 7:2~3, 킹제임스)

예, 그렇습니다. 이 바람이란 영적으로 생각할 것 없이 그냥 막 불어 제껴서 땅과 바다와 나무를 박살 내 버리는 그런 태풍과 폭풍으로 보는 것이 맞았군요. 하나님의 종들에게 인을 쳐서 표시할 때까지는 이런 재앙이 없어야 하기 때문에 부득이 천사들을 시켜 바람을 붙잡아 두게 했던 것입니다. 그런데 두 성경의 역본이 좀 다른 부분이 있으니 〈동쪽〉과 〈해 돋는 곳〉입니다. 사실 엄밀히 따지면 그 말이 그 말이기는 합니다. 해가 동쪽에서 뜨니까요. 그런데 하나님의 인장을 가진 천사가 동쪽, 해 돋는 곳에서 왔다는 표현 자체가 매우 의미심장하고 특히 지명이 등장한다는 것에서 수많은 이단 사이비들이 난립하는 근거가 되기도 했습니다. 동쪽, 동방, 해 돋는 곳인 한국에서 하나님의 인장을 가진 재림주와 메시아가 나온다느니 뭐 그런 것들이지요. 그러나 괜시리 동쪽, 해 돋는 곳이란 표현 하나에 우리나라나 아시아를 떠올릴 필요는 없습니다. 〈천사가 거기에서 왔다〉는 것은 하나님이 계신 곳에서 천사가 왔다는 것이며 하나님의 영광이 태양에 비유되기도 했듯이 천국을 해 돋는 곳으로 표현했을 것이라 생각됩니다. 천사가 아니라 인간이었다면 그 동쪽은 아시아 내지 요단강 동편의 동방을 의미하겠지만 천사이기 때문에 인간의 지리 차원에서 설명할 수는 없는 것이지요.

그나저나 이들은 〈하나님의 종들에게 인을 치려고〉 왔다고 합니다. 물론 우리 크리스천들은 예수님을 영접하고 구원을 받으면 인 치심을 받습니다만 여기서 인을 받는 하나님의 종들은 왠지 보편적인 크리스천이라기보다 뭔가 특별해 보입니다.

그 안에서 너희도 진리의 말씀, 곧 너희의 구원의 복음을 듣고 그 안에서 또한 믿어 약속의 성령으로 인 치심을 받았으니 (엡 1:13)

하나님의 성령을 근심하게 하지 말라. 그 안에서 너희가 구원의 날까지 인 치심을 받았느니라. (엡 4:30)

특히 〈하나님의 백성〉도 아니며, 〈하나님의 자녀〉도 아니며, 하나님의 종들이라고 하는 것은 아무래도 이 환난의 시대에 뭔가 일을 시키시려고 특별히 가려 뽑으셨다는 의미의 인침이라고 볼 수도 있겠다 싶습니다. 바로 이런 이유에서라도 이 인을 맞는 자들을 보편적인 크리스천, 구원받은 성도들을 상징하는 것이라고 너무 쉽게 퉁쳐서는 안 된다는 것입니다.

(내가 〈인을 치는 자다〉 또는 〈인 치는 사역을 한다〉고 함부로 개나발을 불어서는 더더욱 안 되고 말이지요. 인 사역은 하나님께서 주관하시고 천사들이 담당하는 사역입니다.)

그러면 그 스페셜한 인 맞은 자들은 누구일까요?

내가 인침을 받은 자의 수를 들으니 이스라엘 자손의 각 지파 중에서 인침을 받은 자들이 십사만 사천이니 (계 7:4)

어떤 비유도, 상징도, 영적 해석도 필요 없이 깔끔합니다. 〈이스라엘 자손의 모든 지파〉에서 14만 4천 명이라고 출신성분과 쪽수까지 명확하게 해 주셨습니다.

유다 지파 중에 인침을 받은 자가 일만 이천이요, 르우벤 지파 중에 일만 이천이요, 갓 지파 중에 일만 이천이요, (계 7:5)

열두 지파의 선봉인 유다 지파부터 르우벤, 갓 지파 순으로 한 지파 당 1만 2천 명씩 인을 받습니다.

아셀 지파 중에 일만 이천이요, 납달리 지파 중에 일만 이천이요, 므낫세 지파 중에 일만 이천이요, (계 7:6)

아셀 지파 · 납달리 지파 · 므낫세 지파 순으로 각 1만 2천 명씩 인을 받습니다. 흔히 열두 지파 중에 므낫세 지파는 절반으로 쪼개어 므낫세 반 지파가 2개 있는 것으로 아시는 경우도 더러 있는데 그 동네가 분양받은 땅이 넓어서 절반을 쪼갠 것이고 지파별로 계수할 때는 반 지파 그딴 거 없이 그냥 1개 지파입니다.

(므낫세 지파만 유일하게 므낫세 반 지파라고 쪼개져 나옵니다.)

시므온 지파 중에 일만 이천이요, 레위 지파 중에 일만 이천이요,

잇사갈 지파 중에 일만 이천이요, (계 7:7)

시므온 지파 · 레위 지파 · 잇사갈 지파 순으로 각 1만 2천 명씩 인을 받습니다. 특기할 만한 점은 레위 지파는 하나님께 올리는 제사를 위해 구별된 자들이라 통상 열두 지파를 계수할 때 제외되는데 인을 맞는 지파 분류에는 들어가 있습니다. 레위 지파가 들어갔으니 다른 지파가 하나 빠져야 되겠죠?

스불론 지파 중에 일만 이천이요, 요셉 지파 중에 일만 이천이요, 베냐민 지파 중에 인침을 받은 자가 일만 이천이라. (계 7:8)

이렇게 총 열두 지파에서 14만 4천 명이 인을 받았습니다. 보시면 알겠지만 구약에서 흔히 분류되는 열두 지파와는 구성이 다른데, 레위 지파가 들어간 대신 단 지파가 빠지고, 에브라임 지파가 없는 대신 요셉 지파가 들어가 있습니다. 사실 요셉은 지파를 구성하지 않고 그의 아들들인 에브라임과 므낫세가 지파를 구성했는데 어째서 므낫세는 들어가 있고 에브라임은 빠지고 그 아버지인 요셉이 들어가 있는지 묘한 일이기도 합니다. 교계에서는 열두 지파의 구성이 구약에서와 다르다는 것을 근거로 삼아서 〈이 열두 지파는 구약 때로부터 이어진 실무적인 이스라엘 자손의 지파가 아니라 구원받은 성도를 상징한 것이다〉라고 치부하기도 하는데 자다가 남의 다리 긁는 소리입니다. 먼저 단 지파가 빠진 데는 그럴 만한 이유가 있습니다.

단은 길섶의 뱀이요, 샛길의 독사로다. 말굽을 물어서 그 탄 자를 뒤로 떨어지게 하리로다. (창 49:17)

이 말씀으로 인해 적그리스도가 단 지파에서 나오지 않느냐는 가설이 나오기도 했는데 그런 의심이 더욱 짙어진 것은 위에 보시면 열두 지파 중에서 단 지파는 아예 나오지도 않기 때문입니다. 게다가 더더욱 단 지파가 하나님께 손절당한 이유가 있으니….

단 자손이 자기들을 위하여 새긴 그 신상을 세웠고 모세의 손자요, 게르솜의 아들인 요나단과 그의 자손은 단 지파의 제사장이 되어 그 땅 백성이 사로잡히는 날까지 이르렀더라. 하나님의 집이 실로에 있을 동안에 미가가 만든 바 된 새긴 신상이 단 자손에게 있었더라. (삿 18:30~31)

이집트에서 나와서 가나안에 들어온 이래로 이스라엘 자손들이 그 가나안 땅의 우상들을 더러 혼합해 섬기는 경우는 있었어도 스스로 우상을 만들어 섬기고 우상에게 제사를 할 제사장까지 멋대로 세우는 패악질은 이 단 지파가 원조였습니다. 그 땅 거민들의 우상을 같이 섬겨도 배교이며 배도라 할 판에 자기들 스스로 우상을 만들어 섬기는 것은 배교를 아득히 넘어선 역적질이며 단 지파가 인 맞는 열두 지파에서 나가리 된 것은 이 죄악이 결정적으로 반영되었기 때문이라 생각됩니다. 그러면 요셉의 두 아들 중에 에브라임은 왜 나가리 되고 요셉 본인과 므낫세가 들어갔는가도 생각해 볼 수 있는데, 사실 그보다 먼저 생각해야 할 것은 어째서 야곱의 아들들이 열두 지파를 이루는 데 요셉만 빠졌는가 하는 것입니다. 레위야 하나님께서 직접 하나님의 직할로 넣으셨기에 빠졌다 해도 요셉도 멀쩡한 야곱의 아들인데 왜 그는 제외되고 두 아들, 에브라임과 므낫세가 열두 지파에 들어간 것일까요?

많은 성도님들이 요셉에 대해 너무 쉽게 스쳐 지나가는 사실 중 하나가 그가 이집트 여성과 결혼하여 다문화 가정을 이루었다는 것입니다.

그가 요셉의 이름을 사브낫바네아라 하고 또 온의 제사장 보디베라의 딸 아스낫을 그에게 주어 아내로 삼게 하니라. 요셉이 나가 애굽 온 땅을 순찰하니라. (창 41:45)

그냥 이집트의 여느 여염집 처자도 아니고, 양갓집 규수도 아니고 무려 〈이집트의 제사장 딸〉이라면 사실 모세의 율법 시대 같았으면 상당한 대죄일 수 있습니다. 후대의 비느하스가 죽였던 시므리와 고스비 커플을 보면 시므리는 시므온 지파의 지휘관 중 하나이며, 고스비는 미디안 족장의 딸이었는데 그 둘이 눈이 맞아 진중에서 음행을 했다는 이유로 청년 제사장 비느하스에 의하여 죽임을 당하고 하나님께서는 비느하스를 의롭게 여기시고 치하하셨던 것입니다. 지금 기준으로도 오래된 교회의 원로 목사님 아들이 무당의 딸이나, 대처승의 딸, 혹은 이슬람 이맘의 딸과 결혼한다고 하면 그 교회 성도들이 난리가 날 것이며 그 목사님 입장에서는 아들의 호적을 파 버리고도 남을 일입니다. 당시 상황이 상황이니만큼 불가피하게 허용은 되었으나 이러한 요셉의 결혼이 요셉 자신이 야곱의 아들임에도 자신의 이름으로 지파를 구성하지 못하고 아들들에게 넘겨줄 수밖에 없도록 만들었을 것이라 봅니다. 또한 이런 생각이 영 야부리도 아닌 게 요셉 이전에 야곱의 형인 에서가 장자권에서 나가리 된 것이 단순히 야곱의 타짜질에 넘어가 팥죽 한 그릇에 장자권을 팔아서만이 아니라, 이미 그 전부터 아브라함 혈통의 순수성 따위 안드로메다로 날려 버리고 그 토착 가나안 여자를 둘씩이나 아내로 들여 제대로 부모님 눈 밖에 나고 하나님의 눈 밖에도 튕겨 나갔기 때문입니다.

(이런 건 모르고 대개 야곱에게 속은 에서를 불쌍하게만 여긴다.)

에서가 사십 세에 헷 족속 브에리의 딸 유딧과 헷 족속 엘론의 딸 바스맛을 아내로 맞이하였더니 그들이 이삭과 리브가의 마음에 근

심이 되었더라. (창 26:34~35)

리브가가 이삭에게 이르되 내가 헷 사람의 딸들로 말미암아 내 삶이 싫어졌거늘 야곱이 만일 이 땅의 딸들 곧 그들과 같은 헷 사람의 딸들 중에서 아내를 맞이하면 내 삶이 내게 무슨 재미가 있으리이까. (창 27:46)

(시어머니 리브가가 아예 대놓고 〈저 딸내미들 때문에 내가 확 죽어 버리고 싶다〉고 말할 정도면 인류 최초의 고부 갈등이 무척 살벌했다. 수천 년 전이나 지금이나 고부간 갈등은 남편이 병신일 때 200% 생긴다는 게 정답이고 진리이고 금과옥조다.)

이게 무슨 상황이냐면 전주 이씨 본가의 15대 독자 내지 안동 김씨 본가의 17대 독자 정도 되는 종손이 눈이 파란 서양 여자와 구릿빛 피부의 남미 여자를 데려와 며느리라고 종친 어르신들께 소개시키는 것 이상이니 호적 파여도 할 말 없지 않을까요? 다행히 에서가 그 정도로 눈치가 발바닥은 아니어서 자신의 아내들 때문에 부모님이 빡쳐 하신다는 것을 눈치 긁었고 부랴부랴 나름의 통밥을 굴려 처방전을 마련하였는데….

에서가 또 본즉 가나안 사람의 딸들이 그의 아버지 이삭을 기쁘게 하지 못하는지라. 이에 에서가 이스마엘에게 가서 그 본처들 외에 아브라함의 아들 이스마엘의 딸이요, 느바욧의 누이인 마할랏을 아내로 맞이하였더라. (창 28:8~9)

이제야 아브라함 핏줄의 제대로 된 며느리를 데려왔으니 안심하시라고 자랑하고 싶겠으나 이건 뭐 다문화 며느리 소박 났더니 조선족 며느리 데려오는 각이라 또 한 번 이삭과 리브가의 뒷골이 땡겨 왔을 것은 안 봐도 비디오입니다. 요셉 또한 이러한 이유로 본인이 직접 지파를 이루는 게 아닌 자신의 아들 에브라임과 므낫세에게 넘겼을 것으로 보이는데, 그렇다면 왜 느닷없이 에브라임이 빠지고 요셉이 들어왔는지 의문점이 남게 됩니다. 그것은 바로 앞의 단 지파와 똑같은 이유인데 여러분들께서도 잘 아시는 바와 같이 다윗과 솔로몬의 통일 왕국을 분열 왕국으로 바꾸어 북이스라엘과 남유다의 남북조 시대로 갈라 버리는 원흉이 바로 북이스라엘의 초대 왕 여로보암입니다. 그는 반란을 일으켜 열 지파를 선동해 다윗 왕가로부터 분리 독립을 꾀했고 특히 벧엘과 단에 금송아지 우상을 세워 경배함으로써 다윗 왕조와의 영적·신앙적 결별까지 선언했으나 하나님의 입장에서는 앞의 단 지파가 저지른 것과 같은 우상숭배와 배교의 대죄였던 것입니다. 하나님께서 인정하신 다윗 왕조에 반역하고 금송아지를 숭배하는 배교를 저지른 여로보암은 바로 에브라임 지파였습니다.

에브라임이 우상과 연합하였으니 버려두라. (호 4:17)

이때의 죄악으로 단 지파와 함께 에브라임 지파가 나가리 된 것으로 보이며 아들인 에브라임이 저지른 죄악을 아버지 요셉의 이름으로 덮어 준다는 하나님의 뜻에 따라 에브라임이 빠진 자리에 요셉이 들어가 열두 지파의 각을 맞추었다고 볼 수 있지요.

(사실 죄질로 따지면 하나님의 천사들을 겁간하려 했던 소돔 주민들과 거의 비슷한 죄를 지어 레위인의 첩을 강간 살해했던 베냐민 지파도 만만찮은데 하나님의 기준에서는 도덕적 죄악보다 영적인 죄악이 더 중대하고, 유혹보다 미혹을 더욱 강경하게 심판하신다는 것을 알 수 있습니다. 유혹에 빠져 대죄를 범한 베냐민 지파를 거의 씨를 말리기 직전까지 벌하셨지만, 그 후 초대 왕 사울이 그 지파에서 나오게 하시고 계시록의 14만 4천 명에도 포함되도록 남기셨지만 미혹에 빠져 배교한 단 지파와 에브라임 지파는 아예 열두 지파에서 이름을 빼 버리셨습니다.)

이렇게 14만 4천 명을 배출한 열두 지파 중에 단 지파와 에브라임 지파가 없는 이유를 설명해 드렸는데 사실 여기에서 끝이 아닙니다. 비록 인 치심을 맞아 쓰임 받을 〈하나님의 종들〉 명단에서는 빠졌지만 하나님께서는 택하신 열두 지파로서 단과 에브라임을 끝까지 버리지 않으셨습니다.

모든 지파의 이름은 이와 같으니라. 북쪽 끝에서부터 헤들론 길을 거쳐 하맛 어귀를 지나서 다메섹 경계선에 있는 하살에논까지 곧 북쪽으로 하맛 경계선에 미치는 땅 동쪽에서 서쪽까지는 단의 몫이요, (겔 48:1)

므낫세 경계선 다음으로 동쪽에서 서쪽까지는 에브라임의 몫이요 (겔 48:5)

하나님께서 에스겔 선지자에게 환상으로 천년왕국 시대의 성전과 이스라엘의 영토를 보여 주실 때 분명 지워졌던 단 지파와 에브라임 지파가 멀쩡히 등장하여 땅을 분배받고 있습니다.

그 성읍의 문들은 이스라엘 지파들의 이름을 따를 것인데 북쪽으로 문이 셋이라. 하나는 르우벤 문이요, 하나는 유다 문이요, 하나는 레위 문이요, 동쪽의 너비는 사천오백 척이니 또한 문이 셋이라. 하나는 요셉 문이요, 하나는 베냐민 문이요, 하나는 단 문이며 (겔 48:31~32)

천년왕국 때 예루살렘 성읍에는 열두 지파의 이름을 딴 열두 문이 있는데 단 지파가 당당히 포함되어 있으며 여기에서는 야곱의 열두 아들들 이름으로만 되어 있어 되려 에브라임과 므낫세가 없이 요셉의 이름으로 나와 있습니다. 인 맞는 십사만 사천에서 제외된 것과 비교하면 굉장히 뜻밖의 반전인데 죄를 범한 에브라임을 아버지 요셉의 이름으로 덮어주시고 죄를 범한 단을 제사장 레위의 이름으로 덮어주심으로 죄를 사하시고 용서하신 하나님의 은혜를 엿볼 수 있는 모습입니다. 이는 또한 우리에게도 적용되어 하나님께서는 아버지이자 제사장으로서 우리의 죄를 사하시고 용서하시며 택하신 백성이자 자녀인 우리를 결코 버리지 않으신다는 약속의 증표이기도 합니다.

어쨌든 너무나 정확하게도 이 14만 4천 명은 이스라엘, 유대인들이며 그 어떤 추가적인 설명도 해석도 필요하지 않습니다. 그냥 퉁쳐서 14만 4천 명이라고 했으면 모를까, 어느 지파에서 몇 명, 하는 식으로 디테일하게 나열하기까지 했으니 그 외에 무슨 설명이 더 필요하겠습니까. 그러니 여호와의 증인이나 신천지 같은 데서 자신들이 14만 4천 명이다, 하고 떠드는 소리들은 일고의 가치도 없는 별 미친 개소리인 것입니다. 사실 그것만큼이나 더욱 어처구니가 없는 소리는 14만 4천 명이 실무적인 이스라엘, 유대인이 아니라 〈영적인〉 이스라엘이며 14만 4천이라는 숫자도 〈상징〉이라는 것입니다.

(가령 이런 것… 12가 완전수이니 12x12, 12의 제곱수인 144와 많은 사람을 의미하는 1,000이 곱해져 14만 4,000이 되기 때문에 이 14만 4천 명은 환난 시대에 구원받아 환난을 통과하는 모든 성도를 가리키는 숫자, 내지는 그냥 구원받은 교회와 성도들을 상징하는 것이라는 의미입니다.)

좀 더 유식하게 설명하려는 분들은 새 예루살렘 성이 1만 2천 스다디온이고 성곽이 144규빗이라는 데서 근거를 찾아 14만 4천과 연관시키려고 용을 씁니다만 생각이 너무 많아도 탈입니다. 이 부분은 그냥 종이에 적힌 그대로 한글만 읽을 줄 알면 됩니다. 어떤 분들은 현재 이스라엘 사람들은 〈자기가 어느 지파인지〉를 모르기 때문에 어떻게 이렇게 지파별로 나누어

인을 맞을 수 있겠나 의문점을 가지시며 그렇기 때문에 이 열두 지파는 상징이다, 라고 우기십니다만 사람이 모른다고 하나님도 모르실 것이라 생각한다면 심히 곤란하십니다. 인 맞은 14만 4천 명은 어떤 딴소리 필요 없이 현 이스라엘의 유대인들이며 환난 때 뭔가 하나님께 사명을 받아 활동하게 될 종들임을 명확하게 아셔야 합니다.

이 일 후에 내가 보니 각 나라와 족속과 백성과 방언에서 아무도 능히 셀 수 없는 큰 무리가 나와 흰 옷을 입고 손에 종려 가지를 들고 보좌 앞과 어린 양 앞에 서서 (계 7:9)

인 맞은 14만 4천 명을 지나고 나서 이제는 누구라도 능히 셀 수 없는 큰 무리가 흰옷을 입고 종려나무 가지를 들고 보좌 앞과 어린양 앞에 서 있는 모습을 보게 됩니다. 이번에는 이스라엘 자손이라는 출신 성분도 없고 그냥 온 인류 가운데서 모여든 무리들입니다. 그들은 나귀를 타고 예루살렘에 입성하시는 예수님을 맞이하던 군중들처럼 종려나무 가지를 들고 있으며 구원받은 자임을 상징하는 〈흰옷〉을 입고 있습니다. 이들이 종려나무 가지를 들고 보좌 앞에 서서 무엇을 하고 있는가 하니….

큰 소리로 외쳐 이르되 구원하심이 보좌에 앉으신 우리 하나님과 어린 양에게 있도다, 하니 (계 7:10)

그렇습니다. 앞의 네 생물, 24 장로, 천천만만 천사들, 세상의 모든 생명에 이어 구원받은 거대한 무리의 성도들이 하나님과 예수님 앞에 찬양을 올리고 있습니다. 또다시 찬양 팀이 도착하여 경배를 올리고 있으니 이미 있던 팀들도 질세라 가만히 있지 않고 목소리를 높여 하나님과 어린양께 찬양과 경배를 올립니다.

모든 천사가 보좌와 장로들과 네 생물의 주위에 서 있다가 보좌 앞에 엎드려 얼굴을 대고 하나님께 경배하여 이르되 아멘, 찬송과 영광과 지혜와 감사와 존귀와 권능과 힘이 우리 하나님께 세세토록 있을 지어다, 아멘, 하더라. (계 7:11~12)

그러나 이 와중에도 관찰자로서의 본분을 잃지 않고 있던 사도 요한에게 대뜸 장로 한 명이 다가와서 말을 걸었습니다.

장로 중 하나가 응답하여 나에게 이르되 이 흰 옷 입은 자들이 누구며 또 어디서 왔느냐 (계 7:13)

사도 요한이 설명을 들어야 할 판에 거꾸로 그 장로가 자신에게 묻고 있으니 모르긴 몰라도 사도 요한의 표정이 (o.o)? 이런 모습일 듯합니다. 그러나 예수님의 모친 마리아를 오래 모시면서 눈치 하나는 기가 막히게 늘었을 사도 요한은 그가 몰라서 묻는 게 아니라 설명해 주려고 운을 띄운 것임을 대뜸 눈치채고 겸손하게 질문을 합니다.

내가 말하기를 내 주여, 당신이 아시나이다, 하니 그가 나에게 이르되 이는 큰 환난에서 나오는 자들인데 어린 양의 피에 그 옷을 씻어 희게 하였느니라. 그러므로 그들이 하나님의 보좌 앞에 있고 또 그의 성전에서 밤낮 하나님을 섬기매 보좌에 앉으신 이가 그들 위에 장막을 치시리니 (계 7:14~15)

그 거대한 무리의 성도들은 바로 대환난 와중에 구원받은 사람들이었던 것입니다. 아마도 매우 많은 숫자가 휴거 이전부터도 신자였으나 제대로 구원의 확신 없이, 믿음이 없이 살다가 휴거에 탈락되어 버린 그런 자들일 터이며 휴거를 보고 나서야 빠졌던 정신을 차려 신앙인으로 거듭나 있다가 대환난 와중에 사망하여 천국에 올라온 성도들이었습니다. 거기에 덧붙여

서 불신자였다가 휴거를 보고 환난 도중에 영접했거나 인을 받은 14만 4천 종들의 전도 사역을 통해 영접한 새 신자들도 있겠지요.

(죽음을 보지 않고 들림받는 휴거는 환난 전 1회로 끝입니다. 이 무리들이 천국에 온 것은 죽어서 올라온 것입니다.)

자신들의 옷을 씻어 예수님의 피로 희게 한 것이야 십자가의 보혈로 죄 사함을 받고 구원받았으니 당연한 것이지만, 문제는 이들에게는 별다른 상 급이 없습니다. 물론 하나님의 보좌 앞에 있고, 하나님께서 그들 가운데 거 하시고, 하나님을 밤낮 섬기는 그 자체가 영광이라면 영광이지만 어째 좀 2% 부족한 느낌이랄까요.

그들이 다시는 주리지도 아니하며 목마르지도 아니하고 해나 아 무 뜨거운 기운에 상하지도 아니하리니 이는 보좌 가운데에 계신 어 린 양이 그들의 목자가 되사 생명수 샘으로 인도하시고 하나님께서 그들의 눈에서 모든 눈물을 씻어 주실 것임이라. (계 7:16~17)

그들에게 주어진 〈상급〉이란 다시는 굶주리지 않고, 목마르지 않고, 태 양이나 열기에 내리 쬐이지 않는 것인데 돌려 말하면 이들이 어떻게 천국 으로 올라왔는지 그 〈사망 원인〉을 짐작할 수 있는 내용들입니다. 물론 큰 환난, 즉 대환난이라는 것에서 7년 환난 중에서도 메인인 후 3년 반을 생 각하시는 경우가 많아 이들이 짐승의 표를 받고 배교하지 않고 신앙의 지 조를 지켜 순교로써 승리하고 올라왔을 것이라 생각하기도 하지만, 이렇게 생각하시는 분들의 상당수가 〈전 3년 반을 매우 널널하게 보시기〉 때문입 니다.

그러나 전 3년 반은 엄연히 7년 대환난의 일부이며 결코 널널하거나 평 안하지 않은 참혹한 환난의 때입니다. 정말 많은 분들이 짐승이 마흔두 달 동안 권세를 잡고 짐승의 표를 강요하고 우상에 경배하지 않으면 몇이든지 다 죽이게 한다는 것 때문에 거의 후 3년 반에 주목하고 전 3년 반을 굉장히 가볍게 생각하시는데, 참으로 유감스럽게도 사상자 자체는 후 3년 반보다 전 3년 반에 훨씬 더 많이 발생할 것으로 보입니다. 휴거가 일어나고 본격적인 대환난의 막이 열려 민족이 민족을, 나라가 나라를 대적하는 곡과 마곡 전쟁 및 극동 대전쟁부터가 전 3년 반입니다. 그 전쟁은 3차 세계대전으로서 핵전쟁이며 그 전쟁으로 이미 인류의 몇 분의 몇이 날아갑니다. 게다가 그 곡과 마곡의 전쟁이 포함되어 있는 일곱 나팔 재앙에서 클라이맥스를 장식하는 〈유브라데강 전쟁〉은 참전 병력만 2억 명에 그 전쟁으로 또다시 잔존한 인류의 3분의 1이 죽어 나가는 참사입니다.

뒤에 설명해 드리겠지만 후 3년 반의 대접 재앙 중에 짐승의 보좌, 짐승의 나라에만 떨어지는 것이 있음을 볼 때 전 지구적으로 떨어지는 나팔 재앙이 오히려 사상자 자체는 훨씬 더 많이 생길 것이며 〈대환난에서 나온 자들〉이 전 세계, 전 지구 인류 가운데서 올라온 자들임을 보면 이들은 전 3년 반의 참혹한 전쟁 와중에 사망하여 천국에 오게 되었을 것입니다. 앞에서 그들이 받을 상급이란 것이 굶주리지 않게, 목마르지 않게, 뜨거운 열기에 쬐지 않게 해 주신다는 것인데 굶주리고 목마르다는 것은 기근과 식량난, 가뭄을 겪었다는 것입니다. 아시다시피 전 3년 반 동안 핵전쟁으로 수질이 오염되어 물을 마실 수 없고, 식량 자원들이 파괴되어 식량난을 겪었으며, 두 증인으로 인해 비가 내리지 않고 물이 피로 변했기 때문에 더더욱 식량난과 목마름이 해결될 길이 없을 터입니다. 더군다나 태양이나 어떤 열기가 내리쬐었다는 것에서 핵 공격에 피폭을 당했을 가능성도 예측해 볼 수 있습니다.

결론적으로 믿음이 부실하여 휴거에 탈락한, 남겨진 성도들은 아주 높은 확률로 후 3년 반까지 갈 것도 없이 전 3년 반 동안에 대부분이 사망하여 천국에 입성하게 되는 것입니다. 휴거에 탈락한 성도들은 순교를 걱정

할 것도 없이 전쟁에서 죽는 것이 그나마 은혜라 하겠습니다.

(물론 후 3년 반에 순교하여 올라온 성도들도 없다는 것은 아니지만 후 3년 반 순교의 자리까지 갔다는 게 그 모진 핵전쟁 와중에도 용케 살아남았다는 의미입니다. 그러나 해당 본문을 아무리 봐도 그들이 〈순교〉를 당했다는 뉘앙스는 느껴지지 않습니다.)

다시 정리해 보면 휴거가 일어나고 환난이 시작되어 우선 초벌구이로 곡과 마곡 전쟁, 핵전쟁이 벌어져 한바탕 개발살이 나고, 전쟁이 끝났더니 황충·메뚜기 떼가 밀어닥쳐 5개월 동안 문자 그대로 〈죽지 못해 사는〉 지경을 만들고, 그러고 나니 또다시 전쟁이 일어나 인류 3분의 1을 날려 버리고, 그러는 동안에….

내가 나의 두 증인에게 권세를 주리니, 그들이 굵은 베옷을 입고 천이백육십 일을 예언하리라. (계 11:3)

그들이 권능을 가지고 하늘을 닫아 그 예언을 하는 날 동안 비가 오지 못하게 하고 또 권능을 가지고 물을 피로 변하게 하고 아무 때 든지 원하는 대로 여러 가지 재앙으로 땅을 치리로다. (계 11:6)

아예 휴거가 일어난 후부터 3년 반 동안 내내 비 한 방울 못 내리게 하고 물을 피로 변하게 하며 온갖 재앙으로 난장을 치는 두 증인이 있으니 전 지구인들이 목마름에 시달렸음은 자명한 일입니다. 바로 이런 이유로 능히 셀 수 없는 거대한 무리의 성도들이 전 3년 반 동안에 사망하여 천국에 오게 된 것입니다. 그래도 짐승의 표를 거부하느라 온갖 고통을 당하다가 오지 않은 게 어딘가 싶기도 하고 뭔가 복잡한 느낌입니다.

예고편도 아닌, 본격적으로 막을 연 7년 대환난! 그중 전 3년 반에 해당하는 일곱 나팔의 재앙에 대해서는 이어질 8장 강해를 기대하여 주십시오.

일곱째 인을 떼실 때에 하늘이 반 시간쯤 고요하더니 (계 8:1)

8장.

일곱 나팔의 허와 실 (상)

일곱째 인을 떼실 때에 하늘이 반 시간쯤 고요하더니 (계 8:1)

일곱째 인을 떼심으로써 이제 예고편은 끝났고 본편이 시작될 준비를 마쳤는데 마치 폭풍 전야의 고요함과 같이 하늘, 천국이 쥐 죽은 듯이 조용해졌습니다. 방금 전까지 그렇게 경배와 찬양을 올리던 자들이 일제히 침묵하고 하나님의 진노가 떨어지는 것을 기다리고 있는 긴박한 상황입니다.

내가 보매 하나님 앞에 일곱 천사가 서 있어 일곱 나팔을 받았더라. (계 8:2)

천사가 물경 수억 수천만 명이지만 그중에서 하나님 앞에 선 것을 보면 이들은 보통 거물급의 천사장이 아닙니다. 계시록에서는 모든 존재가 직책명으로만 표기되기에 이들은 〈일곱 천사〉라고만 등장하지만, 사실 이들은 모두가 한 끗발 하는 천사장들이며 에녹서를 비롯한 외경에는 미카엘, 가브리엘, 라파엘 및 우리엘, 라구엘, 사라카엘, 레미엘 등 천사장들의 이름도 등장합니다. 천군천사들 중에서도 하나님의 최측근들인 이들 일곱 천사들에게 나팔이 각각 주어졌습니다.

또 다른 천사가 와서 제단 곁에 서서 금향로를 가지고 많은 향을 받았으니 이는 모든 성도의 기도와 합하여 보좌 앞 금 제단에 드리

고자 함이라. 향연이 성도의 기도와 함께 천사의 손으로부터 하나님 앞으로 올라가는지라. (계 8:3~4)

하늘에 있는 성도들의 기도, 그리고 땅에 있는 성도들의 기도가 합하여 거기에 향이 섞인 후 하나님의 보좌 앞 금 대접으로 올려졌으니 성도들의 기도가 천사의 손을 거쳐 하나님께로 상달되는 모습입니다. 이것이 바야흐로 대재앙의 신호탄이었습니다.

천사가 향로를 가지고 제단의 불을 담아다가 땅에 쏟으매 우레와 음성과 번개와 지진이 나더라. 일곱 나팔을 가진 일곱 천사가 나팔 불기를 준비하더라. (계 8:5~6)

하나님께 올려졌던 기도가 다시 되돌아올 때는 향이 아닌, 대재앙의 스위치가 되었습니다. 불신자들과 악한 세상을 심판하고 하나님과 어린양의 진노를 퍼부어 주십사 간구하는 성도들의 기도를 이제는 하나님께서 지체하지 아니하시고 이루시려는 의지를 단호하게 드러내 보이시는 광경입니다. 그리고 이제는 나팔을 받은 천사들이 준비를 마치고 명령만 기다리고 있습니다.

첫째 천사가 나팔을 부니, 피 섞인 우박과 불이 나와서 땅에 쏟아지매 땅의 삼분의 일이 타 버리고 수목의 삼분의 일도 타 버리고 각종 푸른 풀도 타 버렸더라. (계 8:7)

제1타는 바로 〈피 섞인 우박과 불〉이었고 그 피해는 전 세계 삼림의 3분의 1과 모든 초원이 타 버리는 것이었습니다. 피 섞인 우박과 불은 일차적으로는 하나님께서 유황불과 불비를 내리셨던 소돔과 고모라 때처럼, 혹은 불 섞인 우박을 내리셨던 이집트 때처럼 실제로 그러한 시뻘겋게 불타는 우박이 하늘에서 떨어졌다는 것으로 볼 수 있겠지요.

우박이 내림과 불덩이가 우박에 섞여 내림이 심히 맹렬하니 나라가 생긴 그 때로부터 애굽 온 땅에는 그와 같은 일이 없었더라. (출 9:24)

(저 때도 똑같이 우박들이 이집트의 나무와 풀을 쳐 버렸습니다.)

이차적으로는 미사일 공격과 로켓 공습을 의미하는 것이기도 합니다. 나팔 재앙은 이후에 등장할 대접 재앙과는 달리 전 세계를 대상으로 벌어지는데 평시 상태를 환난 상태로 바꾸어 놓기 위해 전 세계를 뒤집어 버릴 거대한 전쟁을 배경에 두고 있기 때문입니다. 이 부분은 뒤에 설명해 드리겠습니다. 어쨌든 첫째 나팔로 인해 전 지구의 초목 3분의 1이 절단이 났고 모르긴 몰라도 그 결과로 농산물 생산도 그만큼 줄어들고, 사상자도 어마어마할 것이며 일단 그해 농사는 포맷한 셈 치고 각설이 타령이나 불러야 할 터입니다.

둘째 천사가 나팔을 부니, 불붙는 큰 산과 같은 것이 바다에 던져지매 바다의 삼분의 일이 피가 되고 바다 가운데 생명 가진 피조물들의 삼분의 일이 죽고 배들의 삼분의 일이 깨지더라. (계 8:8~9)

올해 농사는 다 망쳤으니 바다에 가서 고기나 잡아먹자 했더니 그 생각을 읽기라도 한 듯 불타는 거대한 산(?)이 바다에 던져져 전 세계 바다의 3분의 1을 피로 만들어 버리고 어패류를 비롯한 수산자원의 3분의 1을 갈아버리며 선박들의 3분의 1도 박살을 내 버렸습니다. 불타는 거대한 산이라고 하지만 일차적으로는 운석의 지구 추락, 이차적으로는 핵폭탄으로 인해 거대한 해양오염이 일어나는 것으로 볼 수 있습니다. 바다가 피로 변한다는 것은 재앙의 일환으로 정말 그렇게 피로 변하는 것일 수 있고, 또는 핵폭발의 열기와 방사능 등으로 인해 적조 현상이 폭주해서 피처럼 보일 수도 있을 것입니다.

셋째 천사가 나팔을 부니, 횃불 같이 타는 큰 별이 하늘에서 떨어져 강들의 삼분의 일과 여러 물샘에 떨어지니 이 별 이름은 쓴 쑥이라. 물의 삼분의 일이 쓴 쑥이 되매 그 물이 쓴 물이 되므로 많은 사람이 죽더라. (계 8:10~11)

올해 농사는 망쳤고 생선도 못 먹게 됐으니 물배라도 채워야겠다고 하는데 그 생각도 그대로 읽었는지 이번에도 별처럼 보이는 핵폭탄과 화학탄이 제대로 떨어져 강과 하천의 삼분의 일을 말 그대로 쑥 즙을 만들어 버렸습니다. 떨어졌다 하면 쑥밭을 만들어서인지 아예 〈쑥〉이라고 불렀다는데 예전에 원자력발전소 폭발과 방사능 오염으로 유명했던 〈체르노빌〉의 뜻도 쑥이었다고 하니 이 재앙을 미리 예행연습 삼아 겪어 본 것일지도 모르겠군요.

(그 도시 이름이 체르노빌이기도 했거니와 원자력발전소 부지에 쑥이 하도 많아서 발전소 이름도 쑥, 즉 체르노빌이라고 이름을 붙였다는데 개그를 쳐 보자면 〈쑥 도시에 있는 쑥밭에 쑥 발전소를 세웠더니 그게 터져서 쑥밭이 되었다〉는 드립이 됩니다….)

방사능과 화학탄에 오염된 물을 마시고 무사할 턱이 없으니 그 물을 마신 사람들은 과거 체르노빌, 일명 〈쑥〉을 떠올리며 수도 없이 죽어갔습니다.

넷째 천사가 나팔을 부니, 해 삼분의 일과 달 삼분의 일과 별들의 삼분의 일이 타격을 받아 그 삼분의 일이 어두워지니 낮 삼분의 일

은 비추임이 없고 밤도 그러하더라. (계 8:12)

올해는 밥도 못 먹고 생선도 못 먹고 물도 못 마시게 됐으니 다른 거라도 해 보자 했더니 그 생각을 읽었는지 해와 달과 별들의 빛이 3분의 1이나 줄어 버렸습니다. 낮에는 햇빛이 줄어 컴컴해지고 밤에는 달빛과 별빛이 줄어 버려 더욱 캄캄해졌는데, 수많은 화재와 방사능 낙진 등으로 인해 가려져서 낮에도 4시간 정도는 밤이나 다름없어지는데 예전에는 이 재앙으로 인해 시간 개념에 변화가 생겨 하루 24시간이 16시간으로 줄고 그로 인하여 42개월이 28개월로 감소, 7년 · 84개월이 56개월 · 4년 8개월로 줄어든다고 해석하기도 했었습니다. 이런 식으로 〈그날들이 감해진다〉는 근거를 들었었지요. 그러나 어지간히 지구과학과 우주과학이 발달한 요즘에 이르러서는 낮과 밤이 어두운 시간이 더 길다고 해서 24시간에 변동이 생긴다는 것은 사실상 불가능한 것으로 가닥이 맞춰졌고 이 재앙은 그냥 하루 24시간 중 16시간 이상이 캄캄해져 사람들의 일상생활이 깨지고 더욱 문제는 농사가 어려워지며 겨울이라도 되면 제대로 혹한기 훈련을 해야 한다는 의미가 될 것입니다.

내가 또 보고 들으니 공중에 날아가는 독수리가 큰 소리로 이르되 땅에 사는 자들에게 화, 화, 화가 있으리니 이 외에도 세 천사들이 불어야 할 나팔 소리가 남아 있음이로다, 하더라. (계 8:13)

내가 보고 들으니, 하늘 한가운데로 날아가는 한 천사가 큰 음성으로 말하기를 "땅에 사는 자들에게 화 있으리라, 화 있으리라, 화 있으리라! 이는 세 천사가 이제 불려고 하는 다른 나팔 소리들 때문이라."고 하더라. (계 8:13, 킹제임스)

(성경 역본에 따라 멀쩡한 천사를 순식간에 독수리로 만들어 버리기도 하는데 사실 어

릴 때도 이 대목을 보며 마지막 때가 되니 독수리가 말을 하네, 하면서 의아했었는데 독수리가 아니라 천사였습니다.)

여기까지 정리해 보자면

> 1. 올해 농사를 모조리 망쳐서 밥도 못 먹고
> 2. 바다가 절단이 나서 생선도 못 먹게 됐고
> 3. 물배라도 채우려 하니 물도 못 마시게 됐고
> 4. 그 와중에 캄캄해져서 어디 나가지도 못하고
> 5. 그런데도 아직 나팔이 세 개나 더 남아 있다고 하니

그야말로 당하는 인류 입장에서는 미치고 팔짝 뛸 노릇입니다. 그러나 여기까지의 재앙들은 하나님께서 퍼부으시는 재앙이며 동시에 〈인간들 스스로 만들어 내고 있는 재앙〉이기도 합니다.

> 미사일과 로켓 폭격으로 스스로 땅과 초목을 불태워 버리고
> 핵폭탄과 화학탄 공격으로 스스로 바다와 강을 오염시켜 버리고
> 방사능 낙진과 화재로 인해 태양과 달, 별빛을 차단해 버렸으니

누구를 원망하겠습니까?

그렇다면 첫째 나팔에서 넷째 나팔까지의 사이에 대체 어떤 일이 일어나고 있었는가, 그것은 바로 휴거 직후 발발하게 될 〈곡과 마곡 전쟁〉입니다.

일곱 나팔 재앙은 후 3년 반이 아닌 전 3년 반에 일어나게 될 일이며 휴거 사태로 평시에서 대환난으로 접어들게 되는데 멀쩡하던 평시 상황이 대환난이라는 비상사태로 전환되는 오프닝이 바로 〈민족이 민족을, 나라가

나라를 대적하는〉 곡과 마곡 전쟁 및 극동 대전쟁입니다. 이스라엘이 대상이 되는 곡과 마곡 전쟁이 메인이며 미 · 중 극동 대전쟁은 부가적인 이벤트라 할 수 있지요.

(이른바 3차 세계대전, 핵전쟁이라고도 불릴 이 전쟁으로 인하여 인류의 평시는 끝을 맺고 대환난 체제로 넘어가는데 동시에 신세계 질서의 단일 세계정부가 수립되기 위해 가장 중요한 절차인 〈인구 감소〉가 일어납니다.)

곡과 마곡 전쟁이라는 이름이 의미하듯 이 전쟁의 주역은 바로 마곡의 왕 〈곡〉입니다.

이스라엘을 침략하는 곡과 마곡 연합군

곡은 〈마곡의 왕〉이며 〈로스와 메섹과 두발 왕〉입니다.

그러므로 인자야, 너는 곡에게 예언하여 이르기를 주 여호와께서 이같이 말씀하시되 로스와 메섹과 두발 왕 곡아, 내가 너를 대적하여 (겔 39:1)

그러므로 너 인자야, 곡에게 예언하여 말하라. 주 하나님이 이같이 말하노라. 보라, 오 메섹과 투발 왕 곡아, 내가 너를 대적하노라. (겔 39:1, 킹제임스)

전통적인 종말론 해석에 의하면 로스는 러시아, 메섹은 모스크바, 두발은 두볼스크에 해당하며 당연히 그러한 마곡의 왕 곡은 〈러시아의 지도자〉를 가리킨다는 것이 중론입니다.

(러시아는 우랄산맥을 기점으로 유럽 러시아와 시베리아로 양분되는데 모스크바는 러시아의 수도이자 유럽 러시아의 중심지이며 두볼스크는 러시아 최대 군사도시이며 시베리아의 중심지입니다.)

그 외에 마곡 왕 곡과 함께하는 세력들은 이러합니다.

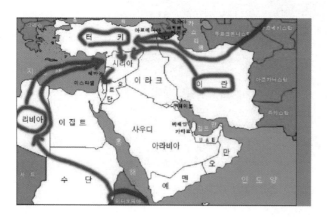

마곡을 제외한 동맹세력들은 쟁쟁한 이슬람 국가들입니다.

그들과 함께 한 방패와 투구를 갖춘 바사와 구스와 붓과 고멜과 그 모든 떼와 북쪽 끝의 도갈마 족속과 그 모든 떼 곧 많은 백성의 무리를 너와 함께 끌어내리라. (겔 38:5~6)

그들과 함께 한 페르시아와 에디오피아와 리비아인데 그들 모두는 방패와 투구로 갖추었고 고멜과 그의 모든 부대인데 북쪽 지방의 토갈마의 집과 그의 모든 부대이며 너와 함께 한 많은 백성들이라. (겔 38:5~6, 킹제임스)

페르시아와 에티오피아와 리비아는 지금의 이란과 에티오피아, 리비아를 가리킵니다. 고멜은 벨라루스, 도갈마는 튀르키예를 의미합니다. 혹자는 마곡이 러시아가 아니라 튀르키예라는 설을 주장하기도 합니다. 이스라엘에서부터 〈극한 북방〉으로 가면 러시아가 나오며 지구를 구형으로 했을 때 북방으로 올리면 우크라이나 방향으로 향하지, 러시아로 향하지 않는다고 반박하기도 하는데 2015년 이래로 크림반도가 러시아 영토가 되고 2022년 우크라이나 전쟁으로 크림반도 동쪽이 모두 러시아 영토로 편입되며 결국 러시아에 닿게 되어 버렸습니다. 이 또한 에스겔 선지자의 예언이 성취된 케이스이지요. 그리고 무엇보다도 곡과 마곡이 튀르키예라면 굳이 하나님의 초월적인 도우심과 개입이 필요치 않습니다. 튀르키예는 이스라엘이 상대하기 크게 어렵지 않은 적수거든요. 그리고 튀르키예 따위가 이스라엘을 침공하려 든다면 유엔이나 미국에서 가만히 있을 리 만무한 일입니다. 그러나 러시아쯤 되는 초강대국이라면 그 누구도 무시하지 못하고, 이스라엘 입장에서는 그런 대국이 동맹국들까지 거느리고 쳐들어오는 것에 대해 사시나무처럼 떨고 있을 이유가 충분하게 됩니다.

(2015년 튀르키예 군부의 쿠데타 실패로 튀르키예가 세속주의 이슬람에서 원리주의 이슬람으로 회귀하면서 무스타파 케말 파샤 아타투르크가 건국한 튀르키예 공화국은 사

실상 무너지고 오스만 투르크 제국으로 되돌아가고 말았습니다. 대통령이라 쓰고 술탄이라 읽는 에르도안은 러시아와 결속을 다지며 곡과 마곡 연합군의 한 축을 이룰 준비를 착착 진행시켜 가고 있습니다.)

이란과 리비아, 에티오피아와 튀르키예가 결속하여 러시아와 연맹하게 되면 더 이상 러시아는 러시아가 아니라 부활한 소련이라 할 만한 강국으로 변신하게 되고 이들 소련 연합군은 그 최초의 칼날을 유럽으로 들이대며 곡과 마곡 전쟁의 첫 포문을 열어젖힙니다. 원래 진짜 목표물을 얻기 위해 배후의 위협을 미리 밟아 놓는 〈예방 전쟁〉은 침략자들의 상식입니다. 예를 들면 조일 7년 전쟁, 임진왜란은 원래 명나라를 치러 가기 위한 예방 전쟁으로 우리나라를 공격한 것이었고, 이후의 병자호란 또한 청나라가 명나라를 완전히 멸망시키기 전에 배후를 다지기 위해 우리나라를 먼저 공격해 꺾어 버린 것이었지요. 이와 같이 러시아 · 이슬람 연합군은 원래 목표인 이스라엘을 공격하기 전에 먼저 유럽 연합을 쳐서 없애 버리고 배후를 다질 생각으로 진격을 개시합니다. 물론 이 전쟁에서 유럽 연합은 대패 · 참패를 당합니다.

유럽 연합군 vs 소련 연합군

구분	유럽 연합군	소련 연합군
총병력	189만 4,426	219만 1,349
전차	7,427	2만 2,189
장갑차	4만 1,380	3만 9,712
자주포	2,125	8,154
견인포	2,726	1만 6,178
박격포	5,015	1만 2,574
MLRS	1,226	4,226
전투기	2,225	3,640
조기경보기	65	17
전자전기	110	2
공중급유기	77	45
헬리콥터	3,579	2,255

(2017년 기준으로 유럽 연합군과 곡과 마곡 연합군의 전력비입니다. 소련 연합군에는 러시아와 튀르키예 · 이란 · 리비아 · 에티오피아가 포함되어 있는데 거의 러시아와 튀르키예 군사력이 주력입니다. 보시면 알겠지만 대충 봐도 유럽 연합군이 심히 후달립니다.)

유럽 연합에서 수위권의 지상군 전력인 독일 육군이 우리나라 7군단 하나만도 못하다는 충격적인 분석도 있거니와 유럽 전체에서 긁어모은 군사력이 저 모양인 데다 그동안 유럽 곳곳에 뿌리박고 그 나라를 좀먹던 무슬림들과 이슬람 난민들이 곡과 마곡 연합군의 선봉에 선 이슬람 군대에 화답하여 유럽 곳곳에서 베트콩과 종북세력을 방불케 하는 폭동과 내응을 일삼을 것은 불 보듯 뻔한 일이며 결국 밖에서는 침략군이 들이치고 안에서는 무슬림들이 난장을 피는 이중고 끝에 유럽 연합은 곡과 마곡 연합군 앞에 속절없이 무너지고 말 것입니다. 이렇게 유럽 연합을 무너뜨리고 유럽을 제패한 마곡의 왕 곡은 다시 대부분의 전력을 동원하여 원래 타깃인 이스라엘로 총공격을 개시합니다. 그리고 그 한판에서 곡과 마곡 연합군은 증발하지요….

그 날에 곡이 이스라엘 땅을 치러 오면 내 노여움이 내 얼굴에 나타나리라. 주 여호와의 말씀이니라. (겔 38:18)

주 여호와의 말씀이니라. 내가 내 모든 산중에서 그를 칠 칼을 부르리니 각 사람이 칼로 그 형제를 칠 것이며 내가 또 전염병과 피로 그를 심판하며 쏟아지는 폭우와 큰 우박덩이와 불과 유황으로 그와 그 모든 무리와 그와 함께 있는 많은 백성에게 비를 내리듯 하리라. (겔 38:21~22)

(특히 곡과 마곡 연합군 중에서도 이란이 이스라엘을 극히 적대하며 월평균 수만 대의 드론을 만들며 무수한 미사일과 로켓 전력을 자랑하는데 이스라엘을 치려고 만든 미사일과 로켓과 드론들이 자신들을 파멸시키는 데 사용될지도 모를 일입니다. 이란 국토의 대부분, 특히 이란의 군사시설 대부분이 〈산악지대〉에 위치해 있기에 산악지대에서 발사될 미사일과 드론, 로켓들이 하나님께서 〈산중에서 불러낼 칼〉이 될 듯합니다. 이스라엘을 향해 비를 뿌리듯 발사한 그 모든 것들이 자신들 머리 위로 쏟아지는 것이지요.)

너와 네 모든 무리와 너와 함께 있는 백성이 다 이스라엘 산 위에 엎드러지리라. 내가 너를 각종 사나운 새와 들짐승에게 넘겨 먹게 하리니 네가 빈들에 엎드러지리라. 이는 내가 말하였음이니라. 주 여호와의 말씀이니라. (겔 39:4~5)

하나님의 직접 개입하심으로 곡과 마곡 군대는 파멸적인 타격을 입고 모래성처럼 무너져 버립니다. 이렇게 곡과 마곡 연합군이 깡그리 무너지자 이제 전세는 역전되었습니다. 우선 당연한 말이지만 무너졌던 유럽 연합이 레지스탕스를 구성하여 항전을 펼치다가 곡과 마곡 연합군이 이스라엘 침공에서 전멸하자 마침내 나치 독일의 치하에서 독립하듯이 주권을 회복할 것입니다. 이때 된서리를 맞음으로써 더 이상 느슨한 유럽 연합 같은 체제로는 안전을 보장받을 수 없음을 깨달은 그들은 기존의 유럽 연합을 해소하고 각국의 국경을 철폐한 후 바야흐로 〈유럽 합중국〉 체제로 재편하여 신세계 질서의 막을 열게 됩니다. 유럽 합중국이 정착하는 과정에서 새로 지도자로 옹립된 그(he), 일명 적그리스도는 열화와 같은 지지와 함께 대대적인 유럽판 〈적폐 청산〉에 착수하는데 바로 유럽 내의 무슬림에 대한 대청소입니다. 출애굽기 첫 장에서 이집트 왕의 말을 상기해 보면….

그가 그 백성에게 이르되 이 백성 이스라엘 자손이 우리보다 많고 강하도다. 자, 우리가 그들에게 대하여 지혜롭게 하자. 두렵건대 그들이 더 많게 되면 전쟁이 일어날 때에 우리 대적과 합하여 우리와 싸우고 이 땅에서 나갈까 하노라, 하고 (출 1:9~10)

바로 이러한 논리가 그때의 대세로 자리매김할 것이며 이 말이 영 개소리도 아닌 것이 곡과 마곡의 침공 때 유럽 내 무슬림들과 이슬람 난민들이 곡과 마곡 연합군을 도와 내응을 하고 깽판을 부렸다면 이게 팩트이기도 하기 때문에 모르긴 몰라도 곡과 마곡 전쟁이 끝날 무렵에는 유럽인들은 〈

히틀러가 옳았다〉는 것을 뼛속 깊이 실감하게 되고 유럽 내 무슬림에 대한 대청소를 누구 하나 반대하지 않을 것입니다. 히틀러의 나치 독일에 의한 홀로코스트로 유럽 내 유대인들 약 600만 명 상당이 학살당했는데 그조차 근 6~7년에 가까운 시간이 걸렸습니다. 그러나 곡과 마곡 전쟁 이후 적그리스도에 의한 제2의 홀로코스트에서는 유럽 내 무슬림 약 2,500만 명 이상이 그야말로 1년까지 걸릴 것도 없이 그대로 싹쓸이당하며 유럽 대륙이 피바다가 되어 버리고 그 과정에서 적그리스도는 자신에게 잠재적인 경쟁자가 될 만한 세력과 반대파들도 여지없이 이슬람과 내통했다는 누명, 또는 러시아 협조자라는 죄명을 씌워 처단해 버릴 가능성이 농후합니다. 긴 세월 유럽을 골치 아프게 했던 이슬람의 적폐들은 결국 곡과 마곡 전쟁과 함께 피바다에 잠겨 버리며 사라지고 그러는 사이 이스라엘에서도 대격변이 벌어집니다.

그동안 예루살렘이 이스라엘의 영토였건만 주변 이슬람 국가들의 눈치로 인해 템플 마운트, 성전 산과 황금 돔 사원은 어쩌지 못했던 이스라엘이 이제 곡과 마곡 전쟁의 전승과 함께 이슬람 세력이 폭망함에 따라 더 이상 눈치 볼 것도 없이 황금 돔 사원을 불도저로 갈아 버리고 성전 산의 등기도 완전히 이전해 버립니다. 이제 하나, 언제 하나 말도 많고 탈도 많던 제3 성전의 건립도 이제는 그 누구의 방해도 없이 착수되며 이슬람 잔당들과의 〈지극히, 매우, 앗쌀하게 불평등한〉 중동 평화협정이 유럽 합중국 신임 대통령의 주선하에 체결됩니다. 말이 평화협정이지 내용은 형편없이 불평등하고 거의 이슬람을 납작 엎드리게 하는 내용이라 해도 이슬람 측에서는 두 말없이 받아들일 터인데 이유인즉슨 그냥 거두절미하고 자기네들을 갈아 마셔도 뭐라 할 수도 없고, 막을 수도 없건만 〈평화협정〉을 맺어 준다는 자체가 일단 〈살려는 드릴게〉 하는 것이고, 특히 그것을 주선하는 주최자인 적그리스도부터가 엄밀히 따지면 자기네 이슬람으로부터 참화를 당한 피해자(?) 입장이기에 피해자가 가해자를 감싸 주고 허물을 덮어 주며 평화협정을 맺어 준다는 것은 조약 내용을 떠나 무척 아름답고 훈훈하기 그지없는 광경입니다.

그가 장차 많은 사람들과 더불어 한 이레 동안의 언약을 굳게 맺고 그가 그 이레의 절반에 제사와 예물을 금지할 것이며 또 포악하여 가증한 것이 날개를 의지하여 설 것이며 또 이미 정한 종말까지 진노가 황폐하게 하는 자에게 쏟아지리라 하였느니라, 하니라. (단 9:27)

그가 많은 사람들과 더불어 한 주 동안 언약을 확정하고, 그 주의 중간에 그가 희생제와 예물을 금지시킬 것이요, 그는 가증함을 확산시킴으로써 황폐케 하리니 진멸할 때까지 할 것이며, 정해진 것이 황폐케 한 자에게 쏟아지리라." 하더라. (단 9:27, 킹제임스)

(중동 7년 평화협정, 그리고 그 7년 평화협정이 체결된 지 절반, 3년 6개월이 지나면 멸망의 가증한 것이 서지 못할 곳에 서게 되며 제사와 예물을 금지하는, 후 3년 반이 시작됨을 모두 알려 주는 참으로 귀한 예언입니다.)

이스라엘 성읍들에 거주하는 자가 나가서 그들의 무기를 불태워 사르되 큰 방패와 작은 방패와 활과 화살과 몽둥이와 창을 가지고 일곱 해 동안 불태우리라. (겔 39:9)

이렇게 곡과 마곡 전쟁으로부터 〈7년〉 환난이 시작되었습니다. 그러나 상한 갈대를 꺾지 않으시고 꺼져 가는 심지를 끄지 않으시는 하나님의 성품 때문인지 곡과 마곡의 군세는 아주 멸망하지 않고 그 잔당들이 남아 후일을 기약하게 되었습니다.

너를 돌이켜서 이끌고 북쪽 끝에서부터 나와서 이스라엘 산 위에 이르러 (겔 39:2)

내가 너를 돌이켜서 너의 여섯째 부분만을 남기고 북방으로부터 너를 올라오게 하여 이스라엘의 산들 위로 너를 인도하리라. (겔 39:2, 킹제임스)

(곡과 마곡 연합군의 6분의 1은 잔존하여 명맥을 유지하게 됩니다.)

서방에서 곡과 마곡 전쟁으로 거대한 핵전쟁이 발발하여 쑥밭을 만드는 동안 동방에서는 미국과 중국의 전쟁으로 거대한 핵전쟁이 발발하여 쑥밭을 만들고 있었습니다. 2020년 기준으로 중국군의 병력이 인민해방군 203만 명, 공안이 160만 명, 인민 무장경찰이 150만 명으로 총합 513만 명에 이르는 대군이거니와 미국도 그런 중국을 상대함에 인정사정을 봐줄 턱이 없으니 그야말로 양군이 전력을 총동원한 개싸움이 될 것은 뻔한 일입니다. 그 와중에 대만, 인도 등이 개입하고 그러는 사이 중국이 무너지면 자연히 망하게 될 북한이 너 죽고 나 죽자며 남침을 감행하여 남북 통일 전쟁이 병행됨으로써 극동아시아 전체가 휘말리는 대전쟁으로 발전하는데, 1970년대 거의 최초로 이 극동 대전쟁을 예상한 살렘 키르반 박사의 분석으로는 중국군 사망자는 총 전력의 50%, 미군 사망자는 총 전력의 15%에 이르게 될 것이라 보았습니다. 결국 그 정도 피해를 입고서 더 이상 극동에서의 영향력을 유지할 수 없게 된 데다 적그리스도의 급부상으로 인해 긴장하던 미국은 철수하여 본토 방어에 집중하게 되고 한국은 북한을 토벌하고 국토 통일을 달성하며 거기서 덧붙여 미국과의 전쟁으로 피폐해진 중국을 쳐서 만주 영토 일부를 빼앗아 내는 성과도 노려볼 만할 터입니다. 중국은 패전으로 인해 공산 정권이 붕괴되며 중국 공산당이 무너지고 북한 정권이 무너진 이상 한국의 종북·친중 공산 세력들도 이 전쟁 와중에 모조리 소멸될 것입니다.

또한 그 전쟁 와중에 중국 내에 건설비만 최소 8,000조 원을 투자한 스마트시티들이 모조리 잿가루와 유리 조각으로 전락해 버리게 되는데 아시다시피 그것들은 일루미나티의 자본으로 빅브라더 체제를 만들기 위해 구축한 것들이라 스마트시티가 전쟁으로 다 박살이 나 수천조 원에서 수경 원에 이르는 막대한 돈이 허공으로 날아간다면 그 손실을 입고서 일루미나티의 동아시아 지부인 삼극위원회 아시아 · 태평양 협회가 무사할 수가 없습니다. 결국 불타는 바빌론을 바라보며 상고들이 통곡하는 상황은 대환난이 시작하자마자 극동아시아에서 먼저 벌어질 것이며 동아시아의 일루미나티 세력들은 미 · 중 극동 대전쟁으로 인해 깡그리 무너져 이때로부터 동아시아는 뉴월드의 지배로부터 벗어나 각국의 국민 정부가 통치하는 변혁을 맞게 됩니다. 한 마디로 곡과 마곡 전쟁은 그 한판으로써 현재까지의 모든 정세를 모조리 뒤엎어 버리는 대변혁을 불러오게 되는데, 그러나 어떤 상황이라 할지라도 그것은 정치적 정세일 뿐 민생에 있어서는 뼈를 깎는 기근과 지진과 파괴, 오염과 기아, 기갈의 연속일 뿐입니다. 그 와중에 적그리스도는 동아시아 일루미나티 세력이 무너진 것은 아깝지만 필연적인 희생이며 동서방의 대전쟁으로 인해 인구가 대폭 줄어든 것에 입꼬리가 올라갈지도 모릅니다. 계획한 만큼 인구가 감소해야 저들의 신세계 질서를 수립하고 단일 세계정부를 출범시킬 수 있을 테니 말이지요. 이렇게 어마어마한 참혹함보다 더욱 무서운 것은 여기까지 왔음에도 일곱 나팔 중에 네 가지밖에 불지 않았다는 것인데 아직도 나머지 세 개의 나팔이 시퍼렇게 남아 있습니다. 과연 또다시 불려서 땅에 사는 사람들에게 뿌려지게 될 그 〈화, 화, 화〉란 무엇인지 이어질 계시록 9장 강해를 기대해 주십시오.

다섯째 천사가 나팔을 불매 내가 보니 하늘에서 땅에 떨어진 별 하나가 있는데 그가 무저갱의 열쇠를 받았더라. (계 9:1)

9장.

황충 재앙과 유브라데 전쟁 ——————

✕

다섯째 천사가 나팔을 불매 내가 보니 하늘에서 땅에 떨어진 별 하나가 있는데 그가 무저갱의 열쇠를 받았더라. (계 9:1)

다섯째 천사가 나팔을 불 때 내가 보니, 하늘에서 별 하나가 땅에 떨어지는데, 그가 끝없이 깊은 구렁의 열쇠를 받더라. (계 9:1, 킹제임스)

우리가 흔히 무저갱이라고 하지만 그 뜻 자체가 〈바닥이 없는 구덩이〉라는 것으로 〈끝없이 깊은 구렁〉과 동일합니다. 그냥 그 말을 한자로 쓰는가, 그냥 우리말로 쓰는가의 차이일 뿐입니다. 그런데 하늘에서 떨어진 별 하나가 무저갱의 열쇠를 받는 모습이 나오는데 통상 이 〈하늘에서 떨어진 별〉을 타락 천사의 수괴 사탄으로 보는 해석이 정설이었습니다. 원래 사망과 지옥의 열쇠는 다 예수님의 손에 있고 예수님께서 직접 치리하시지만 대환난이라는 특별 상황으로 인해 사탄에게 잠시 무저갱의 열쇠를 빌려주시는 모습을 의미하는 것입니다. 과연 무저갱의 열쇠를 받은 사탄은 무엇을 하게 될까요?

그가 무저갱을 여니 그 구멍에서 큰 화덕의 연기 같은 연기가 올라오매 해와 공기가 그 구멍의 연기로 말미암아 어두워지며 (계 9:2)

당연히 열쇠를 받았으니 열어야겠죠? 이 무저갱은 그냥 지옥이나 불못과 달리 악령과 마귀들의 거처이며 유폐된 감옥에 해당합니다. 단순히 가둬 놓기만 하는 게 아니라 에녹서에 의하면 거대한 고통과 암흑과 혼돈이 있고 큰 불기둥이 타오르는 무서운 곳인데 이런 곳이니만치 굵직한 타락 천사, 마귀들 전용의 지옥입니다. 예수님께서 군대 귀신 들린 자를 고치실 때 그 귀신들이 주님께 벌벌 떨며 제발 무저갱으로 들어가라는 명령만은 내리시지 말아 주십사 싹싹 빌어 대는 것만 봐도 마귀들에게 있어 무저갱이란 얼마나 고통스럽고 무서운 곳인지 짐작할 만합니다.

무저갱으로 들어가라 하지 마시기를 간구하더니 (눅 8:31)

마귀들이 주께 간청하기를 그들에게 깊은 곳으로 들어가라는 명령은 하지 말아달라고 하더라. (눅 8:31, 킹제임스)

하나님 입장에서는 대환난의 한 소품으로써 사용하기 위해서, 사탄 입장에서는 이게 웬 떡이냐 하고 발악을 하기 위해서 무저갱을 활짝 열어젖히는데 타락 천사들을 가두고 고통을 주는 무지막지한 무저갱의 연기가 그대로 마개를 뽑은 샴페인처럼 치솟아 올라 안 그래도 어두운 해가 더 어두워지고 공기는 완전히 오염되어 탁해져 버렸습니다. 당연히 찜질방 불가마처럼 뜨겁기도 할 것은 안 봐도 비디오입니다.

(설마 〈무저갱〉의 입구가 이 지구 어딘가에 있는 것일까요?)

또 황충이 연기 가운데로부터 땅 위에 나오매 저희가 땅에 있는 전갈의 권세와 같은 권세를 받았더라. (계 9:3)

또 그 연기에서 메뚜기들이 땅 위로 나왔는데 땅의 전갈들이 지닌

권세와 같은 권세를 받더라. (계 9:3, 킹제임스)

우리가 흔히 〈황충〉이라고 하지만 메뚜기를 한자로 표기한 것입니다. 무저갱을 덜커덕 열어 제끼자마자 연기와 더불어 수많은 메뚜기들이 땅 위로 쏟아져 나오는데, 원래 메뚜기는 인간을 쏘고 어쩌고 할 것이 없건만 이 메뚜기들은 전갈처럼 인간을 쏘아 댈 수 있는 독침을 지니고 있었습니다.

그들에게 이르시되 땅의 풀이나 푸른 것이나 각종 수목은 해하지 말고 오직 이마에 하나님의 인침을 받지 아니한 사람들만 해하라, 하시더라. 그러나 그들을 죽이지는 못하게 하시고 다섯 달 동안 괴롭게만 하게 하시는데 그 괴롭게 함은 전갈이 사람을 쏠 때에 괴롭게 함과 같더라. (계 9:4~5)

이들은 그냥 메뚜기가 아닙니다. 메뚜기 모습을 하고 있지만 엄연히 그 무저갱에 유폐되어 있던 마귀들입니다. 지옥에 떨어진 것들이 동물 모습으로 변형되는 것에 따라 마귀들이 메뚜기 모습으로 변형된 것인지는 몰라도, 어쨌든 무저갱이 열려 땅으로 쏟아져 나온 저들은 메뚜기 형상을 하고 있었습니다. 그런데 묘한 것은 저들이 오랫동안 무저갱에 갇혀서 스트레스를 받던 차에 모처럼 밖으로 나와서 활개를 쳐 보려 하건만 느닷없이 어떤 〈명령〉이 내려져 저들의 행동반경에 제한을 걸어 버립니다. 하나님께 인침 받은 14만 4천 명을 제외한 모든 사람 외 어떤 것도 건드리지 말고, 그리고 사람들을 해치되 죽이지는 말라는 것이었습니다. 참으로 욥 이래로 〈살려는 드릴게〉는 하나님의 전매특허라 하겠습니다. 이 명령으로 인해, 사탄이 쾌재를 부르며 무저갱을 열어 자신의 마귀 수하들을 끄집어냈건만 결과는 하나님의 심판 역사에 소품과 연장들을 제공해 드리는 것뿐이었음이 확실해졌을 뿐이고 사탄은 쓴웃음만 지었을 터입니다. 불과 다섯 달 동안 이용당하기 위해 무저갱을 열었었는지 자괴감이 들지나 않았을까 싶습니다.

그 날에는 사람들이 죽기를 구하여도 죽지 못하고 죽고 싶으나 죽음이 그들을 피하리로다. (계 9:6)

그런데 놀라운 것은 이 메뚜기들이 활개 치는 5개월 동안에는 이 땅의 인간들이 하나님의 비상 대권으로 인하여 〈지옥에 있는 것과 같은 상태〉가 되어 버린 것입니다. 부자와 나사로 예화에서 보듯이 지옥에 떨어진 영혼들은 죽지도 못하고 세세토록, 영원무궁토록 고통만 당할 뿐 그야말로 영원한 형벌을 당할 뿐이며 예수님께서도 지옥에서는 그들의 벌레도 죽지 않고 불도 꺼지지 않는다고 단언하신 바 있는데 바로 그러한 지옥의 상태가 메뚜기들의 재앙이 벌어지는 5개월 동안 전 인류에게 적용되어 버립니다. 그러니 인간들은 비록 불에는 시달리지 않을망정 무저갱에서 나온 괴물 메뚜기들로 인해 전갈에게 쏘이는 듯한 고통을 죽지도 않고 계속해서 당하게 되며 그 상태는 다섯 달 동안 얄짤 없이 빼도 박도 못 하게 이어지는 것입니다.

(그야말로 전 인류가 작년에 왔던 각설이가 되어버린 상황이다…. 죽지도 않고 또 와 버리는 불사신….)

황충들의 모양은 전쟁을 위하여 준비한 말들 같고 그 머리에 금 같은 관 비슷한 것을 썼으며 그 얼굴은 사람의 얼굴 같고 또 여자의 머리털 같은 머리털이 있고 그 이빨은 사자의 이빨 같으며 또 철 호심경 같은 호심경이 있고 그 날개들의 소리는 병거와 많은 말들이 전쟁터로 달려 들어가는 소리 같으며 (계 9:7~9)

메뚜기들의 스펙과 부품 설명(?)이 이어지는데 사실 대부분의 사역자들은 이 대목을 볼 때 말은 무엇이고, 면류관은 무엇이고, 사람의 얼굴은 무엇이며 머리카락과 이빨과 날개 소리는 무엇이고 등등 일일이 의미를 부여하여 해석합니다만, 솔직히 그렇게까지는 지나친 분석이고 그냥 마귀들이 변신한 메뚜기들의 겉모양 자체가 그런 모습이라고 묘사해 주는, 일종의 관찰 리뷰입니다. 대강 보기에도 이것들은 크기만 메뚜기지 겉모습만 봐도 완전 마귀 그 자체이며 그리스 신화에 나오는 것 같은 〈반인반수〉의 괴물들을 보는 것 같습니다. 이런 것들이 지구상에 가득히 퍼져 더도 덜도 말고 딱 다섯 달 동안만 인간들을 쑤셔 댈 수 있다고 하니 그 긴 세월 동안 무저갱에 갇혀서 얻어터지던 스트레스를 풀기 위해 얼마나 시간을 효율적으로 사용하여 최대한도로 인간들을 괴롭힐 만반의 준비를 하고 나왔겠습니까?

(앞 네 개의 나팔과 차원이 다른 헬 게이트가 열린 것…. 그러고 보니 무저갱의 뚜껑이 열렸으니 말 그대로 〈헬 게이트〉가 열린 거다.)

또 전갈과 같은 꼬리와 쏘는 살이 있어 그 꼬리에는 다섯 달 동안 사람들을 해하는 권세가 있더라. (계 9:10)

아마 앞의 곡과 마곡 전쟁보다 이 황충 재앙이 기간 자체로는 더욱 길 것이며 아마도 모든 재앙을 통틀어 단일 재앙으로는 가장 오랫동안 진행되는 재앙이 아닐까 하는데, 기간도 기간이려니와 그 다섯 달 동안 죽지도 못하고 부지런하고 야무지게 독침에 쑤셔져야 한다는 것이 그야말로 상상을 초월하는 무서운 환난이 아닐 수 없습니다. 게다가 이게 전 3년 반이라는 것.

(대체 누가 전 3년 반을 평안한 기간이라 했는가. 환난 통과설이나 환난 중반 휴거설을 외치는 쪽은 이런 걸 한 번이라도 생각해 본 것인가, 의심스럽다.)

그들에게 왕이 있으니 무저갱의 사자라, 히브리어로는 그 이름이 아바돈이요, 헬라어로는 그 이름이 아볼루온이더라. (계 9:11)

또 그들에게는 자기들을 다스리는 왕이 있으니 끝없이 깊은 구렁의 천사요, 그의 이름은 히브리어로 아바돈이며 헬라어로 그의 이름은 아폴루온이더라. (계 9:11, 킹제임스)

정말 굵고 짧게 미친 존재감을 드러내고 스쳐 간 마귀 하나가 여기에서 나옵니다. 그 메뚜기 떼들을 지휘하는 왕이라는 걸 보면 그냥 뜨내기 악마도 아니고 이쪽도 전직 천사장급은 족히 되는 요원이었을 듯한데 말 그대로 무저갱의 사자, 나락의 천사이며 그 이름은 히브리어로 아바돈, 헬라어로 아폴루온, 영어로 아폴로입니다. 사실 아폴루온이라고 해서 어색해 보이지만 보다 익숙하게 표기하면 〈아폴론〉이며 그리스 신화의 올림포스 12신 중 제우스의 아들이며 아르테미스의 쌍둥이 남매, 그리고 빛과 이성, 예술과 예지력, 정화를 담당하는 신인 아폴론에 해당합니다.

(그리스 신화에서의 내용을 보면 제우스와 레토 사이에서 태어난 아폴론은 델포이에서 피톤이라는 용을 죽이는 업적을 세웠고 예언과 신탁을 통해 인간에게 미래의 일과 제우스의 뜻을 전달해 주는 역할을 맡았으며 인간에게 자신의 죄를 깨닫게 하는 동시에 정화시켜 주고 활과 리라를 가지고 다니며 이래저래 대활약을 펼치는 엄친아 신입니다.)

그리스 신화는 완전 야부리라고 하기에는 무리이며 엄밀하게 따지면 홍수 이전에 타락 천사들이 인간 여성들의 유전자를 오염시켜 훗날 뱀의 머리를 깨부술 여자의 후손이 태어나는 것을 막고 하나님이 창조하신 인간들을 멸망시켜 지구를 자신들의 낙원으로 만들기 위해 지구로 내려와 신으로 행세하며 인간들을 농락했던 바로 그 스토리를 윤색하고 각색한 스페이스 오페라입니다. 따라서 그리스 신화를 보면 제우스를 비롯하여 온갖 신들이 인간 여성들을 한도 끝도 없이 농락하며 신과 인간 여성 사이에서 태어난 혼종들이 초인간적인 거인, 영웅으로 활약하는 모습들이 나오는데 타락 천사, 마귀들과 인간 여성의 교합으로 태어난 네피림의 이야기들이 바로 그

것입니다.

(그때의 이야기를 홍수 이후에 마귀들이 그리스인들에게 자신들의 날조된 버전으로 환상이나 영감을 통해 보여 주어 만들게 한 것이 그리스 신화일 가능성이 매우 큽니다.)

그 신화에서도 특히 아폴론, 아폴로는 태양신이며 광명과 예술, 궁술과 의술, 음악과 이성, 예언과 미모 등 그야말로 수많은 부문을 담당하는 신이 었고 보시면 알겠지만 뭔가 인간들에게 있어서 〈구세주〉로 불리기에 딱 좋은 직책들입니다. 용도 잡고, 최고신 제우스의 아들인 데다가 아름답기까지 하고 인간들에게 예언을 해 주고 활도 잘 쏘고 병도 고쳐 주고 빛을 주관하기까지 하니…. 바로 이런 이유로 이 나락의 천사 아바돈, 아폴로를 적그리스도로 보는 시각이 많습니다.

> **1. 제우스의 아들 → 사탄의 아들**
> **2. 궁술의 신 → 첫째 인 때 활을 받음**
> **3. 예언의 신 → 거짓 선지자를 지휘함**
> **4. 태양과 빛의 신 → 일루미나티를 지휘함**
> **5. 무저갱의 천사 → 무저갱에서 올라온 자**

(나열해 놓고 나니 정말 그럴듯하다.)

숫제 어떤 사역자는 이름이 같다는 이유로 터키 출신의 〈아드리안 아폴리온〉이라는 자를 적그리스도라고 꼽기도 하니 말 다했지요. 이 아바돈, 아폴로의 신화를 본떠서 만든 것이 영국의 〈아서 왕 전설〉이라고 하는 설도 있으며 아서 왕은 적그리스도의 예표라고 해석하기도 합니다. 뭔가 되게 그럴듯한데 과연 이 아바돈은 적그리스도일까요?

당연한 말이지만 어림 택도 없는 소리입니다. 적그리스도는 이미 휴거 전부터 진작 지상에 나와서 인간 행세를 하며 살고 있는데 다섯 번째 나팔을 불 때야 겨우 무저갱에서 나온다면 애초에 타임라인이 맞지 않습니다. 그러자 이걸 가지고 무저갱에서 나온 적그리스도의 영이 그 인간 지도자에게 합일되어 짐승, 적그리스도가 되는 것이라는 별 웃기지도 않은 드립을 치는 사역자도 있는데 아닌 건 아닌 것입니다. 적그리스도는 애초부터 마귀의 본체이지 멀쩡한 인간에게 마귀의 영이 씌어서 적그리스도가 되는 것이 아닙니다. 그리고 무엇보다도 강력한 임팩트를 남기며 등장한 아바돈은 그 다섯 달이 끝나자 너무도 조용하게 그냥 사라져 버렸습니다.

첫째 화는 지나갔으나, 보라, 아직도 이후에 화 둘이 이르리로다.
(계 9:12)

무저갱이 열려 아바돈이 메뚜기들을 이끌고 나와 한바탕 깽판을 친 5개월이 끝나고 그냥 고스란히 다시 메뚜기들을 이끌고서 무저갱으로 컴백했다는 것입니다. 그 화가 지나갔다고 엄연히 계시록은 말하는데 그 〈화〉에 아바돈까지 포함입니다. 사실 아바돈의 이야기가 의미하는 것은 그리스 신화의 화려한 히어로이자 그 행적이 무려 적그리스도로 비칠 만큼의 미친 존재감과 빛남을 자랑하며 전설의 레전드가 된 거물이라 할지라도 대환난을 주관하시는 하나님 앞에서는 한낱 소품과 연장에 불과하며 써먹을 때 써먹고 끝나면 버려 버릴 패에 불과하다는 것입니다. 이는 아무리 강대한 마귀라 해도 하나님 앞에서는 먼지만도 못한 존재이며 구원받은 주님의 성도가 결코 마귀를 두려워할 필요가 없다는 것을 방증하기도 합니다. 어지간하면 이름이 아닌 직책명으로만 불리는 계시록에서 무려 이름이 언급된 아바돈이었지만 그런 그도 〈어~ 아바돈이라고 그런 놈 하나 있어〉 정도의 무게감일 뿐입니다. 더군다나 그리스 신화에서 그렇게 압도적인 높임과 경탄의 대상이던 그 아폴로의 실체가 결국은 무저갱에 갇혀 연기를 마시고 불기둥에 구워지며 메뚜기로 변한 동료 마귀들이나 데리고 노는 버러지에 불과하다는 것은….

너무도 짧고 굵은 임팩트에 미친 존재감을 자랑하던 아바돈이라 좀 더 의미를 부여하고 싶은 심정들은 이해하고도 남음이 있으나 이 계시록이 어벤져스 같은 세계관을 가진 스페이스 오페라가 아니라 하나님의 역사를 담은 말씀이기에 불필요한 상상력은 덧붙이지 않는 것이 좋지 않을까 싶습니다.

(아마 천년왕국 때 7년 대환난을 소재로 한 드라마나 영화들이 제작되면 분명 아바돈의 일대기를 〈올림푸스에서 무저갱으로〉라는 제목으로 만들 제작자가 하나쯤은 있을 거다.)

여섯째 천사가 나팔을 불매 내가 들으니, 하나님 앞 금 제단 네 뿔에서 한 음성이 나서 (계 9:13)

굵직한 5개월이 끝나자 여섯째 나팔과 더불어 예정된 화가 닥칠 준비를 하기 시작합니다.

나팔 가진 여섯째 천사에게 말하기를 큰 강 유브라데에 결박한 네 천사를 놓아 주라, 하매 네 천사가 놓였으니 그들은 그 년 월 일 시에 이르러 사람 삼분의 일을 죽이기로 준비된 자들이더라. 마병대의 수는 이만만이니 내가 그들의 수를 들었노라. (계 9:14~16)

나팔을 가진 여섯째 천사에게 말하기를 "큰 강 유프라테스에 결박하여 놓은 네 천사를 풀어주라."고 하니 그 네 천사가 풀려나더라. 그들은 사람들의 삼분의 일을 죽이려고 그 연, 월, 일, 시를 위하여 예

비해 둔 자들이라. 기병대의 수는 이억이니 내가 그들의 숫자를 들었노라. (계 9:14~16, 킹제임스)

이 천사들이 결박되어 있다는 것에서 이들이 하나님의 천사가 아니라 마귀라고 보는 시각도 있지만 사실 이들의 정체가 정확하게 나와 있지는 않습니다. 확실한 것은 그 연, 월, 일, 시에 잔존 인류의 3분의 1을 더 처리해 버리려고 하나님께서 준비시켜 두신 자들이며 어쩌면 그 〈결박〉이란 것도 보다 정확하게 타이밍을 맞추기 위해 하나님께서 일시적으로 조치해 두신 안전장치일 지도 모릅니다. 이들이 큰 강 유브라데에 결박되어 있다는 것에서 이 네 천사를 유브라데강을 둘러싼 4개국으로 보는 시각도 있고 그 4개국의 인구를 다 합치면 2억 명가량이 얼추 된다고 하여 더더욱 그럴듯하게 들리지만, 그 2억 명은 엄연히 〈군대〉의 쪽수이기에 그렇게 계산하면 안 될 것입니다. 이 네 천사가 결박에서 풀리자마자 기다렸다는 듯이 등장하는 2억 명의 군대를 살펴보자면 이렇습니다.

이 같은 환상 가운데 그 말들과 그 위에 탄 자들을 보니 불빛과 자줏빛과 유황빛 호심경이 있고 또 말들의 머리는 사자 머리 같고 그 입에서는 불과 연기와 유황이 나오더라. 이 세 재앙 곧 자기들의 입에서 나오는 불과 연기와 유황으로 말미암아 사람 삼분의 일이 죽임을 당하니라. (계 9:17~18)

또 내가 환상 가운데 말들과 그 위에 탄 자들을 보았는데 그들은 불과 제신스와 유황으로 된 흉배를 지녔으며, 말들의 머리는 사자들의 머리 같고 그들의 입에서는 불과 연기와 유황이 나오더라. 이 세 가지, 즉 그들의 입에서 나오는 불과 연기와 유황으로 말미암아 사람들의 삼분의 일이 죽더라. (계 9:17~18, 킹제임스)

이 군대의 모습은 아무리 봐도 인간의 군대가 아닙니다. 흉측하기 그지 없는 마귀들의 군대 그대로이며 초월적인 힘으로 그때까지 잔존한 인류의 3분의 1을 쓸어버리는 그런 자들입니다. 여기에 대해 통상 해석하기로는 마귀의 군대이다, 2억 명이라는 것을 보아 중국을 중심으로 한 동방 군대이다 등등 말들이 많은데 동방 군대가 2억 명이 모였다 한들 어떻게 저런 모습을 할 수 있는가, 어림도 없는 소리다, 저것은 마귀 수하에 속한 반인 반마의 괴물들이다, 앞의 메뚜기 떼 재앙과 같은 맥락에서 봐야 한다는 의견들도 있습니다. 중요한 대목은 본문에 묘사된 기병대의 모습은 사도 요한이 〈환상으로 본〉 것입니다. 2억 명이라고 하는 구체적인 병력 수가 지목된 이상 이들은 상징이나 영적인 것은 아닌 분명 실체를 가진 군대들인데 마치 괴물 같은 모습으로 등장했지만 그 괴물 같은 모습은 그들의 영적인 이면을 〈환상〉으로 본 것이며 당연히 지상에 드러나 보이는 모습은 멀쩡한 인간 군대 2억 명인 것입니다. 적그리스도가 비록 일곱 머리와 열 뿔을 가진 〈짐승〉이지만 지상에 드러나 보이는 모습은 멀쩡한 사람인 것처럼 말입니다.

이 말들의 힘은 입과 꼬리에 있으니 꼬리는 뱀 같고 또 꼬리에 머리가 있어 이것으로 해하더라. (계 9:19)

환상 속에서는 불과 연기와 유황, 그리고 입과 꼬리로 사람들을 상하게 하고 죽이는 것으로 보였으나 당연히 실상은 무기로 사람들을 살상하는 모습이며 인류는 황충 재앙이 끝나자마자 앞의 곡과 마곡 전쟁에 필적하는 또 한 번의 핵전쟁, 일명 〈유브라데 전쟁〉에 직면합니다. 큰 강 유브라데에 결박된 네 천사를 풀어 주고 그들이 2억 명의 기병대를 휘몰아 인구 3분의 1을 멸살하는 이 전쟁이 무엇인가에 대해서는 계시록의 크나큰 난제였습니다. 조용기 목사의 계시록 강해에서는 아예 그 유브라데 전쟁을 〈아마겟돈 전쟁〉이라고 분석했으나 대환난의 타임라인 상 전혀 들어맞지 않는 어불성설의 견해였고 이후에도 마라나타 사역자들의 계시록 강해나 분석에서 다른 부분은 풀이를 하면서도 이 유브라데강 전쟁에 대해서는 두리뭉실하거나 슬쩍 넘기는 식으로 넘어가기 일쑤였습니다. 한 마디로 이 전쟁에 대해서는 제대로 확답을 내려 주는 사역자와 분석이 거의 없었다는 의미도 됩니다.

이 전쟁은 엄연히 여섯 번째 나팔에 벌어지는 것이기에 휴거 직후 환난의 오프닝인 곡과 마곡 전쟁과는 별개이며 당연한 말이지만 아마겟돈 전쟁과도 별개입니다. 곡과 마곡 전쟁으로 한바탕 박살이 나고 메뚜기 떼로 인해 뼛속까지 털리는 고통을 받으며 그 와중에 두 증인은 온갖 재앙으로 땅을 치고 있는데, 엎친 데 덮친 격으로 잔존 인류의 3분의 1을 날려 버리는 유브라데 전쟁은 바로 아마겟돈 전쟁의 프리퀄이며 적그리스도의 세계정부 군대와 동양 연합 군대의 1차 격돌입니다. 곡과 마곡 전쟁이 끝나고 재앙과 기근과 환난으로 인해 민생들이 도탄에 빠져 있는 데다가 메뚜기 재앙까지 겪으며 완전히 전 인류는 멘붕이 되었습니다. 이제는 더 이상 국가 단위로도 살아남기 힘들다는 생각이 들게 된 각국은 마침내 블록을 구성하여 연합체로 뭉치기 시작했고 휴거 직후부터 두각을 드러내어 핵전쟁을 끝맺고 중동 7년 평화협정까지 주재하기에 이른 유럽 합중국 통합 대통령, 적그리스도를 유엔 사무총장 또는 그에 해당하는 직책에 추대하여 전 세계의 블록화를 리드하는 중책을 맡겼습니다. 그렇게 아프리카 연합, 아랍 연합, 오세아니아 연합과 중미 연합, 북미 연합, 남미 연합, 남아시아 연합이 새로 결성되어 이미 구축되어 있던 유럽 합중국, 유라시아 연방과 함께 세계 10대 구역에 합류합니다.

이 중에 동양 연합은 극동 대전쟁의 상흔으로 인해 한국, 중국, 일본, 대만, 몽골 등이 상호 간에 갈등이 잔존한 상황이었으나 그 갈등이 촉발될 틈도 없이 적그리스도가 득세하게 되고 이는 과거 서세동점이라는 서구 열강의 식민 지배에 짓밟혔던 동아시아 열국들에게 그 치욕의 역사가 다시 반복될지도 모른다는 위기감을 갖게 하기에 충분했습니다. 결국 동아시아 열국은 과거 그리스의 폴리스들이 페르시아의 침공에 대비하여 델로스 동맹을 결성했던 것처럼 군사동맹을 체결하고 적그리스도의 침공에 대비하여 공격과 방어를 함께 하기로 결속했던 것입니다. 각국이 정치 체제와 이념은 달랐지만 서구 열강의 침략에 아시아 열국이 연대하여 대항하자는 〈아시아주의〉에 입각하여 동맹은 어렵지 않고 이렇게 구축된 동양 연합은 처음부터 적그리스도의 세계 10대 구역 편성에 적대적인 입장으로 시작되었습니다. 이렇게 동양 연합은 발족되었고 일단 뭉치게 되자 중국의 거대한 동원 능력에 힘입어 강대한 군사력을 보유하게 되었습니다. 이들은 적그리스도로 대표되는 서구의 침략을 방어하는 것을 넘어서서 동양 연합이 주도하는 세계 질서를 꿈꾸기에 이르렀고 마침내 동양 연합의 군대와 그에 합세한 남아시아 연합의 군대 2억 명이 서쪽을 향해 진격을 시작하였습니다. 그들의 목표는 적그리스도가 명목상 보호하고 있는 이스라엘과 예루살렘을 쳐서 빼앗는 것이었고 동양 연합의 대공세가 시작되자 적그리스도를 필두로 유럽 합중국 및 동맹군들의 반격도 시작되어 마침내 양군은 유브라데강에서 충돌하였습니다.

(이는 마치 동쪽으로 진출하던 이슬람 제국과 서쪽으로 진출하던 당나라가 충돌한 탈라스 전투와 비슷한 양상입니다.)

유브라데강을 둘러싼 전역에서는 전투가 벌어지고 원거리에서는 양국의 거점들을 향해 핵폭탄과 미사일들이 날아들며 곡과 마곡 전쟁 이후 또다시 핵전쟁이 벌어지는데, 이 전쟁은 적그리스도의 승리로 끝맺고 동양 연합 군대와 남아시아 연합 군대는 패퇴하여 철수하게 됩니다. 이로써 적그리스도는 침략으로부터 이스라엘과 예루살렘을 지켜 낸 유대인의 보호자, 친구로 자리매김하며 이 전쟁을 구실로 중동 아랍 일대와 특히 예루살렘에 대규모의 군대를 주둔시켜 훗날 두 증인과 벌일 전쟁을 준비할 수 있게 되었고 대전쟁을 승리로 이끈 영웅으로서 그 누구도 감히 건드릴 수 없는 세계급 지도자로 부상하게 되었습니다. 이미 대환난 초장에 곡과 마곡 전쟁에서 패배한 구 러시아, 즉 유라시아 연방은 진작부터 조용히 찌그러져 있고 결성되자마자 유브라데 전쟁에서 대패한 동양 연합은 피해를 복구하기까지는 자국을 방어하는 데만 급급해야 할 처지이며 동양 연합을 따라 참전했다가 피를 본 남아시아 연합은 아예 이름만 남고 체제가 붕괴하여 그야말로 세계정부와 동양 연합 사이의 완충 지대로 전락해 버린 상황이 되었으며 동양 연합과 남아시아 연합 모두 적그리스도의 세계정부 10대 구역에 명목상으로라도 가입하지 않을 수 없는 상황입니다. 비록 전쟁 와중에 유럽 합중국의 군대도 어마어마한 피해를 입었음은 자명하여 동양 연합과 남아시아 연합의 영토를 빼앗거나 정복하지는 못했으나 이렇게라도 동양 연합과 남아시아 연합을 복속시키는 데 성공한 적그리스도는 세계정부 10대 구역의 총의장으로 취임하며 세계의 패권을 쥐게 되었습니다.

(이 상황은 나폴레옹이 프로이센 및 러시아의 항복을 받아 냈던 〈틸지트 조약〉에 비유할 수 있습니다. 패전한 프로이센과 러시아를 점령하거나 정복하는 대신 가혹한 조건으로 강화 조약을 맺어 복속시킨 사례입니다.)

이 재앙에 죽지 않고 남은 사람들은 손으로 행한 일을 회개하지 아니하고 오히려 여러 귀신과 또는 보거나 듣거나 다니거나 하지 못하는 금, 은, 동과 목석의 우상에게 절하고 또 그 살인과 복술과 음행과 도둑질을 회개하지 아니하더라. (계 9:20~21)

옛적 가나안 족속으로부터 시작되어 일루미나티에 이르기까지 물경 수천 년을 준비해 온 〈신세계 질서〉가 완성을 눈앞에 두어 명목상의 단일 세계정부가 이미 수립된 판에 적그리스도가 득세하여 지배하는 세상이 정상적일 턱이 없습니다. 그 모진 환난을 겪고도 회개는커녕 다 같이 미쳐 돌아가는 세상이라 이 막장이 과연 어디까지 이르게 될지 참으로 궁금해집니다.

여기까지 목격한 사도 요한에게 또다시 어떤 계시가 내려지게 될지, 이어지는 계시록 10장 강해를 기대하여 주십시오.

내가 또 보니, 힘 센 다른 천사가 구름을 입고 하늘에서 내려오는데 그 머리 위에 무지개가 있고 그 얼굴은 해 같고 그 발은 불기둥 같으며 (계 10:1)

10장.

작은 책의 허와 실 ───────────

내가 또 보니, 힘 센 다른 천사가 구름을 입고 하늘에서 내려오는 데 그 머리 위에 무지개가 있고 그 얼굴은 해 같고 그 발은 불기둥 같 으며 (계 10:1)

그야말로 무시무시한 디스토피아의 미래를 보며 어안이 벙벙해졌을 사도 요한의 앞에 갑자기 화면이 전환되며 힘센 천사 하나가 하늘에서 내려오는데 그 천사의 복색이 굉장히 에네르깃슈한 차림이었습니다. 특히 구름을 입고 얼굴은 해와 같고 발은 불기둥 같다는 데서 이 천사는 하나님으로부터 특별한 권한을 위임받아 하나님의 이름으로 임무 수행을 하는 듯이 보이는데 해, 무지개, 불기둥, 구름이 모두 하나님의 영광과 권능을 나타내는 소품들이었기 때문입니다.

(유대 전승에 의하면 출애굽 하는 히브리 백성들을 인도하면서 낮에는 구름기둥, 밤에는 불기둥의 모습을 했던 천사장의 이름을 〈메타트론〉이라고 하는데 36장의 날개를 가진 거대한 천사이며 천사들 중 가장 거대하고 막강한 위력을 갖췄고 하나님의 대리인으로서 성막에서 모세와 대면했다는 이야기가 있습니다. 그야말로 하나님의 축소판 같은 모습을 한 이 힘센 천사가 그 메타트론이 아닐까 살포시 생각하기도 합니다. 최초의 휴거자 에녹이 하늘로 올라간 후 신령한 육체를 입어 천사들과 같은 몸으로 변신한 것이 메타트론이라고 하는 전승도 있습니다.)

그 손에는 펴 놓인 작은 두루마리를 들고 그 오른 발은 바다를 밟고 왼 발은 땅을 밟고 (계 10:2)

그의 손에는 작은 책이 펴 있고 오른쪽 발은 바다를, 왼쪽 발은 땅을 밟고서 (계 10:2, 킹제임스)

계시록의 매우 중요한 아이템이 등장했으니 바로 〈작은 책〉입니다. 그 노무 작은 책을 가졌다는 선지자, 주의 종, 사도를 자처하는 이단 사이비들이 얼마나 많은지는 다들 아실 텐데 그 무슨 작은 책이라는 것이 바로 계시록 10장에서 등장한 소품입니다. 앞에서 하나님께서는 구름과 무지개, 해, 불기둥을 모두 갖추시고 〈봉인된 책〉을 들고 계셨는데 이 천사는 구름과 무지개, 해, 불기둥을 모두 비슷하게 갖추고는 〈펼쳐진 책〉을 들고 있다는 점에서 빼도 박도 못 하게 그 책의 내용, 즉 심판과 재앙의 계시가 모조리 이루어질 것이라는 인증샷입니다. 게다가 땅과 바다를 오른발과 왼발로 꾹 밟고 있다는 것에서 나팔로 인해 그 많은 재앙을 당하고도 여전히 회개하지 않는 이 세상 전체가 그 계시의 대상이 될 것임을 보여 주고 있습니다.

사자의 부르짖는 것 같이 큰 소리로 외치니 그가 외칠 때에 일곱 우레가 그 소리를 내어 말하더라. 일곱 우레가 말을 할 때에 내가 기록하려고 하다가 곧 들으니 하늘에서 소리가 나서 말하기를 일곱 우레가 말한 것을 인봉하고 기록하지 말라, 하더라. (계 10:3~4)

사자가 포효하는 것처럼 큰 음성으로 외치니, 그가 외칠 때 일곱 천둥이 소리를 발하더라. 그 일곱 천둥이 소리를 발할 때 내가 막 기록하려는데, 하늘에서 한 음성이 내게 들리며, 말하기를 "일곱 천둥이 말한 것들을 봉인하고 기록하지 말라."고 하시더라. (계 10:3~4, 킹제임스)

그 거대한 천사가 사자처럼 소리를 지르는 것도 모자라 천둥이 일곱 번이나 치고 있으니 사도 요한의 귀청이 떨어져 나가지 않은 게 다행인데 그 와중에 그 일곱 천둥, 일곱 우레가 단순히 큰 폭음만이 아니라 뭔가 메시지를 전하고 있었던 모양입니다. 뼛속까지 사도인 터라 요한은 옳다구나! 하고 냉큼 기록하려는데 대번에 하늘에서 또다시 샤우팅이 날아듭니다. 그 일곱 천둥이 전한 메시지를 기록하지 말고 그냥 편집하라는 것이었습니다. 느닷없는 검열삭제에 이 일곱 천둥, 일곱 우레는 영원한 미스터리로 남아 버렸고 수많은 이단 사이비들이 자신들이 일곱 우레의 비밀을 풀었다며 떠들어 재낄 아이디어를 제공받은 셈인데 무삭제 감독판 일곱 우레를 들으려면 아무래도 휴거되어 천당에 가야겠습니다. 다만 일곱 우레가 뭐라고 떠들었는지에 대해서는 비록 기록되어 있지 않아 상상에 맡길 수밖에 없는데 그냥 쉽게 생각해 보면 앞의 일곱 봉인과 일곱 나팔은 이미 끝났으니 남은 일곱 대접 때 일어날 일들을 얘기한 게 아닌가 할 수도 있는데 그것을 굳이 기록하지 말라고 하신 것은 알고 당하든, 모르고 당하든, 당하는 것들 입장에서는 도진개찐이니 굳이 시간 낭비하지 말라는 의미가 될 수도 있고, 어차피 곧 환상으로 보게 될 텐데 기록까지 할 필요는 없다는 의미일 수도 있습니다.

(그것도 아니라면 어차피 천둥 치는 소리야 우르르 쾅쾅 콰르릉 쿵쾅 할 것인데 그걸 뭐 하러 기록하느냐는 뜻도 될 수 있겠다. 사도 요한이 메모지에 열심히 "첫 번째 천둥은 쾅쾅, 두 번째 천둥은 쿵쿵, 세 번째 천둥은 콰르릉, 네 번째 천둥은…." 하면서 기록하고 있으면 누구라도 "그걸 왜 적고 있냐?"고 하지 않을까?)

내가 본 바 바다와 땅을 밟고 서 있는 천사가 하늘을 향하여 오른 손을 들고 세세토록 살아 계신 이 곧 하늘과 그 가운데에 있는 물건이며 땅과 그 가운데에 있는 물건이며 바다와 그 가운데에 있는 물건을 창조하신 이를 가리켜 맹세하여 이르되 지체하지 아니하리니

일곱째 천사가 소리 내는 날, 그의 나팔을 불려고 할 때에 하나님이 그의 종 선지자들에게 전하신 복음과 같이 하나님의 그 비밀이 이루어지리라, 하더라. (계 10:5~7)

예나 지금이나 손을 드는 것은 〈맹세〉를 할 때 하는 행동이며 아니나 다를까 천사는 천지 만물을 창조하신 하나님을 걸고 맹세합니다. 이 모든 심판과 계시의 성취를 더 이상 지체하지 않을 것이라고 말이지요. 이제는 빼도 박도 못 하겠군요. 그런데 그다음 이어지는 말씀이 의미심장한데, 바로 〈일곱째 천사가 나팔을 불면 하나님의 신비가 이루어진다는〉 것입니다. 바로 이 말씀을 두고 수많은 마라나타 사역자들과 성도들이 〈휴거〉를 연상하기도 하여 이른바 〈환난 중반 휴거설〉의 근거가 되었습니다. 휴거는 일곱째 나팔에 있으니 앞의 일곱 인과 여섯째 나팔까지 다 겪고 앞으로 남은 일곱 대접 직전인 딱 7년 대환난 센터 지점이라는 것입니다. 참으로 해맑은 생각이 아닐 수 없지요. 나팔만 나오면 죄다 휴거 나팔을 떠올리는 게 씁쓸한 선입견입니다. 어렵게 생각할 것도 없이 일곱째 나팔에서 어떤 일이 벌어지는지 계시록의 다음 부분을 보면 그만일 터인데 너무 쉽게 판단하는 것이 아닌지 참으로 갑갑하기도 합니다. (이래서 성경을 띄엄띄엄 보지 말라는 거다….)

하늘에서 나서 내게 들리던 음성이 또 내게 말하여 이르되 네가 가서 바다와 땅을 밟고 서 있는 천사의 손에 펴 놓인 두루마리를 가지라, 하기로 (계 10:8)

원래 어느 기관에든 견학을 가게 되면 기념품을 나눠주는데 이건 아주 초대박입니다. 다른 것도 아니고 무려 그 〈작은 책〉을 사도 요한에게 가지라고 하는 것이니 사도 요한의 입장에서는 그야말로 이게 웬 떡이냐!! 했을 것은 불문가지입니다.

내가 천사에게 나아가 작은 두루마리를 달라 한즉 천사가 이르되 갖다 먹어 버리라, 네 배에는 쓰나 네 입에는 꿀 같이 달리라, 하거늘 (계 10:9)

얼마나 좋았으면 한번 사양하지도 않고 그대로 가서 그 작은 책을 달라고 손을 내밀었겠습니까? 그런데 천사는 사도 요한에게 그 책을 가져갈 생각 말고 자기가 보는 앞에서 바로 먹어 버리라고 합니다. 작은 책을 가보로 삼아 간직하려 했거나 혹은 교회에 가져가서 성도들과 돌려 읽을 보물로 삼으려 했든지 뭐 이래 저래 생각이 없지는 않았을 텐데 느닷없이 그 책을 먹어 버리라는 말을 듣고 사도 요한의 얼굴이 잠시나마 창백해졌을 것 같습니다. 그러나 두 발로 땅과 바다를 밟고 선 거대한 천사의 딱밤 한 방이면 콩가루가 되고도 남을 텐데 까라면 까야지 두 말이 나올 턱이 없습니다. 지금에서야 그 책을 먹으라는 것이 계시받은 말씀을 본인이 먼저 숙지하고 분별하고 접수해야 한다는 의미 정도로 생각되겠지만 현장에 있는 사도 요한의 입장에서는 밑도 끝도 없이 책을 들어 씹어 먹어야 하는 부조리한 상황일 터입니다. 모르긴 몰라도 이 상황에서 사도 요한은 옛날 자기의 대선배가 되는 에스겔 선지자를 떠올렸을지도 모릅니다. 에스겔 선지자도 계시를 받고 말씀을 받으면서 두루마리를 하나 받아먹은 경험이 있었기 때문입니다. 게다가 사도 요한도 에스겔서를 읽어 보았다면 그 두루마리 맛이 〈꿀처럼 달았다〉는 것을 기억하고 있을 터라 그 작은 책 맛도 썩 나쁘지 않을 것이라 생각했을지도 모르지요. 굳이 천사가 〈꿀처럼 달다〉고 하지 않았더라도 말입니다.

또 그가 내게 이르시되 인자야, 너는 발견한 것을 먹으라. 너는 이 두루마리를 먹고 가서 이스라엘 족속에게 말하라, 하시기로 내가 입을 벌리니 그가 그 두루마리를 내게 먹이시며 내게 이르시되 인자야, 내가 네게 주는 이 두루마리를 네 배에 넣으며 네 창자에 채우

라, 하시기에 내가 먹으니 그것이 내 입에서 달기가 꿀 같더라. (겔 3:1~3)

(해 아래 새것이 없다고 했듯이 성경에는 뭔들 새로운 게 좀처럼 없습니다. 뒤져 보면 어딘가에 다 나오는 이야기들입니다.)

까라는 대로 까지 않았다가는 자신을 한 방에 우주의 먼지로 날려 버릴 힘센 천사가 눈앞에 있고, 옛날 선지자 선배님도 그 책을 먹고 꿀처럼 달았더라고 리뷰를 적었었으니 선택의 여지도 없던 터라 에라 모르겠다, 하고 사도 요한은 그 작은 책을 가져다가 먹어 버립니다.

내가 천사의 손에서 작은 두루마리를 갖다 먹어 버리니 내 입에서는 꿀 같이 다나 먹은 후에 내 배에서는 쓰게 되더라. (계 10:10)

배에는 쓰다는 의미는 아무래도 먹고 나서 속이 쓰리더라는 뜻도 될 것이고 배탈이 났다는 것도 될 것 같습니다. 아무튼 먹을 때와 달리 속에 들어가서 뭔가 탈을 냈다는 의미입니다. 주의 말씀이 내 입에 꿀보다 달다는 말씀도 있지만 그런 추상적인 비유가 아니라 진짜로 사도 요한의 입에 그 작은 책이 꿀처럼 달았던 모양인데 속담에 우선 먹기는 곶감이 달다고, 금방 먹기는 작은 책이 달았지만 먹고 나서가 문제였습니다. 그 책의 내용이란 게 결국은 이 땅에 퍼부어질 심판과 진노와 징계와 멸망의 예언들이고 살아 역사하며 운동력이 있는 하나님의 말씀인지라 사도 요한의 뱃속에 들어가서도 조용히 녹아 있을 턱이 없습니다. 그 말씀이 담고 있는 고통과 고뇌가 사도 요한에게도 그대로 전해져서, 아니, 그 말씀과 합일이 되어 배가 쓰린 것은 물론 마음도 무지하게 쓰라렸지 않을까 생각해 보고 있습니다.

그가 내게 말하기를 네가 많은 백성과 나라와 방언과 임금에게 다

시 예언하여야 하리라, 하더라. (계 10:11)

사도 요한이 배를 움켜쥐고 있는 것을 보며 그 작은 책 예언의 말씀들이 그에게 잘 녹아들어 사명을 감당할 세팅이 모조리 끝났음을 눈치 긁었는지 천사는 곧바로 오더를 내립니다. 말이 천사의 오더이지 이 천사는 하나님의 위임을 받고 왔기 때문에 하나님께서 명령하시는 것과 같습니다. 〈다시〉 예언한다는 말에서 마치 앞에 보았던 모든 계시와 환상들을 다시 리바이벌해야 한다는 것인가 싶기도 하지만, 좀 더 정확한 의미를 보자면 작은 책 앞까지 예언한 것들은 다 전달되었고, 작은 책을 먹은 후부터 그 책에 담긴 예언들, 일곱 번째 나팔과 그 이후의 일들을 알리는 계시들을 별도로 전달하라는 의미일 것입니다.

(쉽게 말해 이런 상황입니다. "일곱 봉인과 일곱 나팔까지는 잘 전달했는데 네가 다시 전달해 줘야 할 게 있다."라고 하는….)

그 대상이 백성들과 민족들과 언어들과 왕들이란 것은 신분과 지위 계층을 막론하고 〈귀 있는 자들〉에게 가리지 말고 모조리 그 예언과 계시의 말씀을 전달하라는 의미겠지요. 어쨌든 한 가지 확실한 것은 그 무슨 작은 책이란 것은 이때 사도 요한의 뱃속으로 들어가 훌륭한 단백질 공급원이 되었으니 더 이상 그 누구도 작은 책을 받았노라, 책을 받아먹었노라고 떠들지 못할 것입니다. 그렇게 떠드는 자가 있으면 이단 사이비라고 생각하면 됩니다. 이만희가 책 받아먹은 자라고 하면 저 사람이 이단이구나, 하시면 되고 무슨 권사가 쓴 〈예수님의 메시지〉가 작은 책이라고 하면 "이게 어디서 약을 팔아?" 하시면 되시고, 거제 무슨 선교교회에서 진숙이라는 어린 종이 진액을 다 짜내어 썼다는 〈예수님의 특별 메시지〉가 작은 책이라고 하면 그냥 크게 웃으시면 됩니다. "이러니 개콘이 망했지."라고 하시면서요.

(좀 더 쉽게 알려면 먹어 보라고 하면 된다. 작은 책이 맞다면 종이 맛이 입에 꿀처럼 달 테니까. 물론 먹고 나서는 탈이 나겠지만….)

이제 작은 책도 받아 잡쉈겠다 사도 요한 입장에서는 더 이상 지체할 것 없이 남은 계시와 환상들을 받아 보는 것만 남았습니다. 과연 하나님의 신비와 비밀이 이루어진다는 일곱 번째 나팔은 어떤 내용을 담고 있을까요?

이어질 계시록 11장 강해를 기대해 주십시오.

또 내게 지팡이 같은 갈대를 주며 말하기를 일어나서 하나님의 성전과 제단과 그 안에서 경배하는 자들을 측량하되 성전 바깥마당은 측량하지 말고 그냥 두라. 이것은 이방인에게 주었은즉 그들이 거룩한 성을 마흔 두 달 동안 짓밟으리라. (계 11:1)

11장.

두 증인의 허와 실 ——————————

또 내게 지팡이 같은 갈대를 주며 말하기를 일어나서 하나님의 성전과 제단과 그 안에서 경배하는 자들을 측량하되 성전 바깥마당은 측량하지 말고 그냥 두라. 이것은 이방인에게 주었은즉 그들이 거룩한 성을 마흔 두 달 동안 짓밟으리라. (계 11:1)

옛말에 〈밥 아홉 그릇 먹었으면 나무 아홉 짐을 해야 한다〉고 한바탕 먹여 놓았으니 일을 시켜야 할 차례가 된 듯 천사는 사도 요한에게 지팡이 같은 갈대를 주면서 뭔가 분부를 합니다. 갈대가 무슨 지팡이 같으랴 하겠지만 저 동네의 갈대는 우리가 생각하는 것처럼 낭창낭창한 게 아니라 지팡이같이 딱딱하고 길게 곧은 모습이었으며, 그랬기에 로마 헌병이 포스카를 해면에 적셔 갈대에 매달아 십자가에 달리신 예수님께 드릴 수 있었던 것입니다.

(잠깐! 포스카가 뭐냐굽쇼? 성경에 〈신 포도주〉라고 되어 있는 포스카는 식초를 메인으로 하여 달걀·포도주·물을 섞어 만든 일종의 에너지 드링크인데 당시 로마 군인들의 필수품이었습니다. 물이 깨끗하지 못한 당시 상황에서 물을 대신할 갈증 해소 음료수였고 주원료가 식초인 터라 영양 면에서도 좋아서 식량 보급이 끊어져도 포스카만 마시고 상당한 기간을 버틸 수 있었으며 무엇보다도 값싸게 만들 수 있는 포도주라 군인들에게 보급하기 매우 좋았습니다. 그러니 십자가 옆에 서 있던 로마 헌병이 예수님께서 목마르다 하시는 것을 듣고 얼른 수통을 꺼내 포스카를 예수님께 바친 것입니다. 요즘 제품으로는 〈

핫식스)나 〈몬스터〉가 여기에 해당하는 음료입니다.)

어쨌든 먹자마자 배탈이 나고 좀 가라앉자마자 천사는 사도 요한에게 지시를 내리는데 그 갈대로 성전과 제단과 그 안에서 경배하는 성도들을 측량하라는 것이었습니다. 측량을 한다는 것은 길이 면적을 재어 보고 보존하기 위한 것인지라 그 〈성전과 제단과 그곳에서 경배하는 성도들을 잘 계산해서 보호하기〉 위한 작업이라 할 수 있는데, 사실 이 성전은 흔히 생각하는, 예배드리는 교회가 아니라 제사와 예물을 바치는 성전으로 이 시점에서는 제3 성전이 될 것입니다.

그런데 성전과 제단에서 경배하는 자들은 측량하여 보호하지만 바깥마당은 측량하지 않고 놔두라고 하는데 성전의 구조를 보면 성전 외부의 마당을 일컬어 〈이방인의 뜰〉이라고 하여 유대인이 아닌 이방인들은 딱 그곳에서만 노닐 수 있었고 그 외의 성전 어떤 곳이든 들어갔다가는 서슬이 퍼런 로마 제국 치하에서도 성전 경비병의 칼에 목이 날아갔으며 그것은 로마 총독도 어떻게 할 수 없는 권한이었습니다. 한 마디로 이방인들은 성전 안으로 들어올 수도 없었다는 의미인데 여기에서도 성전 바깥의 이방인의 뜰은 철저히 이방인들에게 주어졌고 심지어 이방인들은 거룩한 성, 예루살렘을 짓밟기까지 한다고 합니다. 분명히 성전과 제단과 경배하는 자들은 측량하여 보호하신다고 하는데 어떻게 거룩한 성, 예루살렘이 짓밟힐 수 있는가 하는 의문점이 들 수 있지만 〈성전과 제단과 경배하는 자들〉을 하나로 묶어서 이스라엘, 유대인으로 해석한다면 대환난 와중에, 그것도 후 3년 반에 해당하는 〈마흔두 달〉의 기간 동안 적그리스도를 비롯한 이방 세력이 예루살렘을 점령하고 패악질을 부린다 할지라도 이스라엘, 유대인이 멸망하지 않도록 하나님께서 지켜 보호하신다는 의미로 볼 수 있습니다.

그들이 칼날에 죽임을 당하며 모든 이방에 사로잡혀 가겠고 예루살렘은 이방인의 때가 차기까지 이방인들에게 밟히리라. (눅 21:24)

예루살렘이 짓밟히는 것은 예수님께서 확실히 예언하신 것이며 이것은 주후 70년에 로마 장군 타이투스에게 멸망당하는 것 따위가 아니라 대환난 때 적그리스도에 의한 짓밟힘입니다. 여기에서 한 가지 의문이 생길 수 있는데 앞에는 분명히 측량하여 보호하신다더니 왜 여기에서는 유대인들이 칼날에 쓰러지고 사로잡혀 간다고 하시는가입니다. 여기에 대해서는 스가랴 선지자의 예언을 참고해 볼 수 있습니다.

여호와가 말하노라. 이 온 땅에서 삼분의 이는 멸망하고 삼분의 일은 거기 남으리니 (슥 13:8)

최종적으로 보호를 받아 살아남는 비율은 전체 이스라엘 중에 3분의 1입니다. 3분의 2는 이런저런 이유로 사망하는데 페트라를 비롯한 광야와 도피성으로 도망치다가 적그리스도의 추격과 기습을 받아 사망하고, 후 3년 반이 막을 열 즈음에 이스라엘을 향한 적그리스도의 대규모 기습 폭격을 당해 사망하고, 적그리스도가 이스라엘을 점령할 때 미처 달아나지 못하고 있다가 적그리스도의 요원들에게 이래저래 붙들려 죽임을 당하고, 또한 광야로 도망쳐 숨어 있다가 〈보라, 그리스도가 여기 있다, 혹은 저기 있다〉 하는 소리를 듣고 낚여서 나갔다가 잡혀 죽고, 후 3년 반 막바지에 슬그머니 예루살렘으로 돌아와 있다가 아마겟돈 전쟁 중에 잡혀 죽는 등 차곡차곡 죽어 나가 최종적으로 하나님의 보호하심 아래 보존되는 숫자는 총 3분의 1인 것입니다.

(성전과 제단에서 경배하는 자들이란 표현으로 봐서 3분의 1에 해당하는 인원들은 신실하고 진실하게 하나님을 경배했고 예수님을 영접했으며 14만 4천의 인도를 잘 따랐을 가능성이 큽니다. 원래는 전부 다 건져 내는 것이 하나님의 뜻이지만 삐딱한 자들이 스스로 보호를 놓치거나 버리거나 하여 사지로 들어갔다는….)

이 상황들을 예고하신 예수님의 말씀들을 보면 이렇습니다.

그러므로 너희가 선지자 다니엘이 말한바 멸망의 가증한 것이 거룩한 곳에 선 것을 보거든 (읽는 자는 깨달을진저) 그 때에 유대에 있는 자들은 산으로 도망할지어다. 지붕 위에 있는 자는 집 안에 있는 물건을 가지러 내려가지 말며 밭에 있는 자는 겉옷을 가지러 뒤로 돌이키지 말지어다. (마 24:15~18)

이렇게 예고하셨건만 멸망의 가증한 것이 선 것을 보고도 잽싸게 튀지 않고 머뭇거리고 미적거리며 귀중품들을 챙기던 사람들은 싹 죽었을 것이고….

그 때에 사람이 너희에게 말하되 보라, 그리스도가 여기 있다, 혹은 저기 있다, 하여도 믿지 말라. 거짓 그리스도들과 거짓 선지자들이 일어나 큰 표적과 기사를 보여 할 수만 있으면 택하신 자들도 미혹하리라. (마 24:23~24)

이 말씀을 흔히 이단 사이비를 경계하라는 뜻으로 인용하는 경우가 거의 대부분인데 그렇게 해도 뜻은 얼추 들어맞지만 앞뒤 장절 문맥을 고려한 진짜 성경적 팩트는 후 3년 반에 적그리스도를 피해 광야로 달아나 있는 이스라엘, 유대인들더러 하시는 말씀입니다. 적그리스도와 거짓 선지자는 사탄의 능력으로 자신들의 모조품을 만들어 예수님으로 가장시켜 유대인들이 모여 있는 곳 근방으로 보낸 뒤 마치 예수님이 재림하신 것처럼 미혹할 것입니다.

보라. 내가 너희에게 미리 말하였노라. 그러면 사람들이 너희에게 말하되 보라, 그리스도가 광야에 있다, 하여도 나가지 말고 보라, 골

방에 있다 하여도 믿지 말라. 번개가 동편에서 나서 서편까지 번쩍임 같이 인자의 임함도 그러하리라. (마 24:25~27)

얼마나 예수님께서 걱정이 되셨으면 이렇게 디테일하게 설명해 주셨건 만 최종적으로 보존되는 숫자가 3분의 1이고 나머지 3분의 2가 죽어 나간 것을 보면 미혹되어 나갔던 유대인들이 정말 많았던 모양입니다.

내가 나의 두 증인에게 권세를 주리니, 그들이 굵은 베옷을 입고 천이백육십 일을 예언하리라. (계 11:3)

그러나 그 마흔두 달이 오기 전에 먼저 거쳐 가야 할 기간이 있으니 바로 〈두 증인〉이 예언하는 1,260일입니다. 혹자는 적그리스도가 지배하는 마흔두 달과 두 증인이 예언하는 1,260일이 동시간대가 아닌가 하기도 하지만 전혀 아닙니다. 왜냐하면 뒤에 보시면 알겠지만 두 증인이 깽판을 치는 동안 짐승, 적그리스도는 끽소리 못 하고 침묵하다가 그들이 사역을 마치고 1,260일이 끝날 때가 되어서야 두 증인과 맞붙어 싸워 그들을 죽이기 때문입니다. 그리고 그때에 일곱 번째 나팔이 불어지는데 만약 적그리스도의 마흔두 달과 두 증인의 1,260일이 같은 시간대라면 두 증인이 죽었을 때가 대환난 엔딩 직전인데 아직 일곱 대접의 재앙은 시작도 안 한 것입니다.

(실무적으로 봐도 마음대로 재앙을 부리며 땅을 치며 인류를 괴롭게 만드는 두 증인에게 손끝 하나 못 대는 적그리스도를 과연 인류가 뭘 보고 따를까? 두 증인을 죽였으니 지지를 받고 인류의 은인으로 환호를 받으며 마흔두 달, 후 3년 반의 권세를 부릴 꿋발이 생기는 게 아닌가 말이다. 물론 영적으로는 하나님께서 그에게 마흔두 달의 권세를 허락하시는 것이지만 인간들 입장에서는 두 증인을 죽인 짐승을 세계의 지도자로 인정하는 것이다.)

바로 이런 이유로 두 증인의 1,260일과 짐승의 마흔두 달은 엄연히 별 개의 기간이며 두 증인의 1,260일이 그들의 죽음으로 끝나고 나서야 본격 적인 마흔두 달이 시작되는 것입니다. 그리고 이것은 전 3년 반과 후 3년 반을 합친 〈7년 대환난〉이라는 전체 환난 기간에도 합치되는 것이지요. 이 렇게 7년 대환난 중 전 3년 반에 활약하게 될 두 증인이 굵은 베옷을 입은 걸 보니 제대로 이스라엘과 세상을 애통하고 통곡하고 참회하게 만들 모양 입니다.

그러면 이 시점에서 두 증인이 누구인가도 궁금해질 테지요.

제가 앞에서도 말씀드렸지만 계시록에서는 4장을 기점으로 하여 하나 님, 예수님, 미카엘을 제외한 거의 모든 등장인물의 이름이 나와 있지 않고 〈직책〉으로 표기되고 있습니다. 분명 열두 사도와 열두 지파의 조상이며 족장들로 이루어져 있을 24 장로들도 이름이 없이 그냥 〈24 장로〉라고만 표기되어 있고 사도 요한에게 예언을 전달하는 힘센 천사, 나중에 사탄을 포박하여 무저갱에 처넣는 천사도 분명 강대한 천사장일 텐데 이름이 나와 있지 않으며, 심지어 예수님도 〈예수〉 또는 〈주〉라고 표기되는 대신 〈어린 양〉이라는 명칭으로 등장하십니다.

(다른 사람이 어린양을 향해 〈예수님〉이라고 부르기는 하지만 계시록에서 직접 예수 님을 지칭할 때는 어린양이라고만 합니다.)

적그리스도와 거짓 선지자도 짐승, 거짓 선지자라고만 표기되어 있고 바빌론의 음녀도 그냥 음녀, 또는 창녀라고만 표기되어 있고 심지어 사탄 도 그를 설명할 때나 〈옛 뱀, 마귀이며 사탄〉이라고 하지 직접적으로 표기 할 때는 〈용〉이라고만 적혀 있습니다. 그러니 이 두 증인도 분명 이름이 있 는 어떤 사람인데 계시록의 특성상 〈증인〉이라는 직책명으로만 등장하는 것입니다. 그러면 이 두 사람이 누구인지는 성경 속에서 추적해야 하겠지요.

그들은 이 땅의 주 앞에 서 있는 두 감람나무와 두 촛대니 만일 누구든지 그들을 해하고자 하면 그들의 입에서 불이 나와서 그들의 원수를 삼켜 버릴 것이요, 누구든지 그들을 해하고자 하면 반드시 그와 같이 죽임을 당하리라. 그들이 권능을 가지고 하늘을 닫아 그 예언을 하는 날 동안 비가 오지 못하게 하고 또 권능을 가지고 물을 피로 변하게 하고 아무 때든지 원하는 대로 여러 가지 재앙으로 땅을 치리로다. (계 11:4~6)

이들은 땅의 하나님 앞에 서 있는 두 올리브나무이며 두 촛대니라. (계 11:4, 킹제임스)

두 증인의 신상 털기 작업을 시작해 보면 이런 단서가 나옵니다.

> 단서 ①
> : 두 증인은 주 앞에 서 있는 두 올리브나무와 두 촛대입니다.
> 단서 ②
> : 그들을 해치려고 하면 입에서 불이 나와 적들을 태워 버립니다.
> 단서 ③
> : 하늘을 닫아 비가 내리지 못하게 하며 물을 피로 변하게 하고 원하는 대로 여러 재앙으로 땅을 칠 수 있는 끗발이 있습니다.

두 올리브나무에 대해서는 스가랴 선지자가 먼저 보았습니다.

내가 그에게 물어 이르되 등잔대 좌우의 두 감람나무는 무슨 뜻이니이까, 하고 (슥 4:11)

그때 내가 그에게 대답하여 말하기를 "촛대 오른편과 왼편에 있는 이 두 올리브나무는 무엇이니이까?" 하고, (슥 4:11, 킹제임스)

이르되 이는 기름 부음 받은 자 둘이니 온 세상의 주 앞에 서 있는 자니라, 하더라. (슥 4:14)

(스가랴 4장을 보면 올리브나무와 촛대에 관한 이야기를 성전을 재건한 스룹바벨에 대한 이야기로 해석하는 경우도 많은데 10절까지 스룹바벨에 대해 말씀하시다가 11절에서 다시 스가랴 선지자가 두 올리브나무에 대해 물어보며 거기에 대한 대답은 스룹바벨이나 어떤 다른 인물이 아닌 그냥 〈두 기름 부음 받은 자들, 온 땅의 주 곁에 서 있는 자들〉이라는 것이었습니다.)

두 올리브나무에 대한 해석이 알쏭달쏭하지만 나머지 단서 2개를 더 풀어 보면 저절로 1번도 풀어질 터입니다. 참고로 스가랴 선지자가 두 올리브나무를 보았을 때 두 증인은 천국에서 하나님과 함께 위치하고 있었다는 것인데 스가랴 선지자가 이 환상을 받은 때는 〈다리오 왕 2년 여덟째 달〉이며 연도로는 주전 520년입니다. 이로써 두 증인의 정체에 대한 한 가지가 밝혀졌으니 스가랴 선지자가 두 올리브나무를 목격한 주전 520년경에는 이미 지상에 없이 하늘나라에 있었으며 스가랴 선지자가 본 두 올리브나무와 계시록의 두 증인이 별개의 다른 존재가 아니라 그 올리브나무가 그 증인으로 다이렉트로 내려왔다는 것입니다. 두 번째 단서인 불을 뿜어 적들을 태워 버리는 권능이 사용된 예화를 성경에서 찾아보면 이런 일이 있었습니다.

엘리야가 오십 부장에게 대답하여 이르되 내가 만일 하나님의 사람이면 불이 하늘에서 내려와 너와 너의 오십 명을 사를 지로라, 하매 불이 곧 하늘에서 내려와 그와 그의 군사 오십 명을 살랐더라. (왕하 1:10)

(비록 입에서 불을 뿜는 건 아니었지만 〈입으로 말씀하여 불이 떨어지게 했다〉는 것에서 2% 부족하지만 비슷하게는 됐다….)

이 권능을 사용한 선지자는 바로 엘리야 선지자였습니다. 세 번째 단서인, 하늘을 닫아 비를 못 내리게 했다는 것도 엘리야의 대표적인 활약인데….

엘리야는 우리와 성정이 같은 사람이로되 그가 비가 오지 않기를 간절히 기도한즉 삼 년 육 개월 동안 땅에 비가 오지 아니하고 (약 5:17)

기도를 하여 땅에 비가 내리지 못하게 했던 엘리야 선지자인데 무려 3년 6개월, 1,260일과 정확히 일치하는 디테일을 보입니다. 아무래도 두 증인 중 한 명은 엘리야 선지자인 것 같습니다. 아닌 게 아니라 구약성경의 마지막을 장식하는 말라기 마지막에 이런 구절도 있습니다.

보라, 내가 주의 크고 무서운 날이 오기 전에 선지자 엘리야를 너희에게 보내리니, (말 4:5)

뭔가 크고 무서운 날이 오기 전에 하나님께서 보내주실 선지자가 있으니 그 이름도 엘리야입니다. 사실 이 말씀을 세례 요한에 대한 것으로도 볼 수 있지만 〈주의 크고 무서운 날〉이 이르기 전에 선지자 엘리야를 보내시겠다는 것으로 보아 초림 예수님의 때만으로 통치는 것은 2% 부족한 느낌이 없잖아 있습니다. 그런데 환난의 한복판에 등장한 두 증인 중 한 명이 빼도 박도 못 하고 선지자 엘리야의 행적과 똑같이 일치하니 말라기 선지자의 이 말씀이 두 증인 중 한 명이 엘리야 선지자라고 알려 주시는 것이라 해석해도 무리는 아니리라 생각됩니다. 그리고 선지자 엘리야는 북이스라엘 왕 아하시야가 죽은 후에 휴거되었으니 스가랴가 두 감람나무를 목격한 주전 520년에는 당연히 하늘나라에 있었을 것입니다. 이로써 두 증인 중 한 명은 엘리야 선지자입니다. 만약 그럼에도 불구하고 〈그래도 예수님께서 세례 요한을 보고 오리라 한 엘리야가 이 사람이라고 하셨는데?〉라고 의문을 가지신다면 제가 좀 더 보충 설명을 해드리겠습니다.

엄밀히 따지면 세례 요한이 엘리야가 된 것은 〈예수님께서 그렇다고 인정해 주셨기 때문에〉 그렇게 된 것이지 세례 요한 본인은 결코 자신이 〈보냄을 받은 엘리야〉라고 한 적이 없습니다.

또 묻되 그러면 누구냐, 네가 엘리야냐, 이르되 나는 아니라. 또 묻되 네가 그 선지자냐, 대답하되 아니라. (요 1:21)

또 물어 이르되 네가 만일 그리스도도 아니요, 엘리야도 아니요, 그 선지자도 아닐진대 어찌하여 세례를 베푸느냐. (요 1:25)

(사실 〈침례 요한〉이라고 해야 하나 원체 성도님들께서 개역성경에 익숙해져 있으셔서 〈세례 요한〉이라고 표기합니다. 25절 말씀이 무슨 뜻이냐면 〈네가 오시기로 한 그리스도도 아니고, 먼저 오기로 된 엘리야도 아니고, 엘리야의 영성을 받은 선지자도 아니라면….〉이라는 의미입니다. 우리가 흔히 〈모세와 엘리야의 영성을 받은 두 증인〉이라고 하는데 무려 그 당시에도 〈선지자 엘리야의 영성을 받은 선지자〉라는 개념이 있었던 것입니다.)

만약 세례 요한이 정말 하나님께서 말라기 선지자를 통해 선포하신, 오리라 한 엘리야가 정말 틀림없다면 그 본인도 자신이 엘리야라는 정체성을 가지고 있었어야 합니다. 그런데 정작 본인은 자신이 엘리야라는 것을 극구 부인했다는 것은 정말 세례 요한이 그 오리라 한 엘리야가 맞는지 매우 의구심이 들게 하는 것이지요. 과연 예수님께서 말씀하신 〈오리라 한 엘리야가 이 사람〉이라는 것은 진짜 "세례 요한 = 그 엘리야"라는 의미로 하신 말씀이었을까요?

제 생각은 조금 다릅니다. 말라기 선지자가 말한 엘리야는 〈하나님의 날이 오기 전에 미리 와서 선포하는〉 그러한 존재입니다. 따라서 당시의 이스라엘 사람들은 메시아가 오시기 전에 엘리야가 먼저 와서 나팔을 불어야 한다는 개념이 꽉 박혀 있었던 것이지요. 그런데 막상 예수님이 오셔서 메시아 사역을 하시는데, 정작 먼저 와야 할 그 엘리야는 오지 않으니 예수님까지 싸잡아 의심하기 시작한 것입니다. 더군다나 앞서서 〈내 뒤에 오실 이를 미리 선포한다〉고 외쳤던 자가 있기는 있었으나 그의 이름은 엘리야는커녕 요한인지라 당시의 이스라엘 백성들이 생각하고 그려 보던 것과는 완전히 핀트가 맞지 않은 그런 어리둥절한 각이었다는 것이지요.

예수님께서는 이러한 의구심을 불식시키고 제자들로 하여금 자신이 확고한 메시아임을 각인시켜 주실 필요가 있으셨을 터입니다. 눈앞에 계신 메시아도 못 알아보고 〈엘리야가 먼저 와야 한다고 했는데….〉 드립이나 치고 있는 이들을 향해 〈오리라 한 엘리야는 바로 세례 요한〉이라고 짚어 주심으로써 자신이 메시아이며 자신이 오기 전에 먼저 와서 외친 세례 요한이 바로 말라기 선지자가 말한 것처럼 〈엘리야의 포지션을 맡은〉 선지자였음을 알려 주신 것이었습니다. 예수님께서 이렇게 말씀하실 수밖에 없었던 것은 먼저 와야 할 엘리야는 오지 않았고 (왜냐하면 훗날에 두 증인으로 와야 하니) 세례 요한은 자신이 엘리야라는 것을 부인했으며 먼저 와야 할 엘리야가 오지 않았으니 예수님도 메시아가 아닌 것 아니냐는 오해를 불식시켜야 했기 때문이었습니다. 그리하여 예수님께서는 〈너희가 받아들일 수 있다면〉 오리라 한 엘리야가 이 사람이라고 하시며 세례 요한을 엘리야로 〈인정해 주셨던〉 것입니다.

만일 너희가 즐겨 받을진대 오리라, 한 엘리야가 곧 이 사람이니라. (마 11:14)

만일 너희가 그것을 받아들이려 할진대 와야 할 엘리야가 곧 이 사람이니라. (마 11:14, 킹제임스)

흔히 두 증인을 향해 모세와 엘리야 본인들이 직접 내려온 것이 아닌 〈모세와 엘리야의 영성을 지닌〉 두 증인이라 생각하지만 오히려 먼저 등장한 세례 요한이야말로 〈엘리야의 영성을 지닌〉 증인이었던 것이지요. 엘리야 본인이 직접 내려온 것이 아니고 말입니다. 그러나 어디까지나 예수님께서 세례 요한을 〈엘리야의 직분을 맡은 자〉라고 인정해 주신 것이며 세례 요한 자신이 스스로를 엘리야라 칭한 적은 없습니다. 그러니 말라기 선지자의 예언은 아직 유효하며 〈하나님의 크고 무서운 날이 이르기 전에 보내어질 엘리야〉는 여전히 성취되지 않은 채 때를 기다리고 있는 상황입니다. 그 엘리야는 죽음을 보지 않고 들림받은 바로 그 엘리야 선지자이며 자신이 올리브나무이며 촛대이며 엘리야라는 정체성을 명확하게 인식한 채 두 증인으로서 사역하게 될 것입니다. 다음은 나머지 한 명을 확인해 볼 텐데 물을 피로 변하게 했다는 것에서 두말할 것 없이 떠오르는 한 사람이 있지요? 바로 출애굽의 지도자 모세입니다.

모세와 아론이 여호와께서 명령하신 대로 행하여 바로와 그의 신하의 목전에서 지팡이를 들어 나일 강을 치니 그 물이 다 피로 변하고 (출 7:20)

물을 피로 변하게 했다는 것에서 크리스천 아니라 불신자라도 모세가 떠오를 각입니다. 게다가 모세는 그 유명한 열 개의 재앙으로 대표되는 여러 가지 재앙으로 땅을 치는 대활약을 펼쳤지요. 그리고 시기상으로 보아도 모세는 엘리야보다 전대 사람이기에 당연히 스가랴 선지자가 감람나무를 목격할 주전 520년에는 하늘나라에 위치하고 있었습니다. 사실 엘리야 선지자가 죽음을 보지 않고 휴거된 것에 집중하여 또 한 명의 휴거자인 에녹을 두 증인 중의 하나로 생각하여 두 증인을 〈에녹과 엘리야〉로 보기도 하고, 또는 〈엘리야와 세례 요한〉을 두 증인으로 보기도 하며 의견들은 분분하지만 계시록에 나와 있는 것처럼 구체적 행적까지 일치하는 인물은 엘리야 외에 모세뿐입니다. 또한 엘리야 선지자가 죽음을 보지 않고 휴거된 것처럼 모세 또한 그의 죽음은 뭔가 석연찮게 묘사되어 있습니다.

이에 여호와의 종 모세가 여호와의 말씀대로 모압 땅에서 죽어 벳브올 맞은 편 모압 땅에 있는 골짜기에 장사되었고 오늘까지 그의 묻힌 곳을 아는 자가 없느니라. (신 34:5~6)

이와 같이 하나님께서는 모세의 사망을 마치 무언가 후일을 위한 포석처럼 은밀하게 처리하셨는데….

천사장 미가엘이 모세의 시체에 관하여 마귀와 다투어 변론할 때 감히 비방하는 판결을 내리지 못하고 다만 말하되 주께서 너를 꾸짖으시기를 원하노라, 하였거늘 (유 1:9)

무려 천사장 미카엘이 모세의 육신을 두고 마귀와 맞짱을 떴다면 모세의 육신은 훗날을 위해 보존되어야 했고 천사장급이 내려가 지켜야만 했다는 것입니다. 엘리야는 어차피 죽음을 보지 않고 육신을 가지고 휴거되었기에 그냥 내려오면 되지만 모세는 일단 사망을 한번 거치고 육신이 지상에 보존된 채 영혼이 하늘나라로 갔기에 두 증인으로 활동하기 위해서는 영혼으로 내려와 자신의 육신과 합체하여 다시 사람이 되어야만 하는 것일까요? 또한 두 증인, 두 올리브나무를 일컬어 스가랴서에서는 〈온 세상의 주 앞에 서 있는 자〉라고 이르며 계시록에서는 〈이 땅의 주 앞에 서 있는 자〉라고 칭하는데 참으로 저 말씀이 딱 맞아떨어지는 에피소드가 있었습니다.

그 때에 모세와 엘리야가 예수와 더불어 말하는 것이 그들에게 보이거늘 베드로가 예수께 여쭈어 이르되 주여, 우리가 여기 있는 것이 좋사오니 만일 주께서 원하시면 내가 여기서 초막 셋을 짓되 하나는 주님을 위하여, 하나는 모세를 위하여, 하나는 엘리야를 위하여, 하리이다. (마 17:3~4)

문득 두 사람이 예수와 함께 말하니 이는 모세와 엘리야라. 영광 중에 나타나서 장차 예수께서 예루살렘에서 별세하실 것을 말할 새 베드로와 및 함께 있는 자들이 깊이 졸다가 온전히 깨어나 예수의 영광과 및 함께 선 두 사람을 보더니 (눅 9:30~32)

바로 예수님께서 사도 베드로와 요한과 야고보를 데리고 기도하시러 산에 올라가셨을 때 용모가 변화되고 옷이 희어져 광채를 내시며 성자 하나님의 풍채를 보이시더니 예수님의 옆에 모세와 엘리야가 함께 서서 담소를 나누고 있었던 것입니다. 처음에 도출한 각각의 단서들에 비추어 결론지어 보면

단서 ①
: 두 증인은 주 앞에 서 있는 두 올리브나무와 두 촛대.
→ 모세와 엘리야가 주님 앞에 서 있었음.

단서 ②

: 그들을 해치려고 하면 입에서 불이 나와 적들을 태워 버렸음.

→ 엘리야 선지자가 이와 같은 이적을 행하였음.

단서 ③

: 하늘을 닫아 비가 내리지 못하게 하며 물을 피로 변하게 하고 원하는 대로 여러 재앙으로 땅을 칠 수 있는 끗발이 있었음.

→ 모세와 엘리야 선지자가 이와 같은 이적을 행하였음.

추가 단서 ①

: 두 증인의 활동 기간은 1,260일로 3년 6개월.

→ 엘리야 선지자가 비를 내리지 못하게 했던 기간이 3년 6개월

추가 단서 ②

: 두 증인은 원래 땅에 있었다가 하늘로 올라간 후 특별한 사명을 받아 다시 내려오는 주의 종들임

→ 모세와 엘리야는 원래 땅에서 활동했으며 모세는 하나님께서 은밀하게 그의 시신을 감추어 숨기셨음. 엘리야 선지자는 죽음을 보지 않고 들림받았고 말라기 선지자에 의해 주의 크고 무서운 날이 닥치기 전에 다시 내려오리라는 예언이 내려졌음.

결국 계시록의 두 증인, 두 올리브나무는 더 추리할 필요도 없이 〈모세와 엘리야〉였던 것입니다. 두 증인이 〈모세와 엘리야의 영성을 받은 어떤 선지자〉라고 칭하는 것도 실은 어폐가 있으며 스가랴 선지자가 목격한 두 올리브나무가 그대로 고스란히 내려와 두 증인이 되는 것으로서 그 모세와 엘리야가 그대로 내려와 두 증인으로 활약하는 것이라 보고 있습니다.

너희는 내가 호렙에서 온 이스라엘을 위하여 내 종 모세에게 명령한 법, 곧 율례와 법도를 기억하라. 보라, 여호와의 크고 두려운 날이 이르기 전에 내가 선지자 엘리야를 너희에게 보내리니 (말 4:4~5)

(다들 엘리야를 보내겠다는 말씀만 기억하시지만 바로 앞 구절이 모세에 대한 말씀입니다. 여기에도 모세와 엘리야가 콤비로 언급됩니다.)

따라서 현시점에서 두 증인은 이 땅에 존재하지 않으며 우리가 휴거 될 때까지 이 땅에 등장하지 않을 것입니다. 결론적으로 현재 자신이 두 증인 중 하나라고 칭하는 자들은 모두 새빨간 거짓말이며 거짓 선지자, 사이비 교주라고 보시는 것이 맞습니다. 어쨌든 이 두 증인의 1,260일은 그야말로 핵전쟁과 유브라데 전쟁과 더불어 지구를 들었다 놓으며 전 세계를 뒷목 잡게 만들어 버렸습니다. 이 정도 되면 이스라엘은 물론 전 세계인들이 두 증인에게 이를 갈고 칼을 갈고 있을지도 모를 일인데 이쯤에서 시기적절하게 그런 세계인들의 입맛에 딱 맞는 히어로가 등장해야 하겠지요? 바로 그렇습니다. 전 3년 반, 1,260일 동안 숨을 죽이고 있다가 때가 되었다 싶어 몸을 일으킨 자가 있었습니다.

그들이 그 증언을 마칠 때에 무저갱으로부터 올라오는 짐승이 그들과 더불어 전쟁을 일으켜 그들을 이기고 그들을 죽일 터인즉 (계 11:7)

또 그들이 자기들의 증거를 끝마칠 즈음에 끝없이 깊은 구렁에서 올라오는 짐승이 그들과 전쟁을 하여 그들을 이기고 또 죽이리라. (계 11:7, 킹제임스)

1,260일이 끝나고 두 증인의 사역이 마칠 때가 되자 무저갱에서 나온

짐승, 적그리스도가 두 증인과 맞서 싸워 그들을 죽이는 데 성공합니다. 〈전쟁〉이라는 표현이 쓰일 만큼 엄청난 한판이었을 듯한데 모르긴 몰라도 유브라데 전쟁 와중에 이스라엘 일대에 주둔시켜 놓은 세계정부 군대의 상당수가 두 증인과의 전쟁에서 박살이 나지 않았을까 예상해 보기도 합니다. 물론 두 증인이 한창 예언하던 때에도 멋모르고 세계정부 군대가 두 증인에게 덤비다가 열왕기 때처럼 숯불갈비가 되었겠지만요. 분명 전 3년 반에도 유럽 합중국 영수이자 세계급 지도자로 활동 중일 적그리스도가 왜 하필 여기에서 〈무저갱으로부터 올라온다〉고 표현되어 있을까 의아하기도 한데, 원래 그 타이틀 자체가 〈적그리스도를 표현하는〉 형용사이기도 한데다가 이 시점이 그가 불의의 급습을 당해 머리에 칼침을 맞고 죽었다가 상처가 나아 회생하여 완전히 사탄의 권세와 보좌와 능력을 넘겨받아 초월적인 존재로 변신한 타이밍이 아닐까 합니다. 원래 무저갱이 적그리스도의 처소이기에 일단 죽었던 그는 자기 처소로 갔다가 회생할 타이밍이 되어 다시 무저갱에서 올라온 것이지요. 물론 두 증인은 힘이 없어 죽은 게 아니고 그들의 출연 분량이 거기까지라 각본에 따라 퇴장한 것이지만 어쨌든 모든 것이 하나님의 시나리오에 포함된 것이었습니다. 7년 대환난의 전 3년 반인 1,260일 동안 대활약을 펼친 두 증인은 그렇게 사망하여 그 시신이 길거리에 전시되었습니다.

그들의 시체가 큰 성 길에 있으리니 그 성은 영적으로 하면 소돔이라고도 하고 애굽이라고도 하니 곧 그들의 주께서 십자가에 못 박히신 곳이라. (계 11:8)

예수님께서 십자가에 못 박히신 곳이라면 예루살렘인데 얼마나 적그리스도에게 미혹되어 패역했으면 영적으로는 소돔과 이집트라고 하셨을까, 싶을 정도입니다. 모르긴 몰라도 두 증인 때문에 힘들어서 더더욱 적그리스도에게 손을 비볐을 수도 있으며 이때는 적그리스도도 이스라엘의 친구

행세를 했을 테니 더 그랬을 수 있습니다. 또한 지금도 이스라엘은 동성애가 창궐하고 퀴어 축제가 벌어지고 있어 말 그대로 〈소돔〉이 되어가는 중입니다. 게다가 무엇보다도 자신들의 위대한 조상이며 선지자인 모세와 엘리야가 바로 눈앞에 나타나서 예언을 하고 이적을 펼치고 있음에도 눈이 삐어 제대로 알아보지도 못하는 유대인들의 한심스러움은 가히 이집트와 소돔에 비유되어도 할 말이 없는 지경입니다.

백성들과 족속과 방언과 나라 중에서 사람들이 그 시체를 사흘 반 동안을 보며 무덤에 장사하지 못하게 하리로다. 이 두 선지자가 땅에 사는 자들을 괴롭게 한 고로 땅에 사는 자들이 그들의 죽음을 즐거워하고 기뻐하여 서로 예물을 보내리라, 하더라. (계 11:9~10)

그 모질고 모진 재앙을 부르던 두 증인을 죽여 버렸으니 적그리스도의 어깨가 한껏 올라갔을 것이며 자신의 전리품(?)이기도 할 두 증인의 시신을 마치 트로피 전시하듯이 길거리에 전시해 놓는 간악함을 보였는데 가능하다면 TV와 인터넷, 유튜브와 SNS를 비롯한 모든 매체를 통해 전 세계가 두 증인의 시신을 보며 환호하고 마치 그날이 발렌타인데이나 화이트데이라도 된 듯 서로 선물을 보내며 기념일로까지 삼을 정도이니 두 증인의 사역이 얼마나 인류를 힘들게 했나 가히 짐작할 만합니다. 그러나 그들이 이겼다고 생각하는 순간은 극히 짧았습니다. 그들에게 기뻐 날뛰며 축제 분위기로 축하하는 시간은 불과 3일 반뿐이었습니다. 어째 3년 반을 상징한 듯하기도 한데 어떤 의미를 붙일 것도 없이 그냥 날짜 그대로 보는 게 타당할 것 같습니다.

삼 일 반 후에 하나님께로부터 생기가 그들 속에 들어가매 그들이 발로 일어서니 구경하는 자들이 크게 두려워하더라. (계 11:11)

3년 반 동안 인류를 멘붕이 되게 만들었던 두 증인이 죽어서 겨우 세상이 평안해졌나 싶어 서로 축하하던 인류는 불과 3일 반 만에 두 증인이 떡하니 부활하여 자기 발로 일어나 서자 또다시 멘탈이 부서지기 시작했습니다.

하늘로부터 큰 음성이 있어 이리로 올라오라, 함을 그들이 듣고 구름을 타고 하늘로 올라가니 그들의 원수들도 구경하더라. 그 때에 큰 지진이 나서 성 십분의 일이 무너지고 지진에 죽은 사람이 칠천이라. 그 남은 자들이 두려워하여 영광을 하늘의 하나님께 돌리더라. (계 11:12~13)

두 증인을 미워하고 증오하던 자들이 두 증인이 살아나서 구름을 타고 하늘로 올라가는 모습을 보고 멘붕이 될 틈도 없이 대지진이 일어나 예루살렘 도시의 10%가 무너지고 7,000명이 죽었습니다. 물론 방송 매체를 통해 보는 사람들이야 그냥 놀라기만 했겠지만 예루살렘과 이스라엘에 거주하는 유대인들은 그때가 되어서야 두 증인이 정말 하나님께서 보내신 선지자였음을, 자신들의 역사와 성경에 나오던 그 모세와 엘리야였음을 알게 되고 그들의 부활, 승천을 보며 동시에 환난 전 휴거의 역사 또한 진실이었음을 깨닫고 소돔과 이집트에 견줄 만했던 패역함을 내려놓고 하나님께 영광을 돌리기 시작합니다. 이로써 마침내 곡과 마곡 전쟁 직후에 이어 다시 한번 이스라엘이 예수님을 영접하여 돌아올 베이스가 깔렸지만 아쉽게도 그들의 신앙 여정은 평탄치 못할 예정입니다. 왜냐하면….

둘째 화는 지나갔으나, 보라, 셋째 화가 속히 이르는도다. (계 11:14)

비로소 제대로 된 야곱의 환난의 때, 7년 대환난의 후 3년 반이 시작될 것이기 때문입니다. 여기서 잠시 다른 얘기를 하자면 흔히 〈환난 중반 휴거설〉을 주장하는 분들의 크나큰 실수가 전 3년 반을 별것 아닌, 사실상 환난도 아니라 평시에 준하는 평화의 시기로 보는 것인데 어림도 없는 해석입니다. 앞의 계 8:13에서 화, 화, 화가 있으리로다, 할 때 첫 번째 화가 다섯째 나팔의 황충 재앙이며 두 번째 화가 여섯째 나팔의 유브라데 전쟁인데 이 전쟁 기간에 두 증인의 죽음도 포함된 것입니다. 즉, 두 증인의 죽음은 전 3년 반 말엽에서 후 3년 반 직전의 타이밍이며 짐승이 패권을 잡고 짐승의 표를 강요하는 후 3년 반이 아직 시작도 하지 않았음에도 어마어마한 재앙과 격변이 전 3년 반에 이미 벌어진 것이지요. 휴거 직후 벌어질 핵전쟁, 5개월 동안의 황충 재앙, 인류 3분의 1을 죽이는 전쟁, 게다가 1,260일 내내 벌어질 두 증인의 재앙, 과연 이래도 전 3년 반이 평화의 시기이고 버텨 볼 만한 시기일까요? 한글 독해 능력이 부족해 이단 사이비가 나온다고 하는데 성경 본문에 적힌 글자를 똑바로 읽는 능력이 매우 중요해 보입니다.

일곱째 천사가 나팔을 불매 하늘에 큰 음성들이 나서 이르되 세상 나라가 우리 주와 그의 그리스도의 나라가 되어 그가 세세토록 왕 노릇 하시리로다, 하니 (계 11:15)

그 후에 일곱째 천사가 나팔을 부니, 하늘에서 큰 음성들이 있어 말하기를 "이 세상의 나라들이 우리 주와 그의 그리스도의 왕국들이 되어서 그 분이 영원무궁토록 통치하시리라."고 하더라. (계 11:15, 킹제임스)

마침내 일곱 번째 나팔이 울렸습니다. 일곱 번째 천사가 나팔을 불었을 때 이루어질 하나님의 신비란 바로 세상의 모든 나라들이 하나님과 예수님의 나라가 되어 영원히 하나님의 통치를 받는다는 것입니다. 말이 후 3년 반이지 이후로부터 사실상 인간의 권세는 깨진 것이며 남은 것은 하나님께서 세상을 싹 쓸어 버리시고 천년왕국을 세우시기까지의 과정입니다. 환난 중반 휴거설을 주장하는 분들이 또 하나의 근거로 드는 것이 일곱째 나팔이 휴거를 선포하는 〈마지막 나팔〉이라는 것인데 일곱째 나팔이 울리고 나서 일어나는 일은 휴거와 전혀 상관이 없어 보입니다.

하나님 앞에서 자기 보좌에 앉아 있던 이십사 장로가 엎드려 얼굴을 땅에 대고 하나님께 경배하여 이르되 감사하옵나니 옛적에도 계셨고 지금도 계신 주 하나님, 곧 전능하신 이여. 친히 큰 권능을 잡으시고 왕 노릇 하시도다. 이방들이 분노하매 주의 진노가 내려 죽은 자를 심판하시며 종 선지자들과 성도들과 또 작은 자든지, 큰 자든지, 주의 이름을 경외하는 자들에게 상 주시며 또 땅을 망하게 하는 자들을 멸망시키실 때로소이다, 하더라. (계 11:16~18)

24 장로가 또다시 하나님께 엎드려 경배하며 말하는 것은 하나님께서 그 크신 권세로 다스리시며 이제는 세상의 모든 권세와 불신한 자들, 이미 영적으로 죽은 자들에 대해 공의의 심판을 내리시고, 주의 종들과 성도들에게는 상을 주시고, 적그리스도에게 붙어 패악질을 부리는 자들에게는 멸망을 내리시는 것에 대한 감사와 찬양입니다.

이에 하늘에 있는 하나님의 성전이 열리니 성전 안에 하나님의 언약궤가 보이며 또 번개와 음성들과 우레와 지진과 큰 우박이 있더라. (계 11:19)

24 장로들의 찬양에 화답하시듯 하나님께서는 언약궤를 보여 주시는데 이는 심판과 공의를 어김없이 이행하며 그 앞에 어느 누구라 해도 빼도 박도 못할 것이라는 인증샷입니다. 게다가 이후 세팅될 재앙들에 사용될 〈연

장과 재료들)까지 미리 보여 주시며 얼마나 이 순간을 위해 준비해 오셨는지 하나님께서 친히 알려 주시니 이제 패역한 세상은 완전히 새 됐습니다.

그 와중에 이스라엘을 위해서는 어떤 것이 준비되어 있을지는 이어지는 계시록 12장 강해를 기대해 주십시오.

하늘에 큰 이적이 보이니 해를 옷 입은 한 여자가 있는데 그 발 아래에는 달이 있고 그 머리에는 열두 별의 관을 썼더라. (계 12:1)

12장.

여인과 용 ━━━━━━━━━━━━━━━━━━

하늘에 큰 이적이 보이니 해를 옷 입은 한 여자가 있는데 그 발 아래에는 달이 있고 그 머리에는 열두 별의 관을 썼더라. (계 12:1)

땅에서 벌어지는 두 증인의 전 3년 반 대활약을 보며 열심히 받아 적고 있던 사도 요한은 별안간 하늘을 바라보는데 땅에서의 계시가 끝나고 하늘에서 또다시 한바탕 환상이 펼쳐집니다. 이적이라고 하지만 일종의 〈환상〉인데 사도 요한의 눈에 보인 장면은 해를 입고 달을 딛고 열두 별의 면류관을 쓴 한 여인이었습니다. 이 여인의 정체에 대해서는 의견이 분분한데 혹자는 예수님을 낳은 마리아라고 하기도 하고, 혹자는 교회라고 하기도 하고 뭐 말들이 많습니다. 또 혹자는 예수님이라고 하기도 하지요. 그러나 힌트는 그 여인의 차림새입니다. 해와 달과 열두 별…. 몇 년 전 천체 별자리의 움직임을 관찰하여 2017년 9월 23일이 종말의 날이라는 시한부 종말론이 번진 적이 있었는데 그 근거라고 드는 것이 처녀자리의 어깨에 태양이 위치하고 발끝에 달이 위치하고 머리 위에는 레오 성좌의 주요 별들을 비롯해 12개의 별과 행성이 위치하여 마치 계 12장에 나오는 것처럼 〈해를 입고 달을 딛고 열두 별의 면류관을 쓴 여인〉의 모습이 된다는 것이었습니다. 니비루 행성 충돌 음모론과 덧붙여져 한동안 화제가 되었는데 당연히 한여름 밤의 꿈으로 끝났습니다.

(계 12장의 그 계시가 어디 처녀자리 별자리 가지고 각이 맞춰지는 거라더냐? 아무리

하늘에 이적이 보인다고 했기로서니…)

계 12장은 전체가 환상으로 구성된 계시인데 바로 이스라엘의 사명과 역사, 그리고 대환난의 때에 그들이 어떤 운명과 마주하게 될지를 상징적으로 보여 주는 장면입니다. 그렇습니다. 분명히 〈이스라엘〉이라고 했습니다. 마리아도 아니고, 교회도 아니고, 이스라엘입니다. 누가? 해를 입고 달을 딛고 열두 별의 면류관을 쓴 그 여자 말이지요. 주일학교를 정상적으로 나온 성도라면 모를 수가 없는 꿈쟁이 요셉의 꿈 이야기를 살펴보겠습니다.

요셉이 다시 꿈을 꾸고 그의 형들에게 말하여 이르되 내가 또 꿈을 꾼즉 해와 달과 열한 별이 내게 절하더이다, 하니라. (창 37:9)

꿈에 해와 달과 열한 개의 별이 자신에게 인사하는 모습을 본 요셉은 신이 나서 이 꿈 이야기를 형들과 아버지에게 합니다. 그런데 왜 열한 개의 별이냐면 나머지 한 개의 별은 바로 요셉 자신이기 때문입니다. 야곱의 아들 열둘이 열두 지파, 이스라엘의 조상인 것을 보면 열두 별이란 바로 이스라엘을 가리킨다는 것이 여기에서도 명확해집니다. 비록 하나님의 뜻에 따라 실무적인 지파 구성은 레위와 요셉이 빠지고 요셉의 아들들인 므낫세와 에브라임이 들어가는 것으로 재편성되었지만요. 아니, 별의 숫자가 겹친다는 것만으로 너무 쉽게 단정하는 거 아니냐고요? 그럴 리가요. 아들 요셉의 꿈 이야기를 들은 그의 아버지, 야곱이 뭐라고 말하는지 한번 살펴보겠습니다.

그가 그의 꿈을 아버지와 형들에게 말하매 아버지가 그를 꾸짖고 그에게 이르되 내가 꾼 꿈이 무엇이냐, 나와 네 어머니와 네 형들이 참으로 가서 땅에 엎드려 내게 절하겠느냐, (창 37:10)

그렇습니다. 야곱은 그 해와 달과 열두 별의 꿈이 야곱 자신과 열두 아들들임을 인지하고 있었던 것입니다. 그러니 두말 할 것 없이 이 여인은 야곱의 자손, 이스라엘과 그 열두 지파까지 상징하는 것임에 틀림없습니다.

이 여자가 아이를 배어 해산하게 되매 아파서 애를 쓰며 부르짖더라. (계 12:2)

그런데 어째 등장하자마자 상태가 별로 좋지 않습니다. 해와 달과 별들을 동반하고 폼 나게 등장한 것과 달리 상당히 힘들어 보이는 모습입니다. 출산의 고통으로 극심하게 아파하는….

하늘에 또 다른 이적이 보이니, 보라, 한 큰 붉은 용이 있어 머리가 일곱이요, 뿔이 열이라. 그 여러 머리에 일곱 왕관이 있는데 (계 12:3)

그 순간 또 다른 환상이 나타났는데 거대한 레드 드래곤, 붉은 용 한 마리가 나타났습니다. 일곱 개나 되는 머리에 열 개의 뿔이 있고 머리마다 왕관을 쓴 모습인데 나중에 등장하는 〈짐승〉이 똑같이 일곱 머리에 열 뿔과 일곱 왕관을 쓴 것을 보면 그 짐승의 권세가 이 용으로부터 근원하였음을 알 수 있습니다. 게다가 그 색깔이 붉다고 하니 확실히 〈빨갱이〉로 상징되는 공산주의 사상이 사탄에게서 나온 개념이라는 것도 어렴풋이 알 듯합니다.

(사탄의 힘이 개입된 모든 혁명과 투쟁에는 붉은색을 상징으로 사용하는 것이 괜한 것이 아니라 이러한 영적 배경이 있습니다.)

그 꼬리가 하늘의 별 삼분의 일을 끌어다가 땅에 던지더라. 용이 해산하려는 여자 앞에서 그가 해산하면 그 아이를 삼키고자 하더니

(계 12:4)

　이 장면은 상당히 방대한 시간과 사건을 상징으로 축소한 환상인데 원래 대천사장이었던 사탄이 하나님께 반기를 들 때 그에게 동조한 천사들이 전체 천사의 3분의 1가량이었다고 합니다. 당연히 그들은 사탄과 더불어 천국에서 모조리 쫓겨났고 그때부터 타락 천사들은 공중과 땅을 오가며 인간들을 미혹하고 하나님을 대적하는 짓을 계속해 오고 있었던 것입니다. 사탄의 반역과 축출은 거의 천지 창조와 비슷한 어간에 벌어진 태초의 사건인데 그 사건과 함께 예수님이 태어나실 때 온갖 수단으로 예수님을 죽이려 했던 것을 동시에 보여 주는 환상입니다. 아시는 바와 같이 예수님께서 태어나신 후 헤롯이 두 살 아래 남자 아기들을 모조리 죽이게 했던 것과 이후에도 수없이 바리새인들과 서기관들, 사두개인들을 통해 예수님을 해치려 한 것과 결국은 예수님을 십자가에 못 박는 데까지 이른 그 모든 것이 바로 사탄, 즉 용이 그 여인의 아이를 삼키려 시도했던 것들입니다.

여자가 아들을 낳으니 이는 장차 철장으로 만국을 다스릴 남자라.
그 아이를 하나님 앞과 그 보좌 앞으로 올려가더라. (계 12:5)

　당연히 예수님께서는 십자가에 달리신 후 사흘 만에 부활하셨고 하나님의 보좌 앞으로 승천하셨습니다. 많은 성도님들께서 〈들려 올라간다〉는 것으로 휴거를 연상하며 더군다나 앞의 두아디라 교회에 주시는 상급 중에 〈철장으로 다스릴 권세〉 어쩌고 하는 것이 있어 더더욱 그 아이를 교회로 생각하기도 합니다만 자세히 읽어 보면 철장으로 모든 민족과 만국을 다스릴 권세는 오로지 예수님께만 주어진 것이며 교회와 성도들에게 그 권세를 나누어 주시는 것입니다. 혹자는 여인을 교회로, 아이를 예수님으로 보기도 하는데 예수님이 교회를 낳으셨지, 교회가 예수님을 낳은 게 아니며, 예수님이 교회를 낳으셨다는 것으로 그 여인을 예수님으로 해석하는 경우도 있습니다만 성경 어디에도 예수님을 여자로 비유한 바가 없습니다. 반면 이스라엘은 아주 많은 경우 여인으로 비유되었으며 교회 또한 남자·아들보다는 여인으로 묘사된 경우가 많습니다. 당장 어린양의 신부, 아내가 교회이니 말입니다.

그들은 이스라엘 사람이라. 그들에게는 양자됨과 영광과 언약들과 율법을 세우신 것과 예배와 약속들이 있고 조상들도 그들의 것이요, 육신으로 하면 그리스도가 그들에게서 나셨으니 그는 만물 위에 계셔서 세세에 찬양을 받으실 하나님이시니라, 아멘. (롬 9:4~5)

사도 바울의 한마디로 정리가 끝났습니다. 예수님께서는 만물 위에 계셔서 영원히 찬양받으실 하나님이시며 육신으로는 〈이스라엘에게서 나셨다〉는 것이 확실해졌습니다. 굳이 해석을 확대하면 예수님께서 부활 승천하셨듯, 예수님을 영접하여 구속받은 교회도 그리스도의 몸이기에 〈죽은 자가 먼저 부활하여 들림받고〉, 살아 있는 성도들도 들림받는 휴거를 묘사한 것이라고 해도 얼추 들어맞기는 한데 그 아이의 출신성분(?)이 이스라엘로부터 태어났다는 전제 조건이 있기 때문에 이방인 교회의 휴거로 보기에는 약간의 빈틈이 있다고 하겠습니다.

그 여자가 광야로 도망하매 거기서 천이백육십 일 동안 그를 양육하기 위하여 하나님께서 예비하신 곳이 있더라. (계 12:6)

(바로 이어지는 이 말씀 때문에라도 아들을 낳은 여인은 이스라엘 외에 다른 무언가로 해석될 수가 없습니다.)

창세 때 사탄의 반란 → 초림 때 사탄의 예수님 해침 → 7년 대환난까지 각 파트마다 수천 년이 훨훨 건너뛰는 거대한 환상인데 당연히 그 여인이 광야로 도망하는 장면은 후 3년 반이 시작되어 본격적으로 적그리스도가 이스라엘을 핍박하자 유대인들이 하나님께서 광야에 준비하신 도피성으로 향하는 모습입니다. 산후조리 기간은 1,260일로 딱 3년 반에 해당합니다.

하늘에 전쟁이 있으니 미가엘과 그의 사자들이 용과 더불어 싸울 새 용과 그의 사자들도 싸우나 이기지 못하여 다시 하늘에서 그들이 있을 곳을 얻지 못한지라. (계 12:7~8)

이 장면은 앞에서 용이 별 3분의 1을 땅으로 끄집어 내리는 태초의 반란 사건이 아닙니다. 전 3년 반이 끝날 무렵에 말 그대로 하늘에서 벌어진 천군 천사들과 타락 천사들의 맞짱인데 용과 그의 천사들이 〈하늘에서 더 이상 있을 곳이 없다〉는 것에 약간 주목할 필요가 있습니다. 사도 바울께서 천국에 다녀왔을 때 그분은 〈셋째 하늘에 올랐다〉고 적었는데 왜 하필 셋째 하늘일까 하면 첫째 하늘은 우리가 위로 올려다보면 보이는 대기권이며, 둘째 하늘은 지구와 천국 사이의 우주 공간이며, 셋째 하늘이 바로 하나님이 계시는 천국인 것입니다. 사탄은 〈지옥 권세〉를 가진 자가 아니라 〈공중 권세〉를 잡은 자로서 그의 처소는 흔히들 생각하시는 것처럼 지옥의 보좌가 아니라 천국과 지구 사이의 우주 공간, 은하계라 불리는 지역이며 그곳에서 권세를 잡고 머물면서 지구를 오가며 공작을 펼치는 것입니다. 그의 수하들인 타락 천사, 마귀들도 마찬가지입니다. 그들 중 굵직한 것들은 홍수 이전의 인류를 미혹하여 네피림을 만들고 깽판을 부리다가 홍수로 한바탕 쓸려나간 후에도 가나안 족속들을 미혹하여 똑같이 네피림을 만들고 개판을 부렸지요.

당시에 땅에는 네피림이 있었고 그 후에도 하나님의 아들들이 사람의 딸들에게로 들어와 자식을 낳았으니 그들은 용사라. 고대에 명성이 있는 사람들이었더라. (창 6:4)

그 당시에 땅에는 거인들이 있었고, 그 후에도 있었으니, 즉 하나님의 아들들이 사람의 딸들에게 들어와서 그녀들이 그들에게 자식들을 낳았을 때며, 그들은 옛날의 용사들로 유명한 사람들이 되었더라. (창 6:4, 킹제임스)

노아 당시에 한 번 시도했다가 홍수로 실패하고, 이후에 가나안 족속들에게 다시 한번 시도했다가 이번에는 출애굽 하는 히브리 백성들에게 하나님께서 딸려 보내신 막강한 천사로 인해 또다시 무너지고 그때 이 타락 천사들은 네피림 생산을 위한 혼혈 작업이 완전히 실패하며 지옥으로 붙들려 들어갔을 것으로 보입니다.

이스라엘 진 앞에 가던 하나님의 사자가 그들의 뒤로 옮겨 가매 구름 기둥도 앞에서 그 뒤로 옮겨 (출 14:19)

내가 사자를 네 앞서 보내어 길에서 너를 보호하여 너를 내가 예비한 곳에 이르게 하리니 너희는 삼가 그의 목소리를 청종하고 그를 노엽게 하지 말라. 그가 너희의 허물을 용서하지 아니할 것은 내 이름이 그에게 있음이니라. (출 23:20~21)

내 사자가 네 앞서 가서 너를 아모리 사람과 헷 사람과 브리스 사람과 가나안 사람과 히위 사람과 여부스 사람에게로 인도하고 나는 그들을 끊으리니 (출 23:23)

(유대 전승에 의하면 이 강대한 천사는 에녹이 변신한 〈메타트론〉입니다.)

네피림의 후손 거인들이 히브리 백성들의 칼날에 죽어 나가는 동안 영적인 이면에서는 그 네피림의 아비들인 타락 천사들이 이 강대한 천사에게 얻어터지고 있었고 그 결과 이런 일이 벌어지게 되었습니다.

하나님이 범죄 한 천사들을 용서하지 아니하시고 지옥에 던져 어두운 구덩이에 두어 심판 때까지 지키게 하셨으며 (벧후 2:4)

하나님께서는 죄를 지은 천사들조차 아끼지 않으시고 지옥에 던져서 흑암의 사슬에 내어주어 심판 때까지 가두어 두셨으며 (벧후 2:4, 킹제임스)

또 자기 지위를 지키지 아니하고 자기 처소를 떠난 천사들을 큰 날의 심판까지 영원한 결박으로 흑암에 가두셨으며 (유 1:6)

이렇게 굵직한 타락 천사들이 결박되어 지옥에 유폐되는 사건이 벌어지게 되었습니다. 그러나 인간의 경작을 위해 마귀들의 활동을 한시적으로 허용하시는 것이 하나님의 뜻인 터라 은하계라 일컫는 어두운 우주 공간은 사탄과 마귀들의 구역으로 남게 되어 이로써 사탄은 〈공중 권세 잡은 자〉라 불리게 되며 하나님께서 지으신 것들 중에 궁창, 즉 하늘은 보시기에 좋다는 평을 받지 못하게 되었던 것입니다. 또한 마귀는 지옥을 다스리는 자가 아니라 지옥에 갇혀 있는 자임이 확실해졌으니 사탄이 지옥에서 왕 노릇 하며 노닥거리는 지옥 간증들은 그냥 비성경적 낭설에 불과합니다.

큰 용이 내쫓기니 옛 뱀 곧 마귀라고도 하고 사탄이라고도 하며 온 천하를 꾀는 자라. 그가 땅으로 내쫓기니 그의 사자들도 그와 함께 내쫓기니라. (계 12:9)

지구와 천국 사이의 어두운 하늘, 우주 공간, 은하계, 그리고 깊음이라 불리는 우주 공간의 거대한 물층에 머물던 사탄과 마귀들은 마침내 그곳에

서조차 퇴거 명령을 받게 되고 반항을 해 보았으나 미카엘을 비롯한 천사들이 법원의 영장을 받아 온 집달리로 빙의하여 빨간 딱지를 붙여 대니 배길 재간이 없습니다. 결국 그들은 모조리 쫓겨나고 말았습니다. 특기할 만한 것은 사탄을 일컬어 〈옛 뱀〉이라고 하는데 이 표현인즉슨 바로 옛날에 에덴동산에서 아담과 이브를 낚아서 선악과를 따 먹고 타락하게 만들었던 바로 그 뱀이라는 의미입니다.

내가 또 들으니 하늘에 큰 음성이 있어 이르되 이제 우리 하나님의 구원과 능력과 나라와 또 그의 그리스도의 권세가 나타났으니 우리 형제들을 참소하던 자, 곧 우리 하나님 앞에서 밤낮 참소하던 자가 쫓겨났고 또 우리 형제들이 어린 양의 피와 자기들이 증언하는 말씀으로써 그를 이겼으니 그들은 죽기까지 자기들의 생명을 아끼지 아니하였도다. (계 12:10~11)

하나님의 법정에서 마치 검사라도 된 것처럼 성도들을 참소하고 음해하며 고소를 일삼던 사탄은 결국 이렇게 피크에 몰리는 신세가 되었습니다. 우리가 흔히 사탄, 사탄 하지만 그것은 엄밀히 따지면 이름이라기보다는 일종의 〈직책명〉인데 원어로 하면 그 뜻은 〈대적하는 자〉, 〈방해꾼〉을 의미하며 흔히 마귀라고 하는 것도 헬라어로는 〈중상모략하는 자〉, 〈고소꾼〉에 해당하는 단어인 〈디아볼로스〉입니다. 얼마나 상습적으로 모함과 음해를 하고, 고소를 일삼았으면 그 단어가 그대로 〈마귀〉를 뜻하는 표현이 되었으며 얼마나 하나님과 성도들을 대적하고 방해를 해 댔으면 그 단어가 그대로 이름이 되었겠습니까. 그러나 어린 양이신 예수님의 십자가 보혈, 그리고 그 구원의 복음은 그 사탄과 마귀들을 넉넉히 쳐부수고도 남으며 영적 전쟁에서 이미 승리를 가져다준 열쇠입니다. 우리가 죽기까지 예수님에 대한 사랑과 믿음을 잃지 않고 우리 자신이 믿고, 또 그 복음을 전한다면 그 어떤 마귀도 우리를 이길 수 없을 것입니다.

그러므로 하늘과 그 가운데에 거하는 자들은 즐거워하라. 그러나 땅과 바다는 화 있을 진저. 이는 마귀가 자기의 때가 얼마 남지 않은 줄을 알므로 크게 분 내어 너희에게 내려갔음이라, 하더라. (계 12:12)

이미 환난 전에 휴거되어 천국에 거하는 교회와 성도들은 한바탕 혼인 잔치를 누리며 즐겁게 웃고 떠들고 있건만 지상에 남은 사람들은 완전히 새 됐습니다. 이제 공중에서도 쫓겨난 마귀들이 갈 곳이라고는 이 땅뿐이라 그대로 지구로 내려왔단 말이지요.

용이 자기가 땅으로 내쫓긴 것을 보고 남자를 낳은 여자를 박해하는지라. 그 여자가 큰 독수리의 두 날개를 받아 광야 자기 곳으로 날아가 거기서 그 뱀의 낯을 피하여 한 때와 두 때와 반 때를 양육 받으매 (계 12:13~14)

용, 사탄은 공중에서 쫓겨나 땅으로 내려온 후 자신의 대리인인 짐승, 적그리스도에게 자기 보좌와 권세와 능력을 등기 이전하여 거의 합체하며 본격적으로 적그리스도가 영도하는 세계정부, 그리고 신세계 질서의 모든 역량을 총동원해 그 여인, 이스라엘을 박해하기 시작합니다. 앞에서는 1,260일이라고 하는 것을 여기에서는 한 때와 두 때와 반 때라고 하는데 옛날 다니엘 선지자도 이러한 표현을 사용한 바 있습니다.

그가 장차 지극히 높으신 이를 말로 대적하며 또 지극히 높으신 이의 성도를 괴롭게 할 것이며 그가 또 때와 법을 고치고자 할 것이며 성도들은 그의 손에 붙인 바 되어 한 때와 두 때와 반 때를 지내리라. (단 7:25)

내가 들은즉 그 세마포 옷을 입고 강물 위쪽에 있는 자가 자기의 좌우 손을 들어 하늘을 향하여 영원히 살아 계시는 이를 가리켜 맹세하여 이르되 반드시 한 때 두 때 반 때를 지나서 성도의 권세가 다 깨어지기까지이니 그렇게 되면 이 모든 일이 다 끝나리라, 하더라. (단 12:7)

그 적그리스도가 패악질을 하는 기간을 일컬어 〈한 때와 두 때와 반 때〉라고 하며 이것은 환산하면 3년 반이고 성전 밖 뜰이 이방인들에게 짓밟히는 마흔두 달과도 일치하며 이 기간이 바로 7년 대환난의 후 3년 반입니다. 그 기간에는 이스라엘은 더 이상 제대로 국가로서 존속할 수 없으며 권세는 모조리 깨지고 산산이 흩어져 목숨 부지하기에도 급급할 것입니다.

내가 애굽 사람에게 어떻게 행하였음과 내가 어떻게 독수리 날개로 너희를 업어 내게로 인도하였음을 너희가 보았느니라. (출 19:4)

독수리 날개를 받아서 광야로 왔다고 하니 항공 수단 같은 것을 떠올릴 수도 있지만 출애굽 때처럼 하나님께서 특별히 도우셔서 인도하신 것 자체를 〈독수리 날개〉로 표현하는 것입니다. 물론 그 특별한 도우심 중에 항공 수단도 포함될 수 있지만요. 그러면 그 여인이 독수리 날개를 받아서 달아나다가 도착하게 될 광야의 그 처소가 어디인지도 한번 살펴볼 필요가 있습니다.

너희는 이 땅 통치자에게 어린 양들을 드리되 셀라에서부터 광야를 지나 딸 시온 산으로 보낼지니라. (사 16:1)

나의 쫓겨난 자들이 너와 함께 있게 하되 너 모압은 멸절하는 자 앞에서 그들에게 피할 곳이 되라. 대저 토색하는 자가 망하였고 멸

절하는 자가 그쳤고 압제하는 자가 이 땅에서 멸절하였으며 (사 16:4)

여기서 1절의 셀라는 그 유명한 〈페트라〉를 뜻하며 그와 더불어 모압에게도 쫓겨난 이스라엘 백성들에게 숨을 곳이 되어 주라고 하나님께서 명령하시는 말씀이 나오는데 이 말씀은 이사야 선지자 당시 모압에 대한 예언임이 일차적 의미이지만 이차적 의미는 바로 에돔 광야의 페트라와 모압 일대가 후 3년 반에 이스라엘이 피신하도록 하나님께서 준비하신 도피처라고 보고 있습니다. 야곱의 형 에서의 후손인 에돔과 롯과 딸의 근친으로 태어난 후손 모압은 구약 역사 내내 이스라엘을 괴롭힌 걸림돌이었으나 대환난 때 이스라엘을 구하기 위해 하나님께서 미리 예비하신 존재들이었다고 하면 지나친 비약일지 모르겠습니다. 어쨌든 하나님의 도우심으로 무사히 도피처로 이동한 이스라엘을 역시나 용은 가만히 놔두지 않고 한바탕 공세를 가합니다.

여자의 뒤에서 뱀이 그 입으로 물을 강 같이 토하여 여자를 물에 떠내려가게 하려 하되 땅이 여자를 도와 그 입을 벌려 용의 입에서 토한 강물을 삼키니 (계 12:15~16)

앞에서는 용이더니 이스라엘과 직접 맞상대를 할 때는 아예 뱀으로 한 급이 더 깎였습니다. 어쨌든 그 용인지, 뱀인지가 물을 토하여 그 여인을 떠내려가게 했다는데 이것이 정말 홍수일 수도 있고, 혹은 페트라와 모압 일대가 아랍 권역이니 전통적으로 이스라엘을 대적하였던 데다가 곡과 마곡 전쟁 이후 더더욱 칼을 갈고 있을 아랍 연합의 군대를 동원하여 이스라엘의 도피처들을 공격하도록 시켰을 수도 있습니다. 그러나 어떤 것이든 간에 하나님의 초월적인 도우심으로 인하여 그 시도는 모조리 격퇴되었고 용은 하늘에서도 깨지고 땅에서도 깨진 충격에 또 한 번 멘붕이 되어 버립니다.

용이 여자에게 분노하여 돌아가서 그 여자의 남은 자손, 곧 하나님의 계명을 지키며 예수의 증거를 가진 자들과 더불어 싸우려고 바다 모래 위에 서 있더라. (계 12:17)

그러자 그 용이 여인에게 분노하여 여인의 씨 가운데 남은 자들, 즉 하나님의 계명들을 지키며 예수 그리스도의 증거를 가진 자들과 싸우려고 나가더라. (계 12:17, 킹제임스)

제대로 열이 뻗친 용은 분노하며 새로운 전쟁을 준비하는데 그 대상은 하나님의 계명을 지키고 예수님의 증거를 가진 자들이라고 하니 많은 사역자들이 〈교회 성도〉들이라 생각하고 교회 환난 통과설을 주장하기도 했습니다. 또한 환난 전 휴거를 믿는 축에서도 이들을 환난에 남은 성도들 정도로 보고 있는데 사실 예수님의 증거라는 표현에서 교회 성도를 떠올리기 일쑤이지만 그보다 더 중요한 것은 〈그 여인의 남은 자손〉이라는 것입니다. 우선 그 여인의 자손이고, 그중에서 하나님의 계명을 지키고 예수님의 증거를 가진 자들이라는 것이지요. 현재의 유대인 상태로는 상상하기 힘들지만 곡과 마곡 전쟁 직후 이스라엘은 일차적으로 회심합니다.

그날 이후에 이스라엘 족속은 내가 여호와, 자기들의 하나님인 줄을 알겠고 (겔 39:22)

전에는 내가 그들이 사로잡혀 여러 나라에 이르게 하였거니와 후에는 내가 그들을 모아 고국 땅으로 돌아오게 하고 그 한 사람도 이방에 남기지 아니하리니 그들이 내가 여호와, 자기들의 하나님인 줄을 알리라. (겔 39:28)

그리고 전 3년 반 동안 두 증인의 예언과 사역으로 다시 한번 회심할 기회를 갖게 되며, 동시에 14만 4천 명 동포 유대인 종들의 사역으로 인해 회심할 타이밍을 얻습니다. 그러니 이스라엘은 현재와는 달리 대환난 동안에는 상당히 많이 회심하게 된 상태이며 최종적으로 하나님의 보호 아래 보존되는 숫자가 전체 인구의 3분의 1에 해당하는 것입니다. 그러니 유대인이라 해도 대환난에 이르면 거의 환난 전의 그리스도인들과 비슷한 상태인데 그들 중에 다행히 도피처로 들어간 사람들은 보호 아래 있게 되지만 한순간 삐끗하는 바람에 도피처로 들어가지 못했거나, 혹은 제대로 회심하지 못했다가 동포들이 도피처로 들어가는 것을 보고, 아니면 적그리스도가 본색을 드러내는 것을 보고, 뒤늦게 회심한 유대인들은 〈남은 자〉가 되어 용의 분노를 온몸으로 맞닥뜨리게 되는 것입니다. 물론 〈여인의 남은 자손〉이라는 표현으로 인하여 용이 싸우러 나가는 상대는 유대인이 1순위이지만 각국에 잔존한 성도들, 휴거를 목격하거나 혹은 환난 때에 들어서서 영접하여 믿게 된 자들도 당연히 용의 제거 대상입니다. 이제 본격적으로 헬게이트가 열리고 적그리스도에 의한 마흔두 달, 후 3년 반, 짐승의 표와 우상 숭배가 강요되는 가장 무서운 시대를 마주하게 된 인류와 이스라엘입니다.

요한계시록의 최대 핵심이자 이 장을 어떻게 해석하느냐에 따라 계시록을 보는 관점이 타당한가, 아닌가를 가늠하게 되는 가장 중요한 대목인데 짐승과 거짓 선지자, 짐승의 표의 실체에 대해 이어지는 계시록 13장 강해를 기대해 주십시오.

내가 보니 바다에서 한 짐승이 나오는데 뿔이 열이요, 머리가 일곱이라. 그 뿔에는 열 왕관이 있고 그 머리들에는 신성 모독하는 이름들이 있더라. (계 13:1)

13장.

짐승의 표와 후 3년 반 ───────

　내가 보니 바다에서 한 짐승이 나오는데 뿔이 열이요, 머리가 일곱이라. 그 뿔에는 열 왕관이 있고 그 머리들에는 신성 모독하는 이름들이 있더라. (계 13:1)

　내가 바닷가 모래 위에 서서 보니, 한 짐승이 바다에서 올라오는데, 일곱 머리와 열 뿔을 가졌더라. 그 뿔들에는 열 개의 왕관이 있고 그 머리들에는 하나님을 모독하는 이름들이 있더라. (계 13:1, 킹제임스)

　우리가 너무나 잘 아는 계 13장 1절 말씀인데 킹제임스 성경과 개역성경이 뭔가 뉘앙스가 다른 게 느껴지실 것입니다. 바다에서 한 짐승이 나오고 뿔 열 개, 머리 일곱 개, 머리들마다 면류관을 쓴 것까지는 같은데 킹제임스에서는 사도 요한이 바닷가 모래 위에 서 있는데 개역성경에서는 그냥 보고 있다고 나와 있지요. 이 바닷가 모래는 왜 개역성경에는 없는 것일까요?

　용이 여자에게 분노하여 돌아가서 그 여자의 남은 자손, 곧 하나님의 계명을 지키며 예수의 증거를 가진 자들과 더불어 싸우려고 바다 모래 위에 서 있더라. (계 12:17)

같은 구절을 한글 킹제임스로 보면 이렇습니다.

그러자 그 용이 여인에게 분노하여 여인의 씨 가운데 남은 자들, 즉 하나님의 계명들을 지키며 예수 그리스도의 증거를 가진 자들과 싸우려고 나가더라. (계 12:17, 킹제임스)

여기에는 거꾸로 개역 성경에는 용이 바다 모래 위에 서 있다고 하고 킹제임스에서는 그냥 싸우려고 나갔다고만 하고 있습니다. 13장 1절에서는 보셨다시피 바닷가 모래 위에 서 있는 것이 용이 아니라 사도 요한이었지요. 뭔가 되게 재미있는 상황인데 그렇다면 바다 모래 위에 서 있는 사람이 용인가, 사도 요한인가 한 번쯤 궁금해질 수도 있습니다. 사실 성경의 원래 사본은 장절 구분이 딱 부러지게 되어 있지 않고 한 덩어리로 줄줄이 나열되고 있는 것을 번역하는 분들이 면밀하게 내용을 확인한 후 장과 절을 나누어 역본들을 만들어 낸 것입니다. 애초에 한 덩어리로 나오는 것을 나누다 보니 이쯤에서 끊을까, 저쯤에서 끊을까 하는 미묘한 타이밍으로 인하여 이쪽에서는 용이 바다 모래 위에 서 있고, 저쪽에서는 사도 요한이 바닷가 모래 위에 서 있는 기묘한 상황이 나온 것입니다. 그러나 그 장면 자체를 그려 보면 사도 요한이 바다에서 나오는 짐승을 바라보는 위치이기 때문에 당연히 그는 바닷가에 서 있어야 했고 바다에서 나오는 짐승에게 권세를 주려면 당연히 용도 바닷가에 서 있어야 하기에 바다를 바라보며 용과 요한이 나란히 서 있는 그런 모습입니다. 이런 것을 잘 모른 채 너무 상징적으로, 영적으로 해석하는 분들께서는 바다는 무엇이고, 바다 모래는 무엇이고 하며 지나친 의미 부여를 하시는 경우가 많지요. 계 13장 전체가 후 3년 반을 조감하는 거대한 환상이기에 굳이 디테일한 부분까지 일일이 영적인 의미를 붙일 필요는 없습니다. 시작부터 조금 유식하게 발을 들여 보았습니다.

짐승이 바다에서 나온다고 하는 장면을 흔히 〈바다〉를 세상의 각 나라들과 민족들을 가리키는 의미로, 혹은 지중해 바다를 근거로 한 로마 제국으로, 혹은 짐승, 적그리스도의 처소인 무저갱의 입구가 바닷속에 있다는 것으로 여러 가지 해석을 합니다만 단 7장에서 보면 거기에서도 네 짐승이 바다에서 나오고 있습니다.

큰 짐승 넷이 바다에서 나왔는데 그 모양이 각각 다르더라. (단 7:3)

네 짐승은 바빌론, 페르시아, 헬라, 로마 제국을 각각 가리키는데 특정한 인격체가 아니라 〈나라〉를 의미하는 것입니다. 그런 이유로 〈바다에서 나오는 짐승〉이란 특정한 인물인 적그리스도를 가리킴과 동시에 〈그가 다스릴 나라〉를 의미하는 것이라고 해석하는 것이 가장 적합할 듯합니다. 위의 모든 해석을 다 갖다 붙인다면 〈여러 나라들과 민족들로 구성되고 지중해를 근거로 한 로마 제국의 후신을 다스리는 적그리스도가 자기 처소인 바닷속의 무저갱에서 〈올라온다〉라는 한 문장으로 표현이 가능하겠습니다.

적그리스도는 당연히 외형은 인간이지만 영적 모습은 짐승 같은 괴물이며 마귀인데 열 뿔을 가진 것은 다니엘 선지자도 언급한 바와 같이 넷째 짐승, 로마 제국의 강역에서 일어난 10개국을 의미합니다. 이 10개국을 중심으로 유럽이 하나로 뭉쳐 옛 로마 제국을 재건하듯이 유럽 합중국을 수립할 것이며 그 나라가 바로 적그리스도의 세계정부를 이루는 베이스입니다. 그가 가진 일곱 머리에 대한 전통적인 해석은 이스라엘 백성들을 지배하거나 억압한, 그리고 억압할 예정인 제국들이라는 것인데 이집트, 앗시리아, 바빌론, 페르시아, 헬라, 로마, 유럽 합중국, 그리고 최종적으로 적그리스도가 수립할 단일 세계정부입니다. 현재 유럽 연합이 10개국이 훨씬 넘었어도 이 열 뿔에 대한 해석이 틀릴 수가 없는 이유가 있는데….

구 로마 제국의 강역입니다.

유럽 연합의 가입국들 중에 로마 제국의 강역에 포함되는 국가들을 먼저 가입한 순서대로 나열하여 선착순 10개국으로 끊으면 그 10개국, 열 뿔이 세팅되는 것입니다. 이 로마 제국의 속령들을 현재 국가와 대입해 보면 이러합니다. 단, 당시의 국경과 현대 국경이 일치하지 않아 이리저리 맞물려 있어 큰 범위로 나누어 대입한 것임을 감안해 주십시오.

1. 브리타니아 - 영국

2. 갈리아 - 프랑스

3. 갈리아 벨기카 - 네덜란드, 벨기에, 룩셈부르크

4. 서부 게르마니아 - 독일

5. 라이티아 - 스위스

6. 노리쿰 - 오스트리아

7. 판노니아 - 헝가리, 크로아티아, 유고슬라비아, 보스니아

8. 하이모니아 - 루마니아, 불가리아

9. 헬라스 - 그리스, 알바니아, 마케도니아

10. 히스파니아 - 스페인, 포르투갈

이렇게 보면 구 로마 제국의 판도에 해당하는 유럽 국가들을 열 맞춰 세워 놓으면 이러한 국가들이 들어갑니다.

> 영국, 프랑스, 독일, 네덜란드, 벨기에, 룩셈부르크, 이탈리아, 스위스, 오스트리아, 헝가리, 크로아티아, 보스니아, 유고슬라비아, 루마니아, 불가리아, 그리스, 알바니아, 마케도니아, 스페인, 포르투갈

1995년까지 가입한 유럽 연합 구성원들은 이렇습니다.

> 영국, 프랑스, 아일랜드, 덴마크, 룩셈부르크, 독일, 이탈리아, 네덜란드, 벨기에, 그리스, 스페인, 포르투갈, 오스트리아, 핀란드, 스웨덴

이 중에서 로마 제국의 판도에 들어가는 나라들을 모으면….

> 영국, 프랑스, 룩셈부르크, 독일, 이탈리아, 네덜란드, 벨기에, 그리스, 스페인, 포르투갈, 오스트리아

이렇게 총 11개국이 남습니다. 이걸 보고 〈어? 그래도 열 뿔이 아니라 열한 개인데?〉라고 생각하시지는 마시고 브렉시트로 유럽 연합을 탈퇴한 영국을 뎅겅 도려 내시면 결국 적그리스도의 국가를 결성할 로마 제국의 판도에서 나올 열 개의 뿔은 프랑스, 룩셈부르크, 독일, 이탈리아, 네덜란드, 벨기에, 그리스, 스페인, 포르투갈, 오스트리아 등 10개국인 셈이지요. (참 쉽죠잉?)

더군다나 대환난 와중에 맞서게 될 적그리스도의 나라, 유럽과 이스라엘 간에는 기가 막힌 기연이 있었으니….

1차 중동전쟁은 1948년 5월에 발발하여 1949년 3월에 종결되었고 이

전쟁으로 2,000년의 유랑과 고난을 마치고 이스라엘이 고토를 회복하기에 이르렀는데 바로 그 1948년에 유럽 연합의 싹이라 할 수 있는 〈베네룩스 3국 관세동맹〉이 체결되었고 1949년에는 유럽 심의회가 결성된 것입니다. 2차 중동전쟁은 1956년 10월에 발발하여 1957년 3월에 종결되었는데 유럽에서는 1957년에 〈유럽 경제 공동체〉를 결성하기 위한 로마 조약이 체결되어 유럽 연합의 움직임은 한층 진도가 나갔습니다. 3차 중동전쟁은 1967년에 발발하여 6일 만에 이스라엘의 승리로 끝맺어 예루살렘을 회복하였는데, 그해에 유럽에서는 유럽 경제 공동체(EEC)가 유럽 공동체(EC)로 개편되었습니다. 4차 중동전쟁은 1973년에 발발하였는데 그해에 유럽에서는 영국과 덴마크, 아일랜드의 EC 가입으로 9개국이 모였고 열 개의 뿔까지 불과 하나를 남겨 놓은 상황이었습니다. 중동 국가들에게 우겨쌈을 당하던 이스라엘이 작심하고 뛰쳐나와 중동 국가를 선제 타작을 한 이라크 공습이 있었던 1981년, 바로 그해에 그리스의 가입으로 EC는 마침내 10개국이 완성되었습니다. (소박하지만 열 개의 뿔이다….)

이스라엘이 〈팔레스타인 난민〉을 자칭하는 아랍 버러지들을 토벌하기 위한 전쟁을 벌이던 1차 이스라엘-팔레스타인 전쟁은 1987년에 발발하여 1993년까지 이어졌는데 이 전쟁 와중에 유럽은 1992년에 마스트리흐트 조약으로 유럽 공동체(EC)가 현재의 유럽 연합(EU)으로 출범하였고, 이로써 1993년에 〈유럽 단일 시장〉이 완성되어 유럽의 경제가 통합되기에 이르렀습니다. 이스라엘에 뭔가 굵직한 일이 일어날 때마다 기다렸다는 듯이 유럽 연합의 진도가 나가는 것이 과연 우연한 일이겠습니까? 이스라엘을 위해 예비 된 70 이레 중 예수님의 십자가 못 박히심까지 69 이레가 지나가고 거기서 시계가 멈추어 교회 시대에 접어들었는데 휴거가 일어나면 다시 이스라엘의 마지막 한 이레가 가동되며 그 한 이레에 이스라엘과 더불어 빛과 흑암의 쌍벽을 이루게 될 적그리스도의 나라, 유럽 연합의 결성은 놀랍게도 이스라엘 멸망에서 2,000년이 지나 이스라엘이 고토를 회복하여 무화과나무가 다시 심기고 가지가 연해지고 잎을 내기 시작하자마자 기다렸다는 듯이 타이밍을 맞추어 진행되고 있었던 것입니다. 이스라엘이 재건되고 굳건히 서기까지 굵직굵직한 역사와 견주어 보면 이스라엘 건국 → 예루살렘 회복 → 중동 평화협정으로 각을 맞출 수가 있는데 같은 시기 유럽 연합의 진도와 간단하게 비교해 보면 이렇습니다.

> **1948년 - 이스라엘 건국, 베네룩스 3국 관세동맹 체결**
> **1967년 - 예루살렘 회복, 유럽 공동 시장 결성**
> **1979년 - 중동 평화협정, 유럽 통화 체제 결성**

(이스라엘과 이집트의 1979년 평화협정으로 두 번 다시 1~4차 중동전쟁 때처럼 중동 국가들이 떼거지로 모여 이스라엘을 치는 전쟁은 벌어지지 않게 되었고 이스라엘이 중동의 패자로 급부상했는데 바로 그 해에 유럽에서는 유럽 단일 통화를 만들기 위한 유럽 통화 체제(EMS)가 결성되었습니다.)

저는 바로 이런 이유로 열 뿔을 세계정부 10대 구역 같은 게 아닌, 유럽 합중국으로 해석하고 있습니다. 세계정부 10대 구역은 일루미나티의 신세계 질서 계획의 일부이며 예언된 열 뿔과는 같은 열 개라는 것 외에 성경적 접점은 없다고 봅니다. 딱 한 절 푸는데 벌써부터 만리장성을 쌓고 있습니다.

내가 본 짐승은 표범과 비슷하고 그 발은 곰의 발 같고 그 입은 사자의 입 같은데 용이 자기의 능력과 보좌와 큰 권세를 그에게 주었더라. (계 13:2)

단 7장을 보시면 다니엘 선지자가 목격한 네 제국이 각각 사자와 곰과 표범과 무서운 짐승 모습을 하고 있는데 바다에서 올라온 짐승이 앞의 사자, 곰, 표범의 모습을 모두 다 갖춘 것을 볼 때 확실히 짐승의 나라가 로마 제국을 계승한다는 것을 알 수 있었습니다. 로마 제국은 유럽에 등장했던 이전의 어떤 제국보다 강력했고 첫째 짐승인 바빌론 지역을 점령하기도 했으며 둘째 짐승의 후신인 파르티아와 사산 왕조 페르시아도 로마 제국의 칼날 아래 개발살이 났으며 셋째 짐승의 후신인 안티고노스 왕조 마케도니아, 셀레우코스 왕조 시리아, 프톨레마이오스 왕조 이집트 모두가 로마 제국에 나가떨어져 복속되었으니 굳이 갖다 붙이자면 이전의 모든 짐승이 넷째 짐승에게 박살 난 것이나 마찬가지입니다. 그런 로마 제국의 모습이 〈강력한 짐승에게 사자, 곰, 표범의 속성들이 모두 흡수된〉 모양으로 보이며 그것이 적그리스도가 다스릴 그 나라가 로마 제국의 부활을 표방하는 나라가 될 거라고 예측해 볼 수 있는 것입니다. 그리고 그 부활 로마 제국, 유럽 합중국은 용, 사탄이 적그리스도에게 자신의 모든 권세와 힘을 등기 이전해 줌으로써 더더욱 강력해짐에 따라 유럽을 다스리는 것을 넘어서서 세계를 지배하는 단일 세계정부로 레벨 업을 할 예정입니다.

그의 머리 하나가 상하여 죽게 된 것 같더니 그 죽게 되었던 상처가 나으매 온 땅이 놀랍게 여겨 짐승을 따르고 용이 짐승에게 권세를 주므로 용에게 경배하며 짐승에게 경배하여 이르되 누가 이 짐승과 같으냐. 누가 능히 이와 더불어 싸우리요, 하더라. (계 13:3~4)

물론 그러기 전에 적그리스도는 한 가지 절차를 거쳐야만 하는데 그것은 바로 머리에 칼침을 맞든, 총알이 박히든 간에 어쨌든 간에 한 번 뒤졌다가 살아나야 한다는 것입니다. 거의 죽기 직전에 살아났든, 아예 죽었다가 살아나든 간에 그 절차는 반드시 필요한데 모르긴 몰라도 〈공식적으로 사망 선고〉가 내려질 만큼 완전히 죽어서 다시 무저갱으로 컴백 홈 했다가 그곳에서 사탄으로부터 권세와 보좌와 힘을 땡겨 받고 다시 무저갱을 열고 나와서 부활하지 않을까 생각해 볼 수 있습니다. 당연히 전 3년 반의 그 모진 재앙을 수습하고 세계의 평화와 질서를 잡은 데다 그 빡센 두 증인도 처리한 인류의 은인인 그가 죽었다가 다시 살아나는 것에 전 세계가 환호했고 그를 거의 신격으로 숭배할 터인데 권세와 보좌와 힘을 넘겨준 것이 사탄이 그에게 내주 합일된 것이라고 본다면 그 짐승에게 경배하는 것이 곧 용에 대한 경배와 같은 것일 수도 있겠습니다. 우리가 예수님을 보았다면 하나님을 본 것과 같다는 공식처럼 말이지요. 아니면 아예 그 시점부터 적그리스도가 유럽 합중국 내지 그가 지배하는 영역의 공식 상징 및 깃발을 붉은 용으로 바꾸고 거기에 대고 국기에 대한 경례를 하라고 시킬 수도 있습니다.

또 짐승이 과장되고 신성 모독을 말하는 입을 받고 또 마흔 두 달 동안 일할 권세를 받으니라. 짐승이 입을 벌려 하나님을 향하여 비방하되 그의 이름과 그의 장막 곧 하늘에 사는 자들을 비방하더라. (계 13:5~6)

자기가 성전에 턱 하니 앉아서 멸망의 가증한 것을 서지 못할 곳에 세우고, 자기가 하나님이라고 떠들어 대니 그만한 큰일이 어디 있을 것이며 그만한 모독이 어디 있겠습니까만, 문제는 바로 그 시점에서부터 전 3년 반은 끝나고 후 3년 반이 시작됩니다. 그는 이제 가면을 벗어던지고 완전히 악마의 본색을 드러내 작정하고 하나님과 성도들을 모독하고 동시에 이 땅에 남은 성도들, 즉 이스라엘, 유대인을 향해 칼을 뽑아 듭니다.

또 권세를 받아 성도들과 싸워 이기게 되고 각 족속과 백성과 방언과 나라를 다스리는 권세를 받으니 죽임을 당한 어린 양의 생명책에 창세 이후로 이름이 기록되지 못하고 이 땅에 사는 자들은 다 그 짐승에게 경배하리라. (계 13:7)

이미 이방인 교회는 모조리 휴거되어 존재하지 않으며 땅에 남은 성도, 거룩한 백성, 택함받은 자들은 이스라엘, 유대인뿐입니다. 후 3년 반 오프닝부터 이스라엘은 무너지고 국가는 짓밟히고 모든 유대인은 뿔뿔이 흩어져 광야로 달아나며 한 마디로 성도의 권세가 모조리 깨어지고 그의 손에 붙인 바 되어 버립니다. 또한 적그리스도는 본격적으로 세계 정복에 착수하여 명의만이 아니라 실무적인 단일 세계정부 창설에 돌입하는데 전 세계가 그 앞에 고개를 숙이고 무릎을 꿇어야 할 지경이 되었습니다.

적그리스도의 지배 영역을 간략하게 도식화하면 이렇습니다.

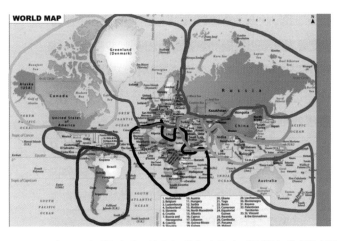

(전 3년 반 말미에 수립될 세계정부 10대 구역입니다. 아프리카 연합에 리비아와 에티오피아가 빠져 있는 것은 곡과 마곡 전쟁 이후로 그 두 나라는 유럽 합중국의 영역에 복속된 것으로 해석했기 때문입니다. 최초의 곡과 마곡에서 터키와 이란 등 아랍 지역이 떼어져 아랍 연합으로 재편되고 최초의 동양 연합에는 카자흐스탄을 제외한 중앙아시아도 포함되어 있습니다.)

이들은 비록 10대 구역으로 나뉘어 있지만 동양 연합을 제외하면 대부분이 적그리스도에게 숙이고 있었고 속마음은 어떻든 그를 세계정부 10대 구역 평의회 총 의장으로 추대하여 명의상 적그리스도의 지배를 받아들인 상태입니다. 그러나 유브라데강 전쟁이 끝나면 조금 판도가 달라집니다.

(북미 연합의 캐나다와 오세아니아 연합이 적그리스도에게 합병되고 아랍 연합도 사실상 적그리스도에게 복속됩니다. 카자흐스탄이 완충지대를 겸하여 적그리스도의 영역으로 포함되고 유브라데강 전쟁으로 중앙아시아 지역이 동양 연합에서 이탈하여 적그리스도의 영역과 동양 연합 사이의 완충지대가 됩니다. 남아시아 연합은 형체만 유지한 채 세계정부와 동양 연합 사이의 완충지대가 되며 중앙아시아와 남아시아는 단일 세계정부와 동양 연합 간의 자원 쟁탈전이 벌어지는 각축장으로 전락합니다.)

이 시점이 바로 일곱 인을 뗄 때에 예언된 〈땅 사 분의 일〉을 적그리스도가 지배하는 타이밍입니다. 저기에 표시된 적그리스도의 예상 지배 영역을 한번 산술적으로 계산기를 두드려 보자면 이렇습니다.

지구 대륙별 면적	
유럽	6,142,753㎢
아프리카	30,360,000㎢
오세아니아	8,525,989㎢
아메리카	42,549,000㎢
러시아	17,098,200㎢
아시아	44,614,000㎢
	30,806,963㎢
	(시베리아 제외)
총합 135,482,905㎢	
1/4은 33,870,726㎢	

(우선 지구 전체 대륙별 면적과 지구 1/4의 면적입니다.)

단일 세계정부 예상 영역		
유럽		6,142,753㎢
오세아니아		8,525,989㎢
레반트	레바논	10,452㎢
	시리아	185,180㎢
	요르단	89,342㎢
	이스라엘	28,247㎢
	팔레스타인	6,020㎢
아랍	바레인	778㎢
	사우디아라비아	2,149,690㎢
	아랍에미리트	83,600㎢
	예멘	527,968㎢
	오만	309,500㎢
	이라크	438,317㎢
	카타르	11,571㎢
	쿠웨이트	17,820㎢
카프카스	아르메니아	29,743㎢
	조지아	69,700㎢
	아제르바이잔	86,600㎢
기타	튀르키예	783,356㎢
	이란	1,648,195㎢
	리비아	1,759,541㎢
	에티오피아	1,104,300㎢
	캐나다	9,984,670㎢
	카자흐스탄	2,724,900㎢
총합		36,718,232㎢

(유럽 합중국과 아랍 지역, 카프카스 일대가 포함되고 붕괴된 곡과 마곡의 속령인 튀르키예, 이란, 리비아, 에티오피아 및 차별금지법이 강력히 시행되는 캐나다, 호주 및 오세아니아 일대를 포함합니다. 카자흐스탄은 세계정부의 영역으로 들어갈지 완충지대로 분류될지 미지수이지만 최대치로 계산할 때는 포함시켜 계산합니다.)

단일 세계정부 예상 영역 (지구 1/4)	
유럽	6,142,753㎢
레반트	319,241㎢
아랍	3,539,244㎢
카프카스	186,043㎢
캐나다	9,984,670㎢
오세아니아	8,525,989㎢
튀르키예	783,356㎢
이란	1,648,195㎢
에티오피아	1,104,300㎢
리비아	1,759,541㎢
카자흐스탄	2,724,900㎢
총 면적	36,718,232㎢ (33,993,332㎢)
지구 1/4	33,870,726㎢

(최대치로 해도 지구 면적 1/4에 근접하며 카자흐스탄을 완충지대로 편성하여 제외하면 거의 적중합니다.)

그러니 사실 이 시점에서 이미 적그리스도는 땅의 4분의 1을 점령하며 유럽, 중동, 아프리카, 아시아, 오세아니아, 아메리카 등 모든 대륙에 자신의 영토를 보유하고 모든 나라와 족속과 언어와 민족을 다스리는 권세를 지녔다고 해도 과언은 아닙니다. 적그리스도가 실효 지배하는 영역이 후 3년 반 초장부터 저 정도라면 그 나머지 지역들도 최소한 적그리스도에게 눈치를 보며 숙이는 정도는 면하지 못할 것입니다. 그러나 적그리스도는 여기에서 멈추었어야 했습니다. 비록 모든 족속과 언어와 민족을 다스리는 권세를 받았다고 하나 그에게 주어진 영역과 경계는 〈땅 사 분의 일〉이었고 그 선을 넘는 순간 그것은 하나님께서 정하신 경계를 넘어선 도전이었습니다. 이 세상 모두가 하나님께 속하였으며 모든 나라와 민족의 경계와 수명은 하나님께서 정하셨기에 하나님께서는 정해 주신 경계와 영토를 넘어선 〈제국주의〉를 극히 배격하십니다.

(우리가 잘 아는 다윗은 동원할 수 있는 군대가 130만 명이나 되었으며 후대의 앗시리아 제국이 18만 5천 명으로 북이스라엘을 멸망시키고 남유다를 몰아붙이며 중원 일대를 호령한 것을 볼 때 다윗은 마음만 먹으면 충분히 그 군대를 휘몰아쳐 오리엔트를 제패할 수 있었습니다. 그러나 다윗은 그럼에도 불구하고 하나님께서 정해주신 이스라엘의 영역인 하맛 어귀에서 애굽강까지, 및 단에서부터 브엘세바까지의 선을 넘지 않았고 아들인 솔로몬이 최대 영역을 이룩했음에도 그 선은 넘지 않았습니다. 다윗이 괜히 하나님의 마음에 합한 자가 아닙니다….)

우리가 계 13장에서 적그리스도가 모든 나라와 언어와 민족을 다스리는 권세를 받았다고 해서 마치 전 세계를 다 지배할 수 있는 것으로 생각하는데 계시록 초장인 일곱 인 때부터 이미 그의 권세에 하나님께서 제한 사항을 걸어 두셨던 것입니다. 그 권세가 미치는 영역은 〈땅의 사 분의 일〉이라고 말이지요. 전 3년 반까지 적그리스도는 승승장구하며 이기고 또 이기고, 정복하고 또 정복하며 그 땅의 사 분의 일을 접수하는 데 성공했으나 거기에서 그는 멈추었어야만 했습니다. 땅 사 분의 일을 넘어선 영역은 〈금단의 열매〉였고 적그리스도는 후 3년 반에 들어서자 나머지 영역들도 집어삼켜 명실공히 단일 세계정부를 완성하기 위해 끝없는 전쟁에 착수합니다.

(히브리 백성들과는 정반대의 상황인데 히브리 백성들은 영토를 약속받아 놓고도 스스로 역량이 부족하고 헛짓을 하다가 그 땅을 다 찾아 먹지도 못하고 무너졌는데, 적그리

스도는 약속받은 땅을 다 처먹고 나서도 선을 넘어 더 처먹으려다가 탈이 나는 상황입니다. 이를테면 기브롯 핫다아와에서 메추라기 떼를 만난 히브리 백성들 상황이랄까? 다 처먹어 봐라 하고 던져 주신 것을 과식하다가 배 터져 죽는 상황….)

그러나 적그리스도는 결국 단일 세계정부를 이룩하는 데는 실패하고 그의 치세는 천하통일이 아니라 천하삼분에 그칩니다.

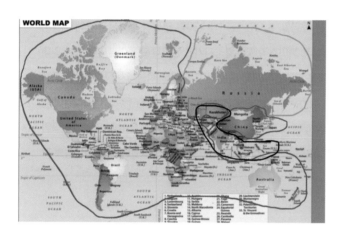

(복속된 캐나다를 통해 미국을 점령하고 이어 중미, 남미와 최종적으로 아프리카까지 정복하는 것으로 적그리스도의 단일 세계정부는 막을 내립니다.)

적그리스도의 지배 영역	
후 3년 반 초	지구 1/4 지배 (25%)
후 3년 반 말	지구 2/3 지배 (75%)
천하삼분	
* 세계정부 87,577,742㎢	
* 유라시아 17,098,200㎢	
* 동양연합 11,839,074㎢	
완충지대	
* 중앙아시아 1,278,551㎢	
* 남아시아 4,480,000㎢	
* 동남아시아 5,000,000㎢	

(적그리스도는 최종적으로 지구의 65%를 점령하고 완충지대를 제외하면 75% 영역을 지배합니다. 단일 세계정부와 유라시아 연합, 동양 연합은 각각 75% · 15% · 10%의 영역을 지배하면서 마치 삼국지의 위나라 · 오나라 · 촉나라와 같은 형세를 갖추는데, 오나라와 촉나라가 연합하여 위나라와 대치하는 모습입니다. 그러나 어쨌든 동양 연합의 인구, 유라시아 연합의 영토가 만만치 않고 무엇보다 일곱 대접의 재앙으로 적그리스도의 본토가 피폐화될 예정인 데다 일단 형세가 2 대 1이기 때문에 천하삼분의 형세는 좀처럼 깨지지 않고 대치한 채 후 3년 반은 막을 내립니다. 굳이 표현하면 완충지대는 〈형주 땅〉과 비슷한 포지션일 듯….)

이 모든 광경을 보면서 사도 요한은 부지런히 고개를 끄덕이고 있는데 신기한 것은 그 짐승, 적그리스도를 눈앞에서 보면서도 전혀 기이히 여기지도 않고 궁금하게 여기지도 않고 천사나 다른 누군가에게 물어보지도 않습니다. 그렇다면 당연히 사도 요한은 그 짐승, 적그리스도가 누구인지 알고 있었다는 것인데 사도 요한이 계시록을 집필한 후에 쓴 요한복음에서 그는 누군가를 향해 〈마귀〉, 또는 〈멸망의 아들〉이라고 지목하신 예수님의 말씀을 고스란히 적어 놓아 그 짐승, 적그리스도가 누구인지 인증샷을 날려 주었습니다.

(예수님께서 마귀, 멸망의 아들이라 칭하는 것을 보며 왜 쟤한테 저렇게 극딜을 하실까, 하며 궁금해했다가 이 시점에서 짐승을 보며 〈아! 그놈이 이놈이었구나〉하며 깨달았을 것 같다.)

예수께서 대답하시되 내가 너희 열둘을 택하지 아니하였느냐. 그러나 너희 중의 한 사람은 마귀니라, 하시니 이 말씀은 가룟 시몬의 아들 유다를 가리키심이라. 그는 열둘 중의 하나로 예수를 팔 자라. (요 6:70~71)

예수께서 그들에게 대답하시기를 "내가 너희 열둘을 택하지 아니하였느냐? 그러나 너희 중에 하나는 마귀니라."고 하시니라. 주께서는 시몬의 아들 유다 이스카리옷에 대해 말씀하셨으니, 이는 그가 열둘 가운데 하나로 주를 배반할 자였음이라. (요 6:70~71, 킹제임스)

내가 그들과 함께 있을 때에 내게 주신 아버지의 이름으로 그들을 보전하고 지키었나이다. 그 중의 하나도 멸망하지 않고 다만 멸망의 자식뿐이오니 이는 성경을 응하게 함이니이다. (요 17:12)

내가 그들과 함께 세상에 있었을 때는 아버지의 이름으로 그들을 지켰나이다. 아버지께서 내게 주신 그들을 내가 지키었고 멸망의 아들 외에는 그들 중 아무도 잃어버리지 아니하였으니 이로써 성경이 이루어지게 한 것이옵니다. (요 17:12, 킹제임스)

누가 어떻게 하여도 너희가 미혹되지 말라. 먼저 배교하는 일이 있고 저 불법의 사람, 곧 멸망의 아들이 나타나기 전에는 그 날이 이르지 아니하리니 (살후 2:3)

이 시점에서 제가 상당한 참고를 한 바 있는 조지 오웰의 〈1984년〉에 담긴 놀라운 혜안을 엿볼 수 있는데 그 책에서 극 중 배경이 된 곳은 3대 초거대 강대국 중 〈오세아니아〉입니다. 그곳은 빅 브라더로 상징되는 적그리스도가 지배하며 철저한 감시와 통제가 성행하는 그야말로 신세계 질서의 표본인데 왜 하필 그곳을 〈오세아니아〉라고 칭했을까 하는 것입니다. 스토리가 진행되는 직접적인 배경은 〈영국〉이며 〈런던〉인데 오세아니아는 너무나 멀리 떨어진 뜬금없는 영역이었던 것입니다. 우리가 흔히 그냥 오세아니아라고 칭하지만 오스트레일리아와 뉴질랜드 및 태평양의 섬들로 구성된 오세아니아는 1개 국가가 아니라 그 자체가 〈대륙〉입니다. 아메리카 대륙, 아프리카 대륙 하듯이 그쪽도 오대양 육대주에 포함된 대륙인데 오대양을 나열하면 태평양, 인도양, 대서양, 북빙양, 남빙양이며 육대주를 나열하면 아시아, 아프리카, 유럽, 북아메리카, 남아메리카, 오세아니아입니다. 이 중에 오세아니아는 비록 호주가 있다고는 하지만 중국이나 캐나다보다 작은데 무슨 대륙이냐고 하는데 〈오세아니아〉라는 말의 뜻이 Oceania(바다 대륙)인 것입니다. 태평양 바다를 커버하는 대륙이라는 의미로 말이지요. 그리하여 옛날 서적에서는 오세아니아를 〈대양주〉라고 표기하기도 했던 것이지요. 조지 오웰이 빅 브라더가 다스리는 거대 국가를 〈오세아니아〉, 바다라고 칭했던 이유는 바로 그 빅 브라더가 〈바다에서 나온〉 짐승이며 적그리스도임을 암시하는 표현이었다고 보고 있습니다.

(신세계 질서 치하의 일상 모습을 보고 싶다면 〈1984년〉을 반드시 일독하시기를 권합니다.)

누구든지 귀가 있거든 들을지어다. (계 13:9)

여기까지 잘 듣고 계시지요?

사로잡힐 자는 사로잡혀 갈 것이요, 칼에 죽을 자는 마땅히 칼에 죽을 것이니 성도들의 인내와 믿음이 여기 있느니라. (계 13:10)

포로로 삼는 자는 그도 포로가 될 것이요, 칼로 죽이는 자는 그도 칼에 죽게 될 것이라. 여기에 성도들의 인내와 믿음이 있느니라. (계 13:10, 킹제임스)

이 무지막지한 환난 가운데에서 수많은 유대인들이 적그리스도의 요원들에게 더러는 포로로 잡혀가고, 더러는 죽임을 당하기도 하지만 포로로

잡는 것들은 곧 지옥의 포로로 전락할 것이며, 죽이는 자들은 둘째 사망에 처하게 될 것이니 광야로 피한 유대인들에게 주님을 믿고, 인내하며 기다리라는 권면입니다. 그러는 사이 상황은 새로운 국면으로 접어듭니다. 지금까지 전체적인 후 3년 반, 적그리스도의 활동에 대해 살펴보았다면 이제는 좀 더 세밀하게 단일 세계정부 치하의 내부 정세를 들여다볼 차례입니다.

내가 보매 또 다른 짐승이 땅에서 올라오니 어린 양 같이 두 뿔이 있고 용처럼 말을 하더라. (계 13:11)

앞의 첫째 짐승, 적그리스도에 이어서 또 다른 짐승이 땅에서 올라오는데 어린양 같기도 하고 용처럼 말하는 것을 보아 어린양을 가장하며 선지자 행세를 하는 자로 보입니다.

그가 먼저 나온 짐승의 모든 권세를 그 앞에서 행하고 땅과 땅에 사는 자들을 처음 짐승에게 경배하게 하니 곧 죽게 되었던 상처가 나은 자니라. (계 13:12)

이 둘째 짐승은 첫째 짐승이 가졌던 모든 권세를 위임받아 행사하는데 용 → 첫째 짐승 → 둘째 짐승 순으로 권세가 위임되어 아마도 실무적으로 초자연적인 능력을 발휘하는 자는 둘째 짐승일 것으로 추측됩니다. 그는 전 3년 반이 끝날 즈음에 한 번 죽었다가 살아난 첫째 짐승을 우상화하는 작업에 착수합니다.

큰 이적을 행하되 심지어 사람들 앞에서 불이 하늘로부터 땅에 내려오게 하고 짐승 앞에서 받은 바 이적을 행함으로 땅에 거하는 자들을 미혹하며 땅에 거하는 자들에게 이르기를 칼에 상하였다가 살

아난 짐승을 위하여 우상을 만들라, 하더라. (계 13:13~14)

확실히 첫째 짐승, 적그리스도가 뭔가 기적과 이적을 행하는 모습은 딱히 보이지 않는데 이 둘째 짐승은 이래저래 기적들을 행하며 그야말로 거짓 선지자의 면모를 유감없이 드러내 보이고 있습니다. 적그리스도가 지배하는 영역에서 그는 제대로 사람들을 미혹했고 죽었다 살아나 신이 된 적그리스도를 위하여 우상을 만들어야 한다고 떠들어 대었습니다.

그가 권세를 받아 그 짐승의 우상에게 생기를 주어 그 짐승의 우상으로 말하게 하고 또 짐승의 우상에게 경배하지 아니하는 자는 몇이든지 다 죽이게 하더라. (계 13:15)

흔히 생각하는 것과는 달리 이 둘째 짐승, 거짓 선지자는 단순히 종교적 권위만 가진 바람잡이가 아닙니다. 첫째 짐승이 대외적인 국가원수로 침략을 통해 세계정부의 영토를 넓히는 작업을 한다면 이자는 대내적인 행정수반 위치로 세계정부의 내부 통제와 관리를 담당하는 위치입니다. 이를테면 대통령과 국무총리 같은 관계라 할 수 있겠지요. 짐승의 우상에게 말도 할 수 있게 하고 우상에게 경배하지 않는 자들을 다 죽이도록 세계정부 요원들을 지휘하는 사령탑도 바로 둘째 짐승입니다. 겉은 얄쌍한 모습인데 속으로 칼을 가는 첫째 짐승과 달리 둘째 짐승은 겉과 속이 모두 광기에 차서 패악질을 할 것입니다. 그리고 바야흐로 대환난의 핵심이 등장합니다.

그가 모든 자 곧 작은 자나 큰 자나 부자나 가난한 자나 자유인이나 종들에게 그 오른손에나 이마에 표를 받게 하고 누구든지 이 표를 가진 자 외에는 매매를 못하게 하니 이 표는 곧 짐승의 이름이나 그 이름의 수라. (계 13:16~17)

그가 모든 자, 즉 작은 자나 큰 자, 부자나 가난한 자, 자유자나 종이나 그들의 오른손이나 이마에 표를 받게 하고 그 표나 그 짐승의 이름이나 그의 이름의 숫자를 지닌 사람을 제외하고는 아무도 사거나 팔 수 없게 하더라. (계 13:16~17, 킹제임스)

그 이름하여 〈짐승의 표〉입니다. 시대의 징조들 중에 가장 말도 많고 탈도 많은 아이템인데 오랜 시간 동안 베리칩이 가장 유명했고 그 외에도 다르파 하이드로젤 센서니 나노 칩이니, 인체 칩이니 하며 이래저래 설들이 많습니다. 짐승의 표에 대해 코로나 백신을 빙자하여 맞춘다느니, 위치 추적과 마인드 컨트롤 기능이 된다느니, 온갖 음모론들이 난무합니다만 계 13장의 설명은 너무나 심플합니다. 오른손 안이나 이마 안에 받고 그것이 없으면 사고파는 경제 활동을 못 한다는 것으로 〈인체 이식 + 화폐 기능〉입니다. 지금 어떤 것이 의심스럽다 해도 인체에 이식하고 화폐 기능만 되면 짐승의 표가 될 수 있으며 계시록에 명시된 것을 넘어선 기능들을 덧붙이는 것은 조금 오버한 해석이 아닐 수 없습니다. 왜냐하면 휴거 직후 핵전쟁부터 유브라데 전쟁으로 인구의 몇 분의 몇이 날아가는 와중에 기존의 인프라와 기술 체계들이 무사할 턱이 없고 후 3년 반에 이른다 해도 남아나는 과학 기술 수준은 휴거 이전보다 더 다운그레이드가 되면 됐지, 더 발달되었을 턱이 없는 것입니다. 그러니 지금 아무리 나노 입자가 인체에 합체된다느니, 인공위성으로 위치 추적이 된다느니, 내 몸이 컴퓨터처럼 조종된다느니 어쩌느니 해 봤자 후 3년 반에 진짜로 적그리스도와 거짓 선지자가 짐승의 표로 써먹을 매체는 〈인체에, 그것도 오른손과 이마라는 정확한 위치에 이식하고 화폐 기능만 되는〉 수준에 불과한 것입니다. 그것조차 그때 가서야 적용되는 이유는 신세계 질서 계획에 의거하여 통제 가능하도록 인구가 충분히 줄어드는 사전 조건이 먼저 충족되는 타이밍이 필요하기 때문입니다. 이렇기 때문에 현재 평시와 대환난 기의 균형을 잘 잡으면서 시대의 징조를 분별하는 것이 필요하다고 하겠습니다.

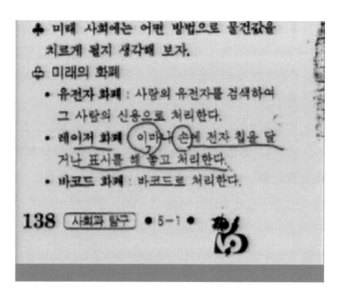

(결국 초등학교 5학년 사회과 탐구 교과서에 나와 있는 이 미래 화폐가 짐승의 표를 가장 정확하게 성경적으로 묘사한 것입니다.)

지혜가 여기 있으니 총명한 자는 그 짐승의 수를 세어 보라. 그것은 사람의 수니 육백육십육이니라. (계 13:18)

지혜가 여기에 있으니 지각이 있는 자는 그 짐승의 숫자를 헤아려 보라. 그것은 한 사람의 숫자이니, 그의 숫자는 육백육십육이니라. (계 13:18, 킹제임스)

게마트리아 수비학으로 하면 교황이 666이네, 네로 황제가 666이네, 컴퓨터가 666이네 등등 별말들이 많았지만 중요한 것은 이 666이 그 짐승, 적그리스도의 이름을 숫자로 푼 것이라고 했으니 다른 누군가의 이름에서 666 숫자가 나와 봤자 딱히 눈여겨볼 필요는 없을 듯합니다. 게다가 바코드 자체가 이미 666을 담고 있기 때문에 그 바코드를 그대로 짐승의 표에 포함시키면 그만인데 해석이 산으로 가는 이유 중의 하나는 개역성경 번역의 갑갑함 때문이라 하겠습니다. 왜냐하면 이 짐승의 수를 보고 〈사람의 수〉라고 했으니 7은 하나님의 숫자이고 6은 사람의 숫자라 777은 삼위일체의 하나님을 상징하고 666은 불완전한 인간의 수, 악의 수, 사탄을 의미하는 것이라는 해석들이 나왔기 때문입니다.

더군다나 거기서 더 나가면 이 사람의 수 666이 〈적그리스도의 세계정부를 나누어 위임받은 666명의 분봉왕〉을 가리키는 것이라는 해석도 나오며 어이가 안드로메다로 날아가는 기분을 느끼게도 해 주지요. 이래서 한글 독해 능력이 떨어져서 이단이 나온다는 말이 괜한 게 아니며 성경 번역만 똑바로 해도 난제가 없어진다는 것이 딱 정답이라 생각됩니다. 짐승의 수인데 사람의 수라는 이 아리까리한 구절을 개역성경 대신 한글 킹제임스 성경으로 보면 대번에 의미를 알 수 있으니, 바로 〈한 사람의 숫자〉 즉 그 짐승, 적그리스도의 숫자라는 것입니다. 또한 여기에서 알 수 있는 것은 계 13장 내내 짐승이라고 표기되었지만 그는 엄연히 〈사람〉의 모습으로 활동하고 있음을 보여 주는 것입니다. 당연한 말이지만 인간의 모습이 아니라 일곱 머리에 열 뿔 달린 짐승의 모습으로 뭔 수로 인간들을 미혹하고 다스리겠습니까? 계 13장의 마지막 구절은 그 무슨 게마트리아 수비학이나 수수께끼의 난제를 던져 주는 게 아니라 계속 짐승이라고 불렸던 적그리스도가 〈사람〉의 모습을 하고 있음을 알려주는 힌트이며 666이 별 복잡한 해석이 있는 게 아니라 사람 모양을 한 적그리스도의 이름을 가리키는 코드 번호라는 것을 설명하고 있습니다.

이렇게 간단하게 한 구절로 설명이 끝나는 것을 별 이상한 해석들이 난무하고 산으로 가고, 안드로메다로 날아가고 있으니 여러 성경 역본을 비교하고 대조해 가며 풀어 보는 것의 중요성이 얼마나 큰지 말로 다 못 할 일입니다. 오늘 마침내 계시록의 핵심 중의 핵심이며 대환난 계시의 꽃이라 할 만한 후 3년 반, 짐승 적그리스도와 짐승의 표에 대해 설명하는 13장 강해를 마쳤습니다. 요한계시록은 11~13장 강해를 어떻게 하느냐에 따라 그 관점과 견해의 우열이 가려진다고 할 수 있는데 그중에서도 13장 해석이 결정적이라 할 수 있습니다.

이제는 적그리스도가 제대로 권세를 잡고 깽판을 치고 있는 이때에 과연 하나님께서는 어떤 심판을 준비하고 계실지 들여다볼까 합니다. 여기에 대해서는 이어질 계시록 14장 강해를 기대하여 주시기 바랍니다.

또 내가 보니 보라, 어린 양이 시온 산에 섰고 그와 함께 십사만 사천이 서 있는데 그들의 이마에는 어린 양의 이름과 그 아버지의 이름을 쓴 것이 있더라. (계 14:1)

14장.
천사들의 메시지

또 내가 보니 보라, 어린 양이 시온 산에 섰고 그와 함께 십사만 사천이 서 있는데 그들의 이마에는 어린 양의 이름과 그 아버지의 이름을 쓴 것이 있더라. (계 14:1)

무지막지한 후 3년 반 짐승의 표에 대한 계시를 받은 후 사도 요한에게 보인 새로운 장면은 어린양께서 서 계신 시온산과 그리고 분명 앞에 하나님께 인침을 받은 유대인 사역자 14만 4천 명이었습니다. 그들의 이마에 하나님의 이름이 쓰여 있다고 하니 아마도 그 〈인〉이란 것이 하나님의 이름이 새겨진 인감도장이었나 봅니다. 말 그대로 〈넌 내 거임!!〉 하고 하나님께서 자신의 이름을 새긴 도장을 쾅쾅 찍어 두신 모양이군요. 참고로 이 시온산은 당연한 말이지만 지상에 있는 예루살렘의 시온산이 아니라 하나님의 보좌가 있는 천상의 예루살렘의 시온산입니다. 한 마디로 이분들이 죄다 하늘로 올라가서 하나님의 보좌 부근에 서 있다는 겁니다.

환난이 시작되자 인침을 받아 전 3년 반 동안 활약하던 그들이 느닷없이 시온산에 있는 것을 보며 혹시나 저분들도 순교했나 싶기도 하지만 이들은 이스라엘 유대인 중에서 환난 전 이방인 교회처럼 하나님의 인을 맞고 구속받은 성도들이기에 이들에게는 특별히 그들의 사역 기간인 전 3년 반이 끝난 후 휴거되는 특전이 주어졌으리라 봅니다. 인침을 받지 못한 나머지 유대인들을 전도하고 회심시키고 혹은 도피처로 인도하는 역할까지 하고 말이지요. 물론 그들이 모두 사라진 후 인도자가 없어진 상황에서 적그리스도와 거짓 선지자가 보낸 거짓 그리스도들의 미혹을 받지 않고 마음을 굳게 지키는 것은 각자의 몫이겠지만요. 이걸 좀 더 쉽게 설명하면 이방인 교회는 예수님을 믿고 영접했기에 진작부터 인을 맞고 환난 전에 성령님과 함께 휴거되었는데 이스라엘은 고스란히 환난에 들어갔고 그들 중에 환난 전의 이방인 교회처럼 예수님을 영접하여 인을 맞은 사람은 이스라엘 전체에서 14만 4천 명, 그나마 그들은 전 3년 반 동안 동포들을 최대한 인도하고서야 휴거 될 수 있었으니 교회에게 주신 하나님의 사랑이 얼마나 편파 판정에 가깝게 크신지, 그리고 예수님을 못 알아보고 십자가에 못 박은 유대인들에 대한 징계가 얼마나 크신지 엿볼 수 있습니다.

내가 하늘에서 나는 소리를 들으니 많은 물소리와도 같고 큰 우렛 소리와도 같은데 내가 들은 소리는 거문고 타는 자들이 그 거문고를 타는 것 같더라. (계 14:2)

또 내가 하늘에서 나는 소리를 들으니, 많은 물소리와도 같고 큰 천둥소리와도 같더라. 또 내가 하프 타는 자들의 하프 소리도 들었노라. (계 14:2, 킹제임스)

이 구절에서 유명한 재림주가 하나 탄생하기도 했습니다. 거문고를 뜻하는 商, 많은 물을 뜻하는 洪을 합쳐서 상홍, 이름 하야 〈안상홍〉을 재림주라 칭하는 이른바 〈하나님의 교회〉의 교리가 여기에서 나왔지요. 그쪽의 전용 찬송가인 〈새 노래〉에서는 이런 노래도 있었으니 〈새 이름 안상홍 님께서 동방에 오셨네. 하늘에서 나는 소리 많은 물소리, 큰 뇌성 소리, 거문고 타는 소리, 그 소리가 놀랍도다〉라는 가사인데 딱 이 구절을 땄다는 게 느껴집니다. 그러나 그 시절 이스라엘이고 로마고 거문고가 어디 있습니까? 하프를 우리 버전으로 쓰다 보니 거문고라고 표기한 거지요. 어쨌든 이 소리는 많은 물소리라는 것 때문에 마치 하나님께서 말씀하신 소리 같기도

하지만 엄밀히 따지면 십사만 사천 명이 찬양하는 소리입니다. 출신성분이 어떻든 간에 일단 천당에 올라와서 하나님의 보좌 앞에 서 있으면 찬양밖에 할 게 없습니다.

그들이 보좌 앞과 네 생물과 장로들 앞에서 새 노래를 부르니 땅에서 속량함을 받은 십사만 사천 밖에는 능히 이 노래를 배울 자가 없더라. (계 14:3)

또다시 등장한 새 노래인데 이런 구절도 있고 하니, 하고 많은 이단 사이비들은 자기네들에게 와야 14만 4천 명에 들 수 있다느니, 새 노래는 자기들만이 가르쳐 줄 수 있다느니 하면서 개나발을 불어 대기 일쑤입니다. 그러나 새 노래는 예수님을 영접하여 하나님의 자녀가 되기 전에는 결코 부를 수 없다가 그렇게 된 후에야 부를 수 있는 노래이며 이들 14만 4천 명도 비록 유대인인지라 환난 전에 들림받지는 못했으나 어쨌든 환난 때나마 땅에서 구속함을 받았기에 새 노래를 부르고 있었습니다. 그런데 유독 이들이 부르는 새 노래는 그들 외에 누구도 배울 수 없다는데 어렵게 생각할 것도 없이 그들이 유대인이기에, 하나님의 아들이시며 그리스도이신 예수님을 알아 뫼시지 못하고 채찍질 당하게 내어주고 십자가에 못 박히도록 내주었던 자기네 이스라엘, 유대인 조상들의 죄업에 대한 뼈가 시린 회개의 찬송이기 때문입니다. 우리나라 사람만이 아리랑을 공감하는 것처럼, 이들이 부르는 새 노래도 오직 유대인이기에 배울 수 있고 부를 수 있는 노래인 것입니다.

이 사람들은 여자와 더불어 더럽히지 아니하고 순결한 자라. 어린 양이 어디로 인도하든지 따라가는 자며 사람 가운데에서 속량함을 받아 처음 익은 열매로 하나님과 어린 양에게 속한 자들이니 (계 14:4)

이들은 여자들과 더불어 더럽혀지지 아니한 자들이니 이는 그들이 동정들임이라. 이들은 어린양이 어디로 가든지 따라가는 자들로 하나님과 어린양께 첫 열매들이 되어 사람들 가운데서 구속을 받았느니라. (계 14:4, 킹제임스)

동정들이라는 것이 다르게는 〈처녀〉라는 표현이기도 하여 직역하게 되면 여자들과 더불어 더럽혀지지 아니한 처녀들(?)이라는 좀 묘한 의미가 되는데 쉽게 생각해서 순결과 정절을 지킨 사람들입니다. 혼전이라면 혼전 순결을 잘 지켰고, 결혼했다면 배우자에게만 충실했던 자들이지요. 〈처녀〉라는 표현이 묘하기는 하지만 사실 성경 내내 이스라엘은 〈처녀 딸〉이라는 표현으로 비유되었고 우리네 이방인 교회도 〈처녀, 신부〉로 비유되었으니 크게 이상할 것도 없습니다. 아주 높은 확률로 이들은 처자식이 없는 독신으로 추측되는데 어린양이 어딜 가든지 따라가고 어린양께서 까라면 까는 것으로 미루어 보아 처자식이라는 혹이 딸려 있다면 애로사항이 꽃 피게 될 것은 불문가지입니다.

그러니 이 부분은 가장 쉽게 해석하면 〈숫총각〉들이라고 보아도 됩니다. 다만 그럴 경우에 의문이 드는 것이 그러면 이스라엘 중에 처음 구원받은 자들은 오로지 남자들뿐이었냐는 생각도 들 수 있는데 이방인 교회의 경우라면 몰라도 이스라엘이라면 그러고도 남는다는 게 하나님의 룰입니다. 구약에서 보시면 이스라엘 백성들의 쪽수를 세실 때 남자들의 숫자만 세고 있으며 심지어 신약으로 와서도 다르지 않습니다. 흔히 오병이어로 5천 명을 먹였다는 것도 〈남자들 숫자만〉 계산한 것입니다. 남자가 여자의 머리라는 것을, 그리고 남자들을 먼저 세워 여자들을 이끌게 하시는 것을 거의 FM대로 이스라엘에 적용하시는 하나님의 방침을 보면 이 첫 열매 14만 4천 명은 에누리 없이 남자 총각들임을 알 수 있습니다.

(하나님께서 백성들의 숫자를 계수하실 때 여자들을 포함시키신 적이 성경 전체를 통

틀어서 과연 얼마나 될지…)

그리고 한 가지 중요한 것은 계시록에 들어와서는 구속받은 첫 열매든 뭐든 간에 그 대상은 〈이방인 교회 성도〉가 포함되지 않습니다. 그들은 이미 환난 전에 모조리 휴거되었기에 계시록의 스토리상에서는 없는 것으로 쳐야 하며 여기 14만 4천 명이든, 땅에서 구속을 받은 자든, 첫 열매들이든 간에 그들은 이스라엘, 유대인으로 못을 박고 해석해야 가장 성경적 팩트에 합당합니다. 최소한 이 14만 4천 명을 빙자하여 개나발을 부는 이단 사이비들은 원천 차단할 수 있겠지요.

그 입에 거짓말이 없고 흠이 없는 자들이더라. (계 14:5)

그들의 입에서 교활함을 찾아볼 수 없는 것은 그들이 하나님의 보좌 앞에서 흠이 없기 때문이라. (계 14:5, 킹제임스)

이들도 물론 인간이고 아담의 후손이라 태생이 죄인이며 어찌 그 모든 삶과 행동이 온전히 죄에서 떠날 수 있었겠냐만 그들은 예수님을 영접하여 십자가 죄 사함의 보혈로 구원을 받았고 그들의 죄과가 모두 도말되었으며 예수님의 온전한 의가 그들에게 덧씌워져서 하나님의 눈에는 그들의 죄인 된 모습은 동이 서에서 먼 것처럼 보이지 않고 오로지 예수님의 보혈로 뒤집어씌워진 의로운 모습만이 보이게 되었습니다. 그렇기에 그들은 하나님의 보좌 앞에서 〈흠이 없다〉는 평가를 받았으며 이들이 그때서야 받은 그 영광을 우리네 성도들은 이미 받아서 빨고 있는 사탕으로, 씹고 있는 껌으로 만든 지 오래입니다.

또 보니 다른 천사가 공중에 날아가는데 땅에 거주하는 자들, 곧 모든 민족과 종족과 방언과 백성에게 전할 영원한 복음을 가졌더라.

그가 큰 음성으로 이르되 하나님을 두려워하며 그에게 영광을 돌리라. 이는 그의 심판의 시간이 이르렀음이니 하늘과 땅과 바다와 물들의 근원을 만드신 이를 경배하라, 하더라. (계 14:6~7)

어쩌면 사도 요한의 후손들이자 새까만 후배들이라 할 그 14만 4천 명의 새 노래 찬양으로 감회에 젖어 있던 것도 잠시, 또다시 다른 천사가 하늘 한가운데로 날아가면서 〈영원한 복음〉이란 것을 전하고 있습니다. 뭔가 굉장히 거창하고 신비로운 타이틀이지만 그 내용인즉슨 하나님을 두려워하고 영광 돌리며 주님의 심판의 때가 이르렀으니 정신들 차리고 하나님을 경배하라는 것입니다. 아니, 대환난도 후 3년 반에 이른 시기에 무슨 복음을 전하고 있는가 하겠지만 아무리 대환난 후 3년 반의 한복판이며 적그리스도가 모든 족속과 언어와 민족을 다스리는 권세를 받았다 한들 여전히 적그리스도의 손에 넘어가지 않고 주권을 지키는 국가와 국민들이 있다는 것입니다. 당장 형세가 불리하여 적그리스도에게 숙이고는 있을망정 그에게 직접 지배를 당하지 않고 짐승의 표도 받지 않고 있는 자들이기에 그런 자들은 복음을 듣고 돌이켜 회개하여 살아서 천년왕국에나마 들어올 기회가 주어지는 것이지요. 물론 전 세계 전 인류에게 전하신 말씀이기에 일단 적그리스도의 단일 세계정부에 거하는 자들에게도 어떻게든 전달되었을 터이나 짐승의 표를 받은 자들에게는 〈악한 것을 더 악하게〉 죄업만 더해 주는 결과겠지요.

이렇게 한 차례 복음을 선포한 후 이제 심판이 시작됩니다.

또 다른 천사, 곧 둘째가 그 뒤를 따라 말하되 무너졌도다, 무너졌도다, 큰 성 바벨론이여. 모든 나라에게 그의 음행으로 말미암아 진노의 포도주를 먹이던 자로다, 하더라. (계 14:8)

또 다른 천사가 뒤따라가며 말하기를 "큰 도성 바빌론이 무너졌도다, 무너졌도다. 이는 그녀가 모든 민족들에게 그녀의 음행으로 인한 진노의 포도주를 마시게 하였음이로다."라고 하더라. (계 14:8)

초장부터 큰 성 바빌론의 무너짐이 선포됩니다. 죄상이란 그녀가 모든 민족들에게 그 음행으로 인한 진노의 포도주를 마시게 하였다는 것인데 어렵게 생각할 것도 없이 이 바빌론으로 인해 적그리스도의 세계정부에 우상 숭배가 뿌리박히게 되며 많은 사람들로 하여금 짐승의 표를 받게 하고, 짐승의 우상에 경배하게 하며 하나님의 진노 게이지가 쌓이게 만들었던 것입니다. 당연히 대환난 와중에 저지른 짓은 물론, 이 큰 성 바빌론의 근원이라 할 수 있는 로마 가톨릭이 최초 생겨난 때로부터 지금까지 저지른 모든 죄업과 패악질을 모두 계산한 것일 터입니다.

또 다른 천사, 곧 셋째가 그 뒤를 따라 큰 음성으로 이르되 만일 누구든지 짐승과 그의 우상에게 경배하고 이마에나 손에 표를 받으면 그도 하나님의 진노의 포도주를 마시리니 그 진노의 잔에 섞인 것이 없이 부은 포도주라. 거룩한 천사들 앞과 어린 양 앞에서 불과 유황으로 고난을 받으리니 그 고난의 연기가 세세토록 올라가리로다. 짐승과 그의 우상에게 경배하고 그의 이름, 표를 받는 자는 누구든지 밤낮 쉼을 얻지 못하리라, 하더라. 성도들의 인내가 여기 있나니 그들은 하나님의 계명과 예수에 대한 믿음을 지키는 자니라. (계 14:9~12)

이보다 더 강력한 경고가 있을까요? 오른손과 이마에 짐승의 표를 받고 짐승의 우상에 경배하는 짓을 했다가는 얄짤 없이 빼도 박도 못 하게 불과 유황으로 영원히 고통받게 된다고 몇 번이나 강조하여 말씀하고 계십니다. 또한 후 3년 반 와중에 적그리스도에게 점령당하여 짐승의 표를 강요받게 된 나라들에 거하는 자들 중 환난 와중에 영접하여 회심한 크리스천들과, 그리고 후 3년 반 초장부터 적그리스도에 의하여 모든 권세가 깨어지고 파리 목숨처럼 핍박을 받으며 짐승의 표를 강요당하는 이스라엘, 유대인들에게 인내를 당부하십니다. 아마도 여기 나오는 성도들, 하나님의 계명들과 예수의 믿음을 지키는 자들이란 앞에서 계 12장 말미에 나오는, 〈하나님의 계명을 지키며 예수 그리스도의 증거를 가진 그 여인의 남은 자손〉들과 동일한 자들일 터인데 기본적으로 유대인들이며 여기에 곁다리로 환난 성도들이 끼어 있는 각입니다. 게다가 원래 계시록이 쓰일 당시에는 포도주를 바로 생짜로 마시지 않고 물도 좀 섞고 이것저것 섞어서 적당하게 만들어서 마셨는데 〈섞지 않고 부은〉 완전 스트레이트라니 얼마나 빡셀지 상상도 안 갑니다.

또 내가 들으니 하늘에서 음성이 나서 이르되 기록하라. 지금 이후로 주 안에서 죽는 자들은 복이 있도다 하시매 성령이 이르시되 그러하다, 그들이 수고를 그치고 쉬리니 이는 그들의 행한 일이 따름이라, 하시더라. (계 14:13)

앞에 일곱 인을 뗄 적에 다섯 번째 인에서 제단 아래에서 부르짖는 순교자들의 영혼들이 나왔었는데 그들이 바로 후 3년 반 때에 짐승의 표를 거부하고 순교의 길을 걸어간 성도들입니다. 전 3년 반에 핵전쟁과 재앙으로 대량 사망한 성도들과 달리 후 3년 반에는 짐승의 표를 거부하고 순교한 것이기에 온갖 악형과 고문을 당하다가 천국으로 올라오게 되는데 그런 그들에게 하나님께서 흰옷을 주시며 〈쉬라〉고 하십니다.

각각 그들에게 흰 두루마기를 주시며 이르시되 아직 잠시 동안 쉬되 그들의 동무 종들과 형제들도 자기처럼 죽임을 당하여 그 수가 차기까지 하라, 하시더라. (계 6:11)

순교하여 하늘로 올라온 그들은 그들의 수고를 마치고 쉬게 되었으며 그들은 자신들의 목숨으로 믿음을 증명하였기에 그 행위로 인하여 구원의 상징인 흰옷을 받고 천국 복락을 누리게 되었습니다. 다시 한번 깨닫지만 환난 전, 평화롭고 안전할 그때에 예수님을 영접하여 구원받는 것이 얼마나 큰 복인지요. 쉽게 말해 우리네 크리스천들이 지금 이미 받아 누리고 있는 복을 그들은 그 온갖 악형과 독형을 다 당하고 순교하여 올라와서야 받게 되는 것입니다.

또 내가 보니 흰 구름이 있고 구름 위에 인자와 같은 이가 앉으셨는데 그 머리에는 금 면류관이 있고 그 손에는 예리한 낫을 가졌더라. 또 다른 천사가 성전으로부터 나와 구름 위에 앉은 이를 향하여 큰 음성으로 외쳐 이르되 당신의 낫을 휘둘러 거두소서. 땅의 곡식이 다 익어 거둘 때가 이르렀음이니이다, 하니 (계 14:14~15)

구름을 타고 면류관을 쓰신 인자 같은 분이라 하면 두말 할 것도 없이 심판하시는 예수님이십니다. 손에는 예리한 낫까지 쥐고 만반의 준비를 풀옵션으로 세팅하여 오셨기에 기다렸다는 듯이 천사가 나와서 〈시작하시죠!!!〉 하고 있습니다.

구름 위에 앉으신 이가 낫을 땅에 휘두르매 땅의 곡식이 거두어지니라. (계 14:16)

이 장면에서 그 유명한 〈알곡과 가라지〉 비유를 떠올리신다면 박수 쳐드립니다. 대환난 와중에나마 영접하고 회심하여 구원을 받아 〈알곡〉이 된 자들이 있다면 이 시점에서 하나님께서는 그런 자들을 추수하시듯이 모아들이시고, 〈가라지〉에 해당하는 자들은 바로 다음에 나올 진노의 포도주 틀에서 밟아 버리실 것이라고 통상 생각하실 것이며 사실 그것도 썩 괜찮은 해석이지만 보다 더 정확한 해석은 따로 있습니다.

민족들은 일어나서 여호사밧 골짜기로 올라올지어다. 내가 거기에 앉아서 사면의 민족들을 다 심판하리로다. 너희는 낫을 쓰라. 곡식이 익었도다. 와서 밟을지어다. 포도주 틀이 가득히 차고 포도주독이 넘치니 그들의 악이 큼이로다. (욜 3:12~13)

곡식이고 포도고 간에 모조리 〈심판의 때가 무르익어 더 놔둘 수가 없다〉는 의미입니다. 특히 요엘 선지자의 예언에 의하면 이 시점은 〈모든 나라들이 여호사밧 골짜기로 집합하는 때〉, 그러니까 아마겟돈 전쟁을 위해 므깃도로 집결하는 타이밍입니다. 엄밀히 따지면 이 구절은 곡식이 무엇이고, 포도가 무엇인지, 하는 것에 의미를 두기보다 요엘 선지자의 예언을 사도 요한에게 보다 디테일하게 보여 주신 것이라고 할 수 있습니다.

또 다른 천사가 하늘에 있는 성전에서 나오는데 역시 예리한 낫을 가졌더라. 또 불을 다스리는 다른 천사가 제단으로부터 나와 예리한 낫 가진 자를 향하여 큰 음성으로 불러 이르되 네 예리한 낫을 휘둘러 땅의 포도송이를 거두라. 그 포도가 익었느니라, 하더라. (계 14:17~18)

굳이 의미를 조금 부여하자면 곡식을 거두는 것은 그 곡식 중에 그나마 건져 낼 알곡들이 있을 것이기에 주님께서 손수 작업을 하신 것이고, 포도송이는 순도 100% 쓰레기들인지라 주님께서 직접 손을 더럽히실 필요도 없이 아랫것(?)들을 시켜 처리하신다는 의미가 될 수 있습니다. 예리한 낫이야 그렇다 쳐도 하필이면 불을 다스리는 천사일까 생각해 보면 걸러낸 가라지와 쭉정이들을 단으로 묶어 불에 태워 버린다고 하기도 했고, 그 가라지와 쭉정이에 해당하는 자들이 짐승의 표를 받은 자들일 터이니 그들을 영원무궁토록 밤낮 쉼을 얻지 못하게 불과 유황으로 형벌을 주어야 하기 때문에 불을 다스리는 권세가 필요하기도 할 것입니다. 또한 저 때가 아마겟돈이라는 전쟁이기도 한 만큼 전쟁 하면 불이기도 하지요.

천사가 낫을 땅에 휘둘러 땅의 포도를 거두어 하나님의 진노의 큰 포도주 틀에 던지매 성 밖에서 그 틀이 밟히니 틀에서 피가 나서 말굴레에까지 닿았고 천육백 스다디온에 퍼졌더라. (계 14:19~20)

이 포도송이들은 거르고 자시고 할 것도 없이 거두어지자마자 다이렉트로 포도주 짜는 틀에 넣어져 꽉꽉 짜입니다. 환상으로 보았으니 도성 밖에서 포도주 틀이 밟히는 모습이지, 실제 상황이라면 예루살렘 성 밖에서, 여호사밧 골짜기와 므깃도에서 벌어진 아마겟돈 전쟁으로 그 포도들을 모조리 즙을 짜 버리는 것입니다. 물론 예루살렘 성도 어느 정도 피해는 입겠지만 주전장은 예루살렘 밖이 될 터입니다. 게다가 1,600 스다디온이라고 하면 대략 320km 정도 되며 이는 이스라엘의 남북 길이라고 합니다. 그러니 이스라엘과 이스라엘 주변 전역이 아마겟돈 전쟁의 무대가 될 것이며 흐르는 피가 말고삐까지 닿으려면 대략 1m는 되어야 하는데, 그 정도로 피가 강이 되어 흐를 것이니 얼마나 참혹한 모습의 최종 결전일지 상상도 되지 않습니다. 그리고 다시 한번, 곡식을 거두고 포도송이를 거두는 이 표적이 〈아마겟돈 전쟁〉을 가리키는 것임이 확실해지고 있습니다.

일곱 인을 통해 이어질 7년 대환난을 미리 예고하셨듯이 이번에는 천사들의 메시지를 통하여 후 3년 반에 벌어질 심판을 예고하셨는데 과연 이 선포들이 어떤 모습으로 이루어지게 될지는 이어지는 계시록 15장 강해를 기대하여 주십시오.

또 하늘에 크고 이상한 다른 이적을 보매 일곱 천사가 일곱 재앙

을 가졌으니 곧 마지막 재앙이라. 하나님의 진노가 이것으로 마치리로다. (계 15:1)

15장.

유리 바다 위의 이긴 자들

또 하늘에 크고 이상한 다른 이적을 보매 일곱 천사가 일곱 재앙을 가졌으니 곧 마지막 재앙이라. 하나님의 진노가 이것으로 마치리로다. (계 15:1)

이 장면을 조금은 예사로 넘어가기 쉽지만 사도 요한이 초장부터 〈크고 이상한 이적〉이라고 한 것은 야부리가 아닙니다. 일곱 천사가 일곱 대접을 가졌다는 것도 아니고 〈일곱 재앙〉을 가졌다는 것에서 어쩌면 사도 요한은 일곱 대접에 담겨 있는 재앙들을 마치 투명한 그릇 안에 들어 있는 내용물을 보는 것처럼 미리 다 보았을지도 모릅니다. 그런 무지막지한 재앙들이 일곱 천사의 손에 들려 있는 것을 보았으니 사도 요한의 눈에는 당연히 〈크고 이상한〉 이적이라 할 만하지요.

그런데 조금 묘한 대목이 있으니 〈마지막〉 재앙이라는 멘트와 함께 〈이것으로 마친다〉라는 것입니다. 계시록을 해석하는 분들 중에 혹자는 계시록의 재앙들이 교회사를 통틀어서 계속하여 반복적으로 이루어지는 모습들이라 하기도 하고 또 혹자는 계시록의 내용은 딱히 1장부터 순서대로 연결되는 내용이 아니라고 하기도 하는데 이 구절에서 그런 모든 해석이 별 미친 개소리임이 드러나는 순간입니다. 엄연히 일곱 인에서 예고편을 내보내고 일곱 나팔이 전 3년 반에 일어나며, 일곱 대접이 환난의 마지막인 후 3년 반에 일어나고, 일곱 대접을 끝으로 하나님의 진노가 끝마친다고 나와 있는 것입니다. 그러니 너무나 당연하게도 일곱 봉인부터 일곱 대접까지의 재앙들은 교회들의 역사 속에서 반복적으로 일어나기는 개뿔, 단회적인 사건인 것이며 계시록의 내용은 당연히 1장부터 22장까지 한큐에 연결되는 스토리인 것이지요.

또 내가 보니 불이 섞인 유리 바다 같은 것이 있고 짐승과 그의 우상과 그의 이름의 수를 이기고 벗어난 자들이 유리 바다 가에 서서 하나님의 거문고를 가지고 (계 15:2)

내가 보니, 불로 뒤섞인 유리 바다 같은 것이 있고 그 짐승과 그의 형상과 그의 표와 그의 이름의 숫자에 대하여 이긴 자들이 하나님의 하프들을 가지고 유리 바다 위에 섰더라. (계 15:2, 킹제임스)

앞의 대환난에서 나오는 자들이 흰옷과 종려나무 가지를 들고 서서 찬양하는 모습들이 있었는데 이번에도 그때와 비슷한 풍경입니다. 다만 이번에는 수정 같은 유리 바다가 아니라 불이 뒤섞인 유리 바다이고 구성원들도 종려나무 가지 대신 하프를 들고 있는데 단순히 〈환난에서 나오는 자들〉이 아니라 뭔가 출신성분들이 다릅니다. 그 짐승과 짐승의 우상, 짐승의 표와 그 이름의 숫자를 이기고 나온 자들이라는 것을 보니 앞의 종려나무 가지를 들고 비전 찬양(?)을 부르던 큰 무리들은 전 3년 반에 떼죽음을 당해 올라온 성도들이라면 이번의 하프를 든 무리들은 후 3년 반에 짐승의 표를 거부하고 죽기로써 절개를 지키다 순교한 요원들로 보입니다. 그들은 〈이긴 자〉라 칭해지며 뭔가 대우가 다를 것 같습니다.

앞에는 수정 같은 유리 바다였는데 이번에는 불 섞인 유리 바다로 변했습니다만 굳이 생각해 보면 천당 보좌 앞 인테리어야 하나님 뜻대로 얼마든지 바꿔 놓으실 수 있는 것이고, 굳이 갖다 붙여 보자면 이전 종려나무 가지를 든 사람들은 이스라엘 외의 이방인들 중에 그때라도 믿고 돌이켰다가 곡과 마곡 전쟁 및 나팔 재앙, 또는 유브라데 전쟁 때 대거 사망하여 다소 털 고통스럽게 올라왔기 때문에 조금은 맑게 수정 같은 유리 바다로 묘사되었을 수가 있으며, 후 3년 반에 짐승의 표를 거부하고 순교한 자들은 우선 혹독한 고통과 고초를 겪었기에 그러한 그들의 고난을 상징하고자 불을 섞으셨는지, 혹은 그들의 그런 순교 또한 〈불 가운데에서 구원받은 것과 같다〉는 것을 의미하고자 유리 바다에 불을 섞으신 것이라고도 할 수 있을 것입니다.

모르긴 몰라도 후 3년 반에 적그리스도에 의해 점령당한 지구의 75%에 해당하는 지역 주민들 중에 짐승의 표를 거부하고 끝내 순교의 길을 걸어간 사람들, 그리고 유대인들이 대부분을 차지할 것으로 보입니다. 애초에 유대인들은 휴거의 대상도 아니었고 대환난을 통과하도록 예정된 자들이기에 어쩌면 순교의 상급도 이방인들보다 유대인들에게 더 크지 않을까 싶기도 합니다. 그러나 아무래도 이 〈이긴 자들〉은 유대인들이 대부분일 것이라는 생각을 누를 수가 없는데 일단 앞의 대환난에서 나온 자들을 설명할 때는 〈아무라도 능히 셀 수 없는 큰 무리〉라고 하여 뭔가 어마어마한 쪽수의 사람들을 가리키는 표현이 있는데 이번의 이긴 자들은 왠지 숫자가 앞에 비해 현저히 적다는 느낌이 듭니다. 전 지구상에서 모조리 몰려든 자들과 이스라엘, 유대인들 중에서만 모여든 자들이 당연히 엄청난 차이가 날 수밖에 없을뿐더러 더더욱 그 심증을 굳혀 주는 것은 바로 다음 구절입니다. 이들이 하프를 들고 유리 바다 부근에 서서 부르고 있는 찬양이 무엇인가 하니….

하나님의 종 모세의 노래, 어린 양의 노래를 불러 이르되 주 하나님, 곧 전능하신 이시여, 하시는 일이 크고 놀라우시도다. 만국의 왕이시여, 주의 길이 의롭고 참되시도다. 주여, 누가 주의 이름을 두려워하지 아니하며 영화롭게 하지 아니하오리이까. 오직 주만 거룩하시니이다. 주의 의로우신 일이 나타났으매 만국이 와서 주께 경배하

리이다, 하더라. (계 15:3~4)

그들이 하나님의 종 모세의 노래와 어린양의 노래를 부르며 말하기를 "전능하신 주 하나님, 주의 행하신 일이 위대하고 놀라우니, 성도들의 왕이여, 주의 길은 의롭고도 진실하나이다. (계 15:3)

> <모세의 노래 = 어린양의 노래>가 아닙니다.
> <모세의 노래 + 어린양의 노래>이지요.

이긴 자들은 당연히 예수님을 영접하고 구원받은 채 순교했으니 어린양의 노래를 부르고 있습니다. 앞에 대환난에서 나온 자들이 <구원하심이 보좌에 앉으신 우리 하나님과 어린양께 있도다>라고 찬양했듯이 말이지요. 그러나 이들은 앞의 그들이 부르지 않았던 <모세의 노래>를 어린양의 노래와 함께 부르고 있습니다. 모세의 노래는 구약에 두 번이 나오는데 하나는 홍해를 건넌 직후에 부른 노래와 모세가 죽기 전에 마지막으로 부른 노래가 있습니다. 출애굽기 15장과 신명기 32장에 각각 나오는데 아무래도 홍해라는 벽에 막히고 이집트 군대의 추격을 당하며 두려워하다가 하나님의 기적과 같은 도우심으로 구원을 받은, 홍해 사건 때의 노래가 아닐까 합니다.

사실 상징적으로 보면 홍해를 건넌 것은 예수님을 영접하고 세례를 받고 구원받은 것 자체입니다. 그러니 사실 모세의 노래는 그 뒤에 있을 어린양의 크고 크신 사랑과 기적과 구원을 미리 찬양하는 것과 진배없는 것이었지만 그럼에도 불구하고 모세의 노래가 어린양의 노래와 굳이 따로 언급되는 것은 그 노래를 부르는 이긴 자들이 모세의 노래를 충분히 자신들의 것으로 공감하고 인정하고 흔쾌히 받아들여 부를 수 있는, 바로 이스라엘, 유대인들이라는 것을 의미하는 것입니다.

(아닌 말로 이방인들이야 모세의 노래를 알 턱이 없고, 부를 수도 없고, 공감도 되지 않을 것이다. 중국인·일본인이 아리랑을 부르며 감동받지 않는 것처럼 모세의 노래는 유대인이라야 마음에 와닿는 그런 것일 테다.)

또한 같은 구절의 킹제임스 역본에서는 하나님을 일컬어 〈성도들의 왕〉이라고 부르는데 사실 계시록 시각에서 〈성도〉라 함은 이방인 교회가 아니라 이스라엘, 유대인을 의미합니다. 성도라고 하니 교회 성도 생각하지만 거룩한 백성, 구별된 백성이라는 의미로 애초에 교회 성도가 아니라 이스라엘을 대상으로 쓰이던 것이었지요. 우리가 너무나 쉽게 잊고 있지만 원래 이스라엘에는 왕이 따로 없고 하나님께서 직접 그 백성을 치리하셔야 정상입니다. 끽해야 모세와 같은 지도자 및 사사들을 보내어 비상 대권을 행사하신 적은 있지요. 그러나 워낙 백성들이 깽판을 치며 〈왕 주세요! 현기증 난단 말이에요!〉 해 대고 있으니 하나님께서 먹고 떨어져라 하는 심정으로 사울을 시작으로 이스라엘에 왕을 세우신 것입니다. 그러나 이제는 온전히 이스라엘을 구원하시고 인류 역사를 끝맺는 순간이라 원래 뜻하신 이스라엘의 직접 통치를 하나님께서 맡으셨고 그런 이유로 이긴 자들은 하나님을 향해 만국의 왕이시며 또한 이스라엘, 거룩한 백성, 성도들의 왕이라 부르고 있습니다.

또 이 일 후에 내가 보니 하늘에 증거 장막의 성전이 열리며 (계 15:5)

(과천에 있는 〈신천지 예수교 증거 장막성전〉과는 동이 서에서 먼 것처럼 절대로 무관한 곳입니다.)

앞에도 일곱 번째 나팔 때 성전이 열려 언약궤가 보인 적이 있었는데 이번에 또다시 성전이 열리는 걸 보니 곧 심판이 시작될 각입니다.

일곱 재앙을 가진 일곱 천사가 성전으로부터 나와 맑고 빛난 세마포 옷을 입고 가슴에 금띠를 띠고 (계 15:6)

(맹세코 이 일곱 천사는 유인구, 유재열, 김창도, 백만봉, 정창래, 신광일, 김영애, 신종환 등 첫 장막의 일곱 사자와 무관합니다.)

차려입은 유니폼만 봐도 정결하고 의롭고 신실하고 거룩하기 그지없는 일곱 천사들이 일곱 재앙을 받아 장막성전(?)에서 나왔습니다. 이 일곱 재앙들을 담을 연장도 받아야겠지요?

그때 네 생물 중의 하나가 영원토록 살아 계신 하나님의 진노를 가득히 담은 금 대접 일곱을 그 일곱 천사들에게 주니 (계 15:7)

이 네 생물은 아무래도 붙박이로 보좌 앞에서 말뚝 근무를 서고 있는 모양입니다. 모르긴 몰라도 계시록이 진행되는 동안 내내 한 번도 자리를 이탈하지 않고 그대로 있었던 듯합니다. 그들은 장막성전(?)에서 천사들이 나오자 곧바로 그중에 하나가 일곱 금 대접을 가져다가 건네주었습니다.

하나님의 영광과 능력으로 말미암아 성전에 연기가 가득 차매 일곱 천사의 일곱 재앙이 마치기까지는 성전에 능히 들어갈 자가 없더라. (계 15:8)

얼마나 빼도 박도 못할 진노가 떨어질 각이었으면 아예 성전이 봉인되어 버려 그 재앙이 끝나기까지 아무도 들어가지도 못하게 되었을까요? 모르긴 몰라도 일곱 봉인을 떼실 때 나타났던, 보좌 앞에서 복수해 달라고 부르짖던 순교자들의 부르짖음에 응답하시고 일곱 번째 나팔이 울렸을 때 이루어질 하나님의 신비를 이루시기 위한 모든 준비가 완료되었습니다. 성전이 닫힌 이상 누가 들어가서 하나님과 대면할 것이며, 하나님과 대면하여 간구할 수 없는 이상 하나님께서 내리실 진노를 누가 막거나 멈출 수 있겠습니까? 이제 남은 것은 적그리스도의 나라와 보좌가 일곱 대접의 재앙에 개발살이 나는 것뿐이며 적그리스도와 거짓 선지자가 유황불 불가마에 떨어지는 그날까지 재앙은 이어질 것입니다.

과연 사도 요한이 목격한 그 일곱 재앙이 무엇이었는지는 이어지는 계시록 강해 16장을 기대하여 주십시오.

또 내가 들으니 성전에서 큰 음성이 나서 일곱 천사에게 말하되 너희는 가서 하나님의 진노의 일곱 대접을 땅에 쏟으라, 하더라. (계 16:1)

16장.

일곱 대접의 허와 실 ─────────

✕

또 내가 들으니 성전에서 큰 음성이 나서 일곱 천사에게 말하되 너희는 가서 하나님의 진노의 일곱 대접을 땅에 쏟으라, 하더라. (계 16:1)

또 내가 성전에서 나오는 큰 음성을 들었는데, 일곱 천사에게 말하기를 "가서 하나님의 진노의 일곱 호리병을 땅에 쏟으라."고 하시더라. (계 16:1, 킹제임스)

앞에서 주님께서 "혼자 있고 싶으니 모두들 물러가렷다!" 하셔서 성전이 굳게 닫히고 재앙이 끝날 때까지 그 누구도 얼씬거리지 못하는 상태가 되었기 때문에 당연히 성전에서 호령을 하실 분은 오직 하나님뿐이십니다. 하나님의 어명이 떨어졌으니 이제 일곱 천사들은 "존명!" 하고서 들고 있던 호리병, 대접을 세팅합니다. 하나님이 자신을 삼인칭으로 말씀하시는 것이 이채롭게 느껴지는데 사실 〈하나님〉이라는 호칭이 이름이 아니라 〈직책명〉인 것을 보면 하나님께서 얼마나 결연한 의지로 빼도 박도 못할 심판의 명령을 내리시는지 알 수 있습니다. 한 마디로 하나님께서 자신의 〈직을 걸고〉 심판을 명하시는 것입니다.

첫째 천사가 가서 그 대접을 땅에 쏟으매 짐승의 표를 받은 사람들과 그 우상에게 경배하는 자들에게 악하고 독한 종기가 나더라.

(계 16:2)

출애굽기를 읽어 보셨다면 잘 아시겠지만 열 개의 재앙 중 하나인 〈독종〉이 바로 이 첫 번째 대접의 재앙으로 나타난 헌데와 같습니다. 아토피 같은 악성 종기, 악창인데 욥이 이런 것에 시달린 적이 있었고 출애굽 한 히브리 백성들에게도 하나님께서 너희들이 다른 우상을 섬기고 배도하면 악성 종기로 벌을 내리겠다고 경고하신 바 있습니다.

여호와께서 네 무릎과 다리를 쳐서 고치지 못할 심한 종기를 생기게 하여 발바닥에서부터 정수리까지 이르게 하시리라. (신 28:35)

대략 일곱 대접의 재앙쯤 이르면 이 세계의 세팅이 〈출애굽〉 모드로 설정될 듯한데 유대인들이 숨어 있는 광야를 고센 땅으로 상정하여 그곳을 제외하고, 그리고 적그리스도가 지배하지 못하는 영역은 제외하고, 적그리스도가 다스리는 영역들은 그때 파라오가 다스리던 이집트 땅으로 상정하여 그 지역들에 열 개의 재앙처럼 집중적으로 뿌려질 모양입니다. 어쨌든 이 악성 종기는 짐승의 우상에 경배했고, 짐승의 표를 받은 자들에게 에누리 없이 생겼는데 흔히 생각하는 것처럼 이식한 짐승의 표가 터지거나 어떤 부작용을 일으켜 짐승의 표를 이식받은 부위에 종기가 일어날 수도 있고, 이 악성 종기 자체가 하나님의 초자연적 재앙이기에 정말 머리끝에서 발끝까지 빠짐없이 종기가 나서 사람들을 뒷목 잡게 만들 수도 있을 것입니다.

둘째 천사가 그 대접을 바다에 쏟으매 바다가 곧 죽은 자의 피 같이 되니 바다 가운데 모든 생물이 죽더라. 셋째 천사가 그 대접을 강과 물 근원에 쏟으매 피가 되더라. (계 16:3~4)

둘째 천사가 자기 호리병을 바다에 쏟으니 바다가 죽은 자의 피 같이 되어 모든 살아 있는 혼들이 바다에서 죽더라. 셋째 천사가 자기 호리병을 강들과 물의 원천들에 쏟으니 그것들이 피가 되더라. (계 16:3~4, 킹제임스)

확실히 물을 피로 만드는 것은 하나님의 재앙에 기본 옵션인 모양입니다. 전 3년 반에도 두 증인에 의해, 둘째 나팔의 재앙에서 물이 피가 되고 바다가 피가 되는 일이 벌어졌는데 이번에도 이러한 재앙이 벌어졌습니다. 특히 바다에 있는 모든 수자원들이 절단이 나면서 지구의 식량 수급은 또 다시 차질이 빚어졌고 바다가 피가 된 것은 물론 민물도 같이 피가 되었으니 식수난도 또다시 닥쳐올 것은 불문가지입니다.

내가 들으니 물을 차지한 천사가 이르되 전에도 계셨고 지금도 계신 거룩하신 이여, 이렇게 심판하시니 의로우시도다. 그들이 성도들과 선지자들의 피를 흘렸으므로 그들에게 피를 마시게 하신 것이 합당하니이다, 하더라. 또 내가 들으니 제단이 말하기를 그러하다. 주 하나님, 곧 전능하신 이시여, 심판하시는 것이 참되시고 의로우시도다, 하더라. (계 16:5~7)

또 내가 들으니, 제단에서 다른 소리가 나서 말하기를 "그러하나이다. 전능하신 주 하나님, 주의 심판들은 참되시며 의로우시니이다." 라고 하더라. (계 16:7, 킹제임스)

앞에는 불을 다스리는 권세를 가진 천사가 나오더니 이번에는 물을 담당한 천사가 있습니다. 그 천사와 제단에 있는 누군가가 서로 주거니 받거니 하는데 천사의 멘트에서 뭔가 의미심장한 부분이 있으니 그렇게 물 대신 피를 마시게 되는 대상자들이 어떤 자들인가 하니 〈성도들과 선지자들의 피를 흘린〉 자들입니다. 한 마디로 성도들과 선지자들로 대표되는 유대인과, 환난 와중에 회심한 자들과, 그리고 그때나마 복음을 전하고 신세계 질서에 맞서던 인도자들을 핍박하고 괴롭히고 죽였던 자들이니 바로 적그리스도의 나라에 속하여 짐승의 표를 받고 앞잡이가 되었던 모든 자들을 가리킵니다. 당연한 말이지만 일반인이라고 해서 예외일 수 없는 것이 짐승의 표를 받고 완전히 영혼을 팔아버린 그들이 얼마나 하나님과 예수님을 저주하고 성도들을 증오했을까요?

> **1. 짐승의 표를 받은 자**
> **2. 짐승의 우상에 경배한 자**
> **3. 성도들과 선지자들을 핍박하고 죽인 자**

이 세 부류는 별개가 아니라 그놈들이 그놈들이고 한 놈도 빠짐없이 물 대신 피를 마셔야 할 것들입니다.

넷째 천사가 그 대접을 해에 쏟으매 해가 권세를 받아 불로 사람들을 태우니 (계 16:8)

아시다시피 태양은 가만히 있으면서 자동으로 빛과 열을 내는 게 아니라 끊임없이 폭발하고 터지면서 태양계를 환하게 비추고 적당히 열도 내는 것인데 과연 태양이 얼마나 뜨거워졌기에 땅 위의 사람들을 태워 죽일 만큼이 될 것인지 과학 논문 대신에 선지자 이사야의 예언을 보겠습니다.

여호와께서 자기 백성의 상처를 싸매시며 그들의 맞은 자리를 고치시는 날에는 달빛은 햇빛 같겠고 햇빛은 일곱 배가 되어 일곱 날의 빛과 같으리라. (사 30:26)

평소보다 7배로 태양이 뜨거워졌다고 하니 예를 들어서 평소의 온도가 30도라면 저 때에는 210도까지 올라가는 것입니다. 게다가 이 7배는 하나님께서 그저 설정하신 것도 아닌 것 같습니다. 모두가 잘 아시는 다니엘의 세 친구들 이야기를 보면 느부갓네살 왕이 세운 금 신상에 절하기를 거부한 사드락과 메삭과 아벳느고를 용광로에 집어넣을 때 그 풀무 불을 7배나 더 뜨겁게 했다고 하더군요. 오죽하면 세 사람을 불 속에 집어넣은 헌병들이 튀긴 불똥에 타죽었을 정도로요.

느부갓네살이 분이 가득하여 사드락과 메삭과 아벳느고를 향하여 얼굴빛을 바꾸고 명령하여 이르되 그 풀무 불을 뜨겁게 하기를 평소보다 칠 배나 뜨겁게 하라, 하고 (단 3:19)

왕의 명령이 엄하고 풀무 불이 심히 뜨거우므로 불꽃이 사드락과 메삭과 아벳느고를 붙든 사람을 태워 죽었고 (단 3:21)

이것을 잘 기억하시고는 그때의 느부갓네살처럼 똑같이 자신의 우상에 경배하라고 강요하는 적그리스도를 심판하시고자 해를 용광로 삼아, 햇빛을 풀무 불 삼아 일곱 배나 더 뜨겁게 하여 재앙을 내리시는 것일지도 모릅니다.

사람들이 크게 태움에 태워진지라. 이 재앙들을 행하는 권세를 가지신 하나님의 이름을 비방하며 또 회개하지 아니하고 주께 영광을 돌리지 아니하더라. (계 16:9)

(간호사들 사이에서도 〈태움〉이란 것이 유행한다고 하더라....)

당연히 짐승의 표를 받아 눈깔이 삐어 버린 자들이 그런 재앙을 당하고도 회개할 턱이 없고 하나님께 영광 돌릴 턱이 없습니다. 그런데 지금까지 재앙들을 당한 대상자들을 견적을 내 보면….

> **1. 짐승의 표를 받은 자**
> **2. 짐승의 우상에 경배한 자**
> **3. 성도들과 선지자들을 핍박하고 죽인 자**
> **4. 재앙을 당하고 당하면서도 회개하지 않는 자**

이렇습니다. 어째 이번 일곱 대접의 재앙은 앞의 일곱 나팔 재앙과 달리 전 지구가 동시에 당한 재앙은 아닐 것 같다는 느낌이 물씬 드는군요. 적그리스도가 직접 지배하는 영역에 거주하지 않는 자들은 표를 받지도, 우상에 경배하지도 않았을 것이며 성도들과 선지자들을 핍박하고 죽일 이유도 없으며 그러니만치 그들에게 재앙이 떨어질 일은 없을 것입니다. 과거 출애굽 때의 열 개의 재앙도 완악한 파라오가 다스리던 이집트 땅에 집중적으로 떨어졌지 그 외의 지역에 닥치지는 않았던 것처럼 말입니다.

만약 정말 그렇다면 확실히 적그리스도가 천하통일에 실패하는 이유를 알 것도 같은데 다음 절을 살펴보겠습니다.

또 다섯째 천사가 그 대접을 짐승의 왕좌에 쏟으니 그 나라가 곧 어두워지며 사람들이 아파서 자기 혀를 깨물고 아픈 것과 종기로 말미암아 하늘의 하나님을 비방하고 그들의 행위를 회개하지 아니하더라. (계 16:10~11)

역시나 열 개의 재앙 때처럼 그 나라 전체에 흑암이 임하였는데 흑암이 임하는 곳은 〈짐승의 왕좌와 그 나라〉, 적그리스도가 다스리는 단일 세계 정부의 통치 영역입니다. 흑암으로 인해 햇빛에 타죽을 걱정은 없어졌으나 이미 입은 화상으로 혀를 깨물 만큼 아프고, 앞에서 당한 악성 종기도 그대로 있을 테니 그 고통은 별 줄어든 것 같지도 않을 것입니다. 바로 이 부분에서 앞의 재앙들이 전 지구적으로 떨어진 게 아니라 적그리스도가 직접 다스리는 영역과 그 거주민들에게만 떨어졌음이 드러나고 있습니다. 그러니 여기까지 대접 재앙으로 개발살이 난 것은 적그리스도의 왕국이며 천하삼분을 구성하는 유라시아 연합과 동양 연합은 저들이 뒷목을 잡는 것을 구경하며 칼을 갈고 있을 터입니다. 일단 적그리스도가 유라시아 연합과 동양 연합 영토를 더 침공해 들어올 여력이 없어졌으니 안전은 보장받았으며 세계정부가 재앙으로 뒤집어진 판에 완충지대로부터 약탈과 노략질을 할 여력이 있을 턱이 없으니 남아시아와 중앙아시아 일대의 완충지대도 이때쯤이면 동양 연합의 수중에 떨어졌을지도 모릅니다. 제 말이 야부리가 아닌 이유는….

또 여섯째 천사가 그 대접을 큰 강 유브라데에 쏟으매 강물이 말라서 동방에서 오는 왕들의 길이 예비 되더라. (계 16:12)

여섯째 천사가 자기 호리병을 큰 강 유프라테스에 쏟으니 강물이 말라 버려서 동방의 왕들의 길이 예비 되더라. (계 16:12, 킹제임스)

딱 거기까지 해 놓고서 이쯤이면 동방의 왕들이 준비되었겠다 싶으시니 곧바로 유브라데강을 바싹 마르게 하셔서 동양 연합 군대가 쳐들어올 수 있게 길을 열어 주셨기 때문입니다. 앞의 전 3년 반 말미에 벌어졌던 세계정부와 동양 연합의 1차 격돌인 유브라데 전쟁에서 패퇴한 동양 연합은 그렇지 않아도 세계정부가 휘청거리는 지금이 기회다 싶었는데 울고 싶은 놈 싸대기 날리듯이 그 강마저 말라 평지가 되어 버리니 지금이 천우신조라 생각되어 전쟁 준비에 착수할 것입니다. 그리고 동양 연합 군대가 그 머나먼 중동까지 도보로 행군할 것도 아니고 온갖 차량과 장비들을 이끌고 올 것이며 병력도 적지 아니할 것인데 그 장비들을 굴릴 연료와 자원이 있고 군량이 있다는 것 자체가 대접 재앙을 겪지 않았다는 뜻입니다.

또 내가 보매 개구리 같은 세 더러운 영이 용의 입과 짐승의 입과 거짓 선지자의 입에서 나오니 그들은 귀신의 영이라. 이적을 행하여 온 천하 왕들에게 가서 하나님 곧 전능하신 이의 큰 날에 있을 전쟁을 위하여 그들을 모으더라. (계 16:13~14)

또 내가 보니, 개구리 같은 더러운 세 영이 용의 입과 짐승의 입과 거짓 선지자의 입에서 나오는데 그들은 기적들을 행하는 마귀들의 영들이라, 그 영들은 이 땅과 온 세상의 왕들에게로 가서 전능하신 하나님의 위대한 날의 전쟁을 위하여 그 왕들을 모으더라. (계 16:13~14, 킹제임스)

동상이몽이란 말이 딱 어울리는데 각각이 모두 다른 생각을 하고서 똑같은 행동을 하는 것입니다. 사탄과 적그리스도와 거짓 선지자는 대접 재앙으로 인해 가만히 있어도 말아먹을 판이니 천하삼분을 구성하는 나머지 왕들을 끄집어내어 일거에 쓸어 버리는 것이 어떨까 하는 생각에 영들을 보내 충동질을 하게 했고, 그 왕들은 특히, 동방의 왕들은 이참에 가서 적그리스도를 갈아 버리자고 의기투합하여 진격을 개시했으며, 그런 양쪽의 격돌은 하나님께서 최종 결전을 위해 세팅하신 무대에 불과했던 것입니다.

보라, 내가 도둑 같이 오리니 누구든지 깨어 자기 옷을 지켜 벌거벗고 다니지 아니하며 자기의 부끄러움을 보이지 아니하는 자는 복이 있도다. (계 16:15)

느닷없이 다소 뜬금없는 말씀이 나오는데 당연히 이 말씀은 이 시점에 휴거가 있거나 재림이 있다는 그런 의미가 아닙니다. 이미 휴거는 진작 일어난 상황이기 때문에 여기서 무슨 휴거를 말씀하시겠냐마는 굳이 의미를 부여해 보자면 여기저기 광야에 숨어 있는 유대인들에게 곧 백마 탄 주님이 오시는 지상 재림이 있으니 힘을 내라는 권면과 격려의 말씀이라는 의미, 그리고 한편으로는 지금까지 쭉 대환난에 일어날 일들을 계시하여 주시다가 이러한 일들을 당하지 말고 깨어 있어 주님을 기다리라는 말씀을 〈계시록을 읽을 교회와 성도들에게〉 던지시는 말씀이라는 의미입니다.

가만히 생각해 보면 계시록을 읽을 독자는 결코 환난에 처할 이스라엘, 유대인 내지 그 무슨 환난 성도가 아닙니다. 지금 이 평시에 다시 오실 주님을 기다리고, 시대의 징조를 분별하며 깨어 있는 주님의 신부들이 계시록을 읽는 것입니다. 그 계시록에서 말하는 대환난기에 들어가면 계시록을 글로 읽을 게 아니라 온몸으로 버텨 내야 하기 때문에 딱히 의미가 없는 것이지요. 그러니 소름 돋는 것은 정작 계시록이 말하는 대환난에 들어갈 자들은 계시록을 전혀 모르는 까막눈으로 들어가며, 환난을 피하여 휴거 될 주님의 백성들이 그 계시록의 말씀을 더 많이 알고 깨닫는 것입니다. 가진 자는 더 받게 되고, 없는 자는 있는 것조차 빼앗긴다는 말씀이 여기에서도 빛을 발하는 순간입니다.

(계시록의 올바른 해석은 오히려 지금보다 50~60년 전에 더욱 융성했으며 세월이 지난 지금 계시록의 해석은 더더욱 퇴보하여 가면 갈수록 왜곡되고 꼬이는 판입니다. 올바른 종말론과 계시록 분석은 반세기 전에 이미 완성되어 쌓여 있었고 세월이 가면 갈수록 서서히 깎여져 가다가 주님이 오실 때쯤이면 거의 잊혀져서 휴거 이후에 남은 자들은 완전히 까막눈이 된 채로 대환난에 들어가게 될 것입니다.)

세 영이 히브리어로 아마겟돈이라 하는 곳으로 왕들을 모으더라.
(계 16:16)

15절의 말씀이 확실히 계시록 내에서 전하는 것이 아닌, 계시록을 읽는 〈독자〉들에게 하는 멘트임을 알 수 있는 것은 바로 이 대목인데 16절은 14절과 이어지며 15절은 전혀 앞뒤 구절과 연결되지 않습니다. 그러니 계시록의 내부 스토리는 14절과 16절이 이어지며 15절은 스토리에서 벗어난 다른 이야기인 것입니다.

(이런 상황을 연극으로 치면 〈방백〉입니다. 배우가 관객을 향해 말하는 대사인데 옆에 있는 극 중 상대역에게는 들리지 않는 것으로 설정하고 날리는 멘트입니다. 예를 들면 이런 것….)

> A: (옆에 있는 B에게) 오늘 날씨가 좋지?
> B: (A에게) 그러게. 엄청 좋네.
> A: (관객에게) B가 확실히 둔하다, 그죠? 이렇게 비가 오는데….

어쨌든 이 〈아마겟돈〉이란 곳은 계시록을 안 읽어 본 사람도 아는 유명한 곳인데 역사적으로 크고 작은 전쟁들이 많이 일어났던 곳입니다. 아마겟돈은 약간 발음이 꼬인 것이고 〈하르-마게돈〉이 더 정확한데, 의미인즉슨 〈므깃도산〉으로 당연히 그 산 하나에서 그 거대한 전쟁이 일어나기보다는 므깃도와 그 주변의 평야들, 그리고 그 어귀의 〈이스르엘 계곡과 여호사밧 골짜기〉 및 예루살렘까지 포함하여 한마디로 이스라엘 전체가 전장이 될 것 같습니다. 아예 그곳에는 〈여기에서 마지막 전쟁이 벌어짐!!〉이라고 입간판까지 세워 놓고 있어 진작부터 명소가 되어 있습니다.

일곱째 천사가 그 대접을 공중에 쏟으매 큰 음성이 성전에서 보좌로부터 나서 이르되 되었다, 하니 (계 16:17)

일곱째 천사가 자기 호리병을 공중에 쏟으니 하늘의 성전에서 큰

음성이 보좌로부터 나와 말하기를 "다 이루었다."고 하니 (계 16:17)

예수님의 초림 때 십자가를 지심으로 구원을 〈다 이루었다〉 하신 것처럼 예수님의 재림이 임박한 일곱 대접의 재앙이 끝날 때도 〈다 이루었다〉 하십니다. 그리고 시작되는 멸망….

번개와 음성들과 우렛소리가 있고 또 큰 지진이 있어 얼마나 큰지 사람이 땅에 있어 온 이래로 이같이 큰 지진이 없었더라. (계 16:18)

지구를 들었다 놓을 만한 거대한 지진이 그야말로 땅을 휘저어 놓고 있는데 옛날 중국의 산시성 지진이나 탕산 대지진, 사천성 대지진, 일본의 관동 대지진, 크라카타우섬 침몰에 비할 바가 아닌 거대한 위력의 대지진이 일어났습니다.

큰 성이 세 갈래로 갈라지고 만국의 성들도 무너지니 큰 성 바벨론이 하나님 앞에 기억하신바 되어 그의 맹렬한 진노의 포도주 잔을 받으매 각 섬도 없어지고 산악도 간 데 없더라. (계 16:19~20)

또 그 큰 도성이 세 부분으로 갈라지고 민족들의 성읍들도 붕괴되며 큰 바빌론이 하나님 앞에 기억되었으니 이는 그녀에게 그 분의 맹렬한 진노의 포도주 잔을 주기 위함이니라. 그러자 모든 섬이 사라지고 산들도 보이지 아니하더라. (계 16:19~20, 킹제임스)

큰 도성이 적그리스도의 우상이 성전에 서 있는 예루살렘인지, 혹은 세계정부의 수도일지, 뒤에 따로 언급되는 큰 성 바빌론인지, 확실하지는 않습니다. 만약 큰 도성이 예루살렘이라면 대지진을 통해 세 조각으로 짜개버리심으로써 서지 못할 곳에 서 있는 멸망의 가증한 것을 하나님께서 없애 치우시는 것입니다.

내가 이방 나라들을 모아 예루살렘과 싸우게 하리니 성읍이 함락되며 가옥이 약탈되며 부녀가 욕을 당하며 성읍 백성이 절반이나 사로잡혀 가려니와 남은 백성은 성읍에서 끊어지지 아니하리라. (슥 14:2)

다만 아마겟돈 전쟁 와중에 예루살렘이 전쟁터가 되고 유대인들 일부가 예루살렘에 있다가 절반이 죽고 사로잡히는 모습들이 나오는 것을 보면 이때 세 갈래로 갈라지는 도성은 예루살렘이 아니라 바빌론이 맞는 것 같기도 합니다. 그곳이 큰 성 바빌론이라면 하나님께서 직접 벼르고 벼르신 끝에 맹렬한 진노의 포도주잔을 받은 결과가 그 성이 세 조각으로 갈라지는 것이라 하겠습니다. 그 외에 각국의 여러 도시들이 무너지고 대지진이 일어나는 통에 섬들도 침몰하고 산들도 무너져 굴러다니고 있으니 이제는 빼도 박도 못할 세기말의 참혹한 현장입니다.

또 무게가 한 달란트나 되는 큰 우박이 하늘로부터 사람들에게 내리매 사람들이 그 우박의 재앙 때문에 하나님을 비방하니 그 재앙이 심히 큼이러라. (계 16:21)

확실히 이번 재앙도 적그리스도의 영역에만 떨어졌다는 느낌이 드는데 일단 저런 대지진이 마구 일어나면 원정군 입장에서 진격해야 할 동양 연합 군대의 전열이 무너지게 되며 특히 우박이 한 달란트, 대략 50kg이나 되는 것들이 떨어진다면 각종 군 장비들이 무사할 리가 없습니다. 그러니 동양 연합의 지경에도 대지진과 우박이 떨어진다면 아마겟돈 전쟁이 성립될 수 없는 상황이 벌어집니다. 반면 재앙을 당하는 쪽에서는 또다시 멘붕이 되어 하나님을 욕하며 화풀이를 하고 있는데 이제 그 주둥이들을 〈닥칠

〉 때가 곧 〈닥칠〉 듯싶습니다. 만약 저것들이 여호수아서를 읽어 보았다면 하나님께서 내리신 우박에 맞아 죽은 자들이 히브리 백성들의 칼에 죽은 자보다 훨씬 많았다는 것을 알 터인데 감히 그 건방진 주둥이를 놀릴 수 있을지 참으로 의문스러우면서도 짐승의 표를 받으면 저렇게나 완악해지는 것인가 하는 생각조차 들게 합니다. 여기까지 일곱 대접의 재앙으로 적그리스도는 멸망 직전의 상황에 이르렀고, 앞에서 나왔던 일곱 인 중에 여섯 번째 인을 떼었을 때 사도 요한이 보았던 그 예고편이 본편으로 진행 중입니다.

이대로 다이렉트로 쭉 이어졌으면 좋으련만 특별히 하나님께서 사도 요한, 그리고 계시록의 독자들을 위하여 보충 수업을 준비하셨습니다. 앞에 〈큰 바빌론〉이라는 것이 잠시 언급되었는데 이대로 그냥 훅 망해 버리면 그것이 무엇인지 잘 모르실 수가 있기에 워낙 디테일을 추구하시는 주님께서 특별히 마련하신 자리입니다. 그 유명한 큰 음녀 바빌론에 대해서 이어지는 계시록 17장 강해를 기대해 주십시오.

또 일곱 대접을 가진 일곱 천사 중 하나가 와서 내게 말하여 이르되 이리 오라, 많은 물 위에 앉은 큰 음녀가 받을 심판을 네게 보이리라. (계 17:1)

17장.

큰 음녀 바빌론의 허와 실 ━━━━━━

또 일곱 대접을 가진 일곱 천사 중 하나가 와서 내게 말하여 이르되 이리 오라, 많은 물 위에 앉은 큰 음녀가 받을 심판을 네게 보이리라. 땅의 임금들도 그와 더불어 음행하였고 땅에 사는 자들도 그 음행의 포도주에 취하였다, 하고 곧 성령으로 나를 데리고 광야로 가니라. 내가 보니 여자가 붉은 빛 짐승을 탔는데 그 짐승의 몸에 하나님을 모독하는 이름들이 가득하고 일곱 머리와 열 뿔이 있으며 그 여자는 자주 빛과 붉은 빛 옷을 입고 금과 보석과 진주로 꾸미고 손에 금잔을 가졌는데 가증한 물건과 그의 음행의 더러운 것들이 가득하더라. (계 17:1~4)

또 일곱 호리병을 가진 일곱 천사 가운데 하나가 와서 나와 대화하며 말하기를 "이리 오라, 많은 물 위에 앉은 그 큰 창녀의 심판을 네게 보여 주리라. (계 17:1, 킹제임스)

앞에 일곱 대접을 들고 있던 천사 하나가 사도 요한에게 와서는 뭔가를 보여 주겠다고 하며 데려가는데 〈많은 물 위에 앉은 큰 음녀의 심판〉입니다. 이 여자는 타이틀부터가 음녀이고 창녀인 걸 보면 처녀이자 콩쥐 같은 그리스도의 신부와 참으로 대조되는 팥쥐 같은 존재입니다. 음녀를 보면 〈많은 물 위에 앉아 있다〉고 하는데 하는 짓은 땅의 왕들과 음행을 벌이고 땅에 거하는 일반인들도 그 음행의 포도주에 취해 눈깔이 삐어 있는 상황입니다.

여기까지 운을 띄운 천사는 사도 요한을 입신하여 환상을 보게 하는데 환상 속에서 그가 본 것은 광야에 있는, 일곱 머리와 열 뿔을 가진 붉은 빛 짐승을 탄 그 음녀의 모습이었습니다. 앞에서 이미 보셨다시피 일곱 머리와 열 뿔, 하나님을 모독하는 이름들로 가득하다고 하면 계 13장에 등장하는 첫째 짐승을 떠올릴 수밖에 없는데 맞습니다. 그런데 첫째 짐승을 타고 등장하고 있으니 이 음녀를 땅에서 올라온 둘째 짐승으로, 첫째 짐승을 우상화하고 세상 사람들에게 그 짐승을 경배하라고 외쳐 대는 그 거짓 선지자라고 생각하기 일쑤인데 우리가 정말 잘 잊어버리는 것은 거짓 선지자도 엄연한 〈짐승〉이고 마귀이지 인간이 아닙니다. 환상 속에서 첫째 짐승이 짐승 모습 그대로 나왔다면 당연히 둘째 짐승도 짐승 모습 그대로 나와야 하는데, 유독 거짓 선지자만 음녀의 모습으로 나올 리가 없는 것입니다. 그러니 이 음녀는 거짓 선지자와 별개의 다른 존재라고 보는 것이 타당합니다.

사도 요한은 그 음녀의 인상착의를 잘 살펴보았는데 자주색과 주홍색 옷을 입고 금과 보석과 진주로 꾸미고 손에 금잔을 들고 있는 모습을 똑똑히 봐 두었습니다. 굳이 이것을 꼼꼼하게 남긴 이유는 모르긴 몰라도 후학들에게 〈이런 인간이 등장한다면 바로 이거구나! 하고 깨달으라는〉 목적일 듯한데 구글 같은 데 검색하셔서 로마 가톨릭의 교황과 추기경 이하 고위 사제들이 어떤 모습을 하고 있는지 이미지를 찾아보시면 〈바로 이거구나!〉 하실 것입니다.

옷 색깔과 액세서리에 금잔까지….

그의 이마에 이름이 기록되었으니 비밀이라, 큰 바벨론이라, 땅의
음녀들과 가증한 것들의 어미라, 하였더라. 또 내가 보매 이 여자가
성도들의 피와 예수의 증인들의 피에 취한지라. 내가 그 여자를 보
고 놀랍게 여기고 크게 놀랍게 여기니 (계 17:5~6)

그녀의 이마에 한 이름이 기록되어 있는데 "신비라, 큰 바빌론이
라. 땅의 창녀들과 가증한 것들의 어미라."고 하였더라. 또 내가 보
니, 그 여자가 성도들의 피와 예수의 순교자들의 피에 취하였더라.
그러므로 내가 그녀를 보고 크게 의아해 하며 놀랐노라. (계 17:5~6,
킹제임스)

무엇이 자랑이라고 마빡에 떡하니 이름을 붙여 놓고 있는지 모르겠는데
이 당시 로마 제국의 성매매 여성들은 자신의 이름이나 별명, 장점(?)을 기
록한 머리띠를 두르고 호객을 했다고 하니 그 풍습을 빌려 이 음녀가 그야
말로 〈창녀〉임을 드러낸 듯합니다. 그런데 그 여자의 마빡에 써서 붙여 놓
은 이름표를 보아하니 〈비밀, 큰 바빌론, 땅의 음녀들과 가증한 것들의 어
미〉라는 기나긴 타이틀입니다. 비밀 또는 신비, 하면 하나 생각나는 게 있

지요.

불법의 비밀이 이미 활동하였으나 지금은 그것을 막는 자가 있어 그 중에서 옮겨질 때까지 하리라. (살후 2:7)

불법의 신비가 이미 활동하고 있나니 현재는 막는 자가 있어 막을 것이나 그가 그 길에서 옮겨질 때까지만 그리하리라. (살후 2:7, 킹제임스)

불법의 비밀이 바로 이 음녀를 의미한다고 하면 큰 바빌론이라 하는 음녀는 대환난 때에 등장하여 활동하는 존재가 아니라 이미 대환난 이전부터, 더욱 거슬러 올라가면 숫제 사도 바울 때도 활동하고 있었다는 것입니다. 그도 그럴 것이 〈바빌론〉이니 그 옛날 비밀스러운 교리로 우상 숭배를 하던 옛 바빌론의 밀교에서부터 비롯된 자들이라는 추측도 가능합니다. 그 기원은 바빌론의 사탄 숭배에서, 그리고 갖가지 모습으로 각 나라와 민족의 우상 숭배로 스며들었다가, 로마 시대에 이르러서는 태양신을 숭배하는 종교로, 초대교회 이후에는 교회의 모습을 가장하여 로마 가톨릭으로, 그리고 휴거 이후 대환난 시점에는 더 이상 눈치 볼 것도 없이 패역한 〈큰 바빌론〉으로 완성된 것이 아닐까 생각해 보고 있습니다. 또한 이들은 강력한 중앙집권적인 종교 체계로써 열국을 향해 〈땅의 음녀들과 가증한 것들〉로 대표되는 끄나풀들을 파견해 미혹하며 큰 음녀 바빌론은 그들의 〈어미〉로서 중앙청 노릇을 톡톡히 하는 중입니다. 이런 국제급 중앙 집권 체계를 갖춘 교파가 로마 가톨릭 말고 또 어디 있을까요? 환난 전인 지금도 WCC를 위시하여 종교를 통합하고 교회를 배교시키려는 작업이 착착 진행되고 있으니만치 그런 음녀의 수작에 넘어가 복속되는 모든 종교들과 배교하는 각 교파들 또한 〈땅의 창녀들과 가증한 것들〉에 포함된 것입니다.

그나저나 사도 요한은 느닷없이 등장한 음녀를 보고서 크게 놀라는데 계 13장에서 적그리스도를 보고도 눈 하나 깜짝하지 않던 그가 음녀를 보고는 크게 놀란 것을 보면 이 상황 자체가 그가 생각했던 것과는 많이 달랐던 모양입니다. 이전까지 분명히 일곱 대접의 재앙으로 적그리스도의 보좌가 무너지고 그의 나라가 박살 나고 (가정이 무너지고 사회가 무너지며) 주님 오실 날이 목전에 임박했음을 보았는데, 영광스러운 지상 재림은커녕 갑자기 별 이상한 괴물 같은 여자나 보고 있고, 더군다나 그 여자가 멸망은커녕 성도들과 순교자들의 피에 취해 있는 것에 더더욱 어안이 벙벙할 수밖에 없습니다. 당연한 말이지만 로마 가톨릭이 중세 시대를 암흑기로 만들며 죽인 성도들의 수가 물경 수천만 명에 이르며 그들이 꾸민 여러 가지 공작들로 인해 죽고 다친 성도들이 또 얼마나 될지 이루 셀 수조차 없습니다. 이미 그렇게 성도들과 순교자들의 피에 취해 왔던 그들은 대환난기에 이르러 모든 종교를 통합하고 제대로 권세를 부리게 되면 또 얼마나 많은, 특히 유대인들과 기타 환난 성도들을 죽이고 괴롭히게 될지는 상상조차 가지 않습니다.

천사가 이르되 왜 놀랍게 여기느냐, 내가 여자와 그가 탄 일곱 머리와 열 뿔 가진 짐승의 비밀을 네게 이르리라. (계 17:7)

분명히 앞에서 적그리스도를 보고도 심드렁하던 사도 요한이 음녀를 보며 눈이 커지는 것에 이 천사도 의아했던지 왜 놀라느냐고 핀잔을 주며 곧바로 그 음녀와 그녀가 탄 짐승에 대해 썰을 풀어 주겠다며 사도 요한을 안심시킵니다. (광야에서 음녀랑 짐승 본 썰 푼다….)

여기서 잠깐, 먼저 여러분들께 서비스를 할까 합니다. 사실 엄청나게 남성 중심으로 스토리가 진행되는 성경에서 몇 안 되는 여성 캐릭터, 게다가 뭔가 패기 넘치는 모습으로 등장하는 이 바빌론의 음녀는 역사 이래로 많은 호기심을 자극하면서 그러니만치 이런저런 모습으로 표현되어 왔습니다. 공식 명칭은 〈대탕녀 바빌론〉이라고 하는 음녀의 이미지들은….

左 중세 시대에 그려진 음녀의 상상화
右 계시록 강해서에 자주 나오는 모습

左 음녀는 같은데 짐승만 바뀐 2차 창작품
右 짐승은 같은데 음녀만 바뀐 모습

왠지 우주적인
배경을 끼고 있
는 음녀

땅의 왕들에게 경배를 받는 음녀의 모습

음녀를 보고 있는 사도 요한과 천사

많은 물과 광야,
참람한 이름까지 모두 표현
한 모습

左 영화 또는 뮤직비디오에서 묘사된 모습
右 음료수 광고를 찍고 있는 듯한 모습

요한계시록 강해 자료 화면으로 가장 많이 나
오는 모습

약간 소박한 스케치와 음녀를 묘사한 듯한 판화

음모론자들이 음녀의 모습을 묘사했다고 주장하는 팝 여가수의 퍼포먼스

左 음모론자들이 음녀의 모습을 상징했다고 생각하는 걸그룹 멤버

右 걸크러시 돋는 음녀의 모습

左 일본 만화 컨셉으로 그린 듯한 음녀의 모습

右 장난감 피규어로도 제작된 음녀

왠지 비싸게 팔릴 듯한 짐승과 음녀 피규어인데 위 사진들은 교황을 적그리스도
라 주장하는 음모론자의 설명이 첨부되어 있습니다.

소로 변장한 제우스가 에우로페를 태우고 달아났던 그리스 신화의 고사에서 짐
승을 탄 음녀를 연상하기도 했는데, 소를 탄 에우로페의 이름에서 〈유럽〉이 유래
되었습니다.

유럽 연합의 상징인 〈짐승을 탄 여자〉 에우로페의 동상

실사 버전 에우로페의 모습. 유럽 연합 곳곳이 짐승을 탄 여자 에우로페의 모습으로 장식되어 있습니다.

에우로페가 새겨진 고대 동전

左 유럽 연합 홍보사진에 나오는 에우로페

右 유로 동전에도 새겨져 있는 짐승을 탄 여자

左 빅토리아 시크릿 분위기가 물씬 풍기는 음녀의 모습

右 보다 세련된 패션의 현대판 음녀

게임 〈여신전생〉에 등장하는 〈마더 할
롯〉이라는 여자 악마인데 성경에 등
장하는 천사와 악마에서 소재를 많이
빌린 게임이라 실제로 〈마더 할롯〉에 대한 설명이 〈요한계시록에 대탕녀로 기록
된 마인. 일곱 머리에 열 뿔을 지닌 붉은 짐승을 타고 손에는 더러움으로 가득 찬
금잔을 들었다〉라고 적혀 있습니다. 이름 자체도 〈창녀 어머니〉입니다.

갑자기 등장한 베일을 쓴 여인은 종말의 날에 최후의 짐승을 거느리고 나타날 마
더 하롯이라고 합니다.

자줏빛과 주홍빛 옷에
금잔까지⋯. 원작에
매우 충실하군요.

풀옵션으로 모습을 드러낸 마더 하롯

左 주인공과 마주 선 바빌론의 음녀

右 음녀의 시선에서 주인공들을 내려다보기

더러운 것들로 가득한 금잔을 들고 술수를 쓸 때마다 금잔을 들어 마시고…

기를 모을 때도 마시고 필살기를 쓸 때도 마시고…

주인공에게 처맞고 축 사망….

　일본 게임의 한 장면을 소재로 삼아 장난스럽게 그린 만화 컷인데 음녀가 〈성배라면 나도 있는데…〉라고 금잔을 내밀자 가운데 선 소녀가 그녀를 향해 〈이 무슨 바빌론의 대 요부?〉라고 피식거리는 모습입니다. 일본에서는 〈음녀〉를 〈요부〉라고 표기합니다.

정말 많이도 만들어진 것을 보면 바빌론의 음녀가 신자와 불신자를 막론하고 참 많은 사람들에게 관심거리가 되었던 것 같습니다. 하여간 여성 캐릭터치고 인기 없는 적이 없더라는….

네가 본 짐승은 전에 있었다가 지금은 없으나 장차 무저갱으로부터 올라와 멸망으로 들어갈 자니 땅에 사는 자들로서 창세 이후로 그 이름이 생명책에 기록되지 못한 자들이 이전에 있었다가 지금은 없으나 장차 나올 짐승을 보고 놀랍게 여기리라. (계 17:8)

그런데 사실 천사의 설명에서 음녀는 그다지 중요하지도 않고 그녀가 탄 짐승이 핵심입니다. 앞의 계 13장에서 미처 다 설명하지 못한 적그리스도에 대해 제대로 보충 설명을 해 줄 요량인지 천사는 〈일곱 머리와 열 뿔을 가진 짐승〉에 대해 설명하기 시작합니다.

일단 그 짐승은 전에 있었다가 지금은 없고 이후에 무저갱에서 올라와 멸망으로 들어갈 자입니다. 당연히 휴거 이후에는 이 땅에 일단 기본적으로 〈창세 이후로 생명책에 이름이 기록된〉 주님의 신부들이 남아 있지 않으니 당연히 〈생명책에 이름이 기록되지 않은〉 자들이 남아 있으며 그 적그리스도와 맞닥뜨리게 될 것입니다.

(기본적으로 생명책에 이름이 없는 채 시작했다가 차츰차츰 시간이 흐르면서 마음이 열려 복음을 받아들이고 영접하는 자들이 유대인과 이방인을 비롯하여 생기기 시작할 것입니다. 당연히 전 3년 반에서 이방인 회심자들은 한바탕 승천하고 후 3년 반에는 또다시 생명책에 이름이 없는 자들이 땅에 남게 되겠지요.)

계 13장에서 설명해 드렸듯이 적그리스도가 〈전에 있었던〉 자라면 누구였는지 이제는 알고 계시겠지요? 이렇게 짐승을 전체적으로 한번 훑어본 후에 본격적으로 부품 설명을 하기 시작합니다.

지혜 있는 뜻이 여기 있으니 그 일곱 머리는 여자가 앉은 일곱 산이요, 또 일곱 왕이라. 다섯은 망하였고 하나는 있고 다른 하나는 아직 이르지 아니하였으나 이르면 반드시 잠시 동안 머무르리라. 전에 있었다가 지금 없어진 짐승은 여덟째 왕이니 일곱 중에 속한 자라. 그가 멸망으로 들어가리라. (계 17:9~11)

일곱 머리는 음녀가 앉은 일곱 산인데 〈일곱 산의 도시〉 또는 〈일곱 언덕의 도시〉를 검색했을 때 어떤 도시가 뜨는지 보신다면 이 음녀가 탄 짐승이 어떤 나라를 표방하고 있는지 잘 아실 것입니다. 바로 〈로마〉입니다. 그리고 그 음녀 또한 바빌론에서부터 로마로 이어져 온 사탄 숭배의 교의입니다. 당장 지금도 그 명칭을 〈로마〉 가톨릭이라고 하고 있으니 말이지요. 그런데 그 일곱 머리는 로마를 상징하는 〈일곱 산〉이면서 동시에 〈일곱 왕〉이라고 합니다. 그중에 다섯은 사도 요한 당대에 이미 역사의 뒤안길로 사라졌고 하나는 현역이고 하나는 아직 오지 않았다고 하는군요. 이미 계 13장에서 언급해 드렸듯이 전통적인 해석은 일곱 머리란 이스라엘을 점령하고, 억압하거나, 억압할 예정인 역대 제국들이며 나열해 보면 이집트, 앗시리아, 바빌론, 페르시아, 헬라, 로마 제국, 유럽 합중국입니다. 이 중에서 다섯은 망했고 하나는 남아 있고, 하나는 아직 안 왔다는데 정말 그런가 살펴보겠습니다.

> **1. 이집트 왕국 → 멸망 (* 로마에게 멸망)**
>
> **2. 앗시리아 제국 → 멸망 (* 바빌론에게 멸망)**
>
> **3. 바빌론 제국 → 멸망 (* 페르시아에게 멸망)**
>
> **4. 페르시아 제국 → 멸망 (* 헬라에게 멸망)**
>
> **5. 헬라 제국 → 멸망 (* 로마에게 멸망)**

정말 일곱 머리 중에 다섯은 이미 멸망했고 사도 요한 당시에 로마 제국이 득세하고 있었으니 정말 천사의 말대로입니다. 당연히 일곱 번째 나라인 유럽 합중국은 아직 이르지 않았고 그 나라가 이르러 봤자 최대 7년이니 한 나라의 수명으로서는 정말 〈잠시〉라 할 만하군요. 그런데 분명히 짐승의 머리는 일곱 개뿐인데 그 짐승이 〈여덟 번째지만〉 일곱 중에 속했다는 기묘한 구절이 나옵니다. 대부분 일곱 번째를 적그리스도가 만들 단일 세계정부로 해석하고 있어 이 구절에서 멈칫하기 십상이지요. 그러나 이는 유럽 합중국을 그대로 단일 세계정부와 동일시하는 실수에서 나온 것으로 유럽 합중국은 구 로마 제국을 계승하여 적그리스도의 단일 세계정부의 베이스 역할을 합니다만, 최종적으로 적그리스도가 멸망하기까지 이룩하게 될 제국은 지구의 65%, 최대 72%를 장악하는 거대한 세계정부입니다. 그러니 당연히 그 단일 세계정부를 여덟 번째로 두어야 하며 세계정부는 엄연히 일곱 번째인 유럽 합중국을 모체로 하고 있기에 〈일곱 중에 속한 자〉라고 해야 하는 것입니다. 그리고 그 세계정부를 수립한 상태에서 적그리스도가 멸망으로 들어가기 때문에 더더욱 그렇습니다.

네가 보던 열 뿔은 열 왕이니 아직 나라를 얻지 못하였으나 다만 짐승과 더불어 임금처럼 한동안 권세를 받으리라. 그들이 한 뜻을 가지고 자기의 능력과 권세를 짐승에게 주더라. (계 17:12~13)

또 네가 본 그 열 뿔은 열 왕이라. 아직 왕국을 받지는 못하였으나 그 짐승과 더불어 한 시간 동안 왕들로서의 권세를 받으리라. 이들이 한 생각을 가지고 자기들의 권세와 능력을 그 짐승에게 넘겨주리라. (계 17:12~13, 킹제임스)

열 뿔을 유럽 합중국으로 보지 않고 그대로 단일 세계정부로 보는 해석에 의하면 열 뿔은 유럽 합중국 주축 10개국이 아닌 〈세계정부 10대 구역〉이 됩니다. 그러면 이미 일곱 개가 꽉 차 버리게 되니 짐승이 여덟 번째라는 말씀은 해석할 길이 없어지는 것이지요. 짐승의 열 뿔은 엄연히 유럽 합중국을 의미합니다. 특히 그 중심이 되는 10개국이지요. 이들은 당연히 사도 요한 당대에는 존재하지도 않았기에 그 왕들은 왕국을 받지 못한 상태이며 대환난기에 들어서서 유럽 연합이 유럽 합중국으로 개편될 때 〈유럽 합중국 정상회의 상임이사국〉 비슷한 지위로 편성되어 의장인 적그리스도와 더불어 〈왕 노릇〉을 잠시 하게 됩니다. 그래봤자 잠시에 불과하지만 말이지요.

옛적 아람 왕 벤하닷이 그와 함께 나라를 분할 통치하던 분봉왕 32명을 모조리 폐하고 32명의 지휘관으로 강등시켜 아예 부하로 만들어 버렸듯이 적그리스도 그 열 왕들을 미혹하여 자신들의 통치권을 모두 제 손으로 적그리스도에게 넘겨주게 만들 것입니다. 어쩌면 정말 본문에 기록된 것처럼 유럽 합중국 상임이사회 결성을 선포하여 10개국 수반들이 권세를 쥐게 된 후 1시간 만에 만장일치 형식으로 그 권한을 모조리 짐승에게 위임하는 절차를 밟을지도 모릅니다. 일종의 마인드 컨트롤 같은 술수라도 써서 말이지요.

그들이 어린 양과 더불어 싸우려니와 어린 양은 만주의 주시요, 만왕의 왕이시므로 그들을 이기실 터이요, 또 그와 함께 있는 자들 곧 부르심을 받고 택하심을 받은 진실한 자들도 이기리로다. (계 17:14)

이들이 어린양과 맞서 싸우겠으나 어린양이 그들을 이기시리라. 이는 그가 만주의 주요, 만왕의 왕이시며, 그와 함께 한 자들은 부르심을 받았고, 택함을 받았으며, 신실한 자들임이라."고 하더라. (계 17:14, 킹제임스)

이렇게 대동단결 의기투합한 열 뿔은 당연히 적그리스도의 영도에 따라 어린양과 싸우려 들겠지만 이런 걸 보고 계란으로 바위 치기라고 하는 것입니다. 상대를 보고 비벼 보든가 해야지 눈이 삐어도 제대로 삔 모양입니다.

또 천사가 내게 말하되 네가 본 바 음녀가 앉아 있는 물은 백성과 무리와 열국과 방언들이니라. 네가 본 바 이 열 뿔과 짐승은 음녀를 미워하여 망하게 하고 벌거벗게 하고 그의 살을 먹고 불로 아주 사르리라. (계 17:15~16)

17장 초장에는 음녀가 등장하더니 끝날 때가 되어서야 비로소 음녀에 대해 설명하기 시작합니다. 그것도 음녀가 어떤 존재냐가 아니라 음녀가 앉아 있는 물이 무엇이고, 음녀가 어떻게 망하는지에 대해 설명하시지요. 원래 고대 바빌론은 유브라데강을 끼고 위치해 있어 말 그대로 〈많은 물 위에 앉은〉 각이기도 했는데 그런 바빌론에서부터 시작하여 이제는 백성·무리·민족·언어라는 국제급 영향력을 지니고 전 세계를 대상으로 판을 치고 있습니다. 그러나 그렇게 대단한 영향력도 간데없이 열 뿔이 그 음녀를 증오하여 패망시키고 아예 저녁 식사에 코스 요리 식재료로 써 버리며 씨알도 남기지 않고 모조리 불태워 버린다고 하는군요.

별로 어렵게 생각할 것도 없이 전 3년 반, 아직 적그리스도의 지배가 확립되지 못했을 때는 다소 종교의 권위를 필요로 했으며 그렇기에 음녀를 이용해 먹기 딱 좋은 시점이었습니다. 그러나 후 3년 반 즈음에 접어들면 더 이상 음녀가 필요하지 않게 되었으며 더군다나 적그리스도를 경배하라고 내부 통제를 하고 미혹을 담당할 존재는 거짓 선지자 하나로 충분하게 되었기에 그동안 이래저래 큰 서포트를 해 준 음녀를 토사구팽 할 때가 된 것입니다. 그 방법은 열 뿔을 동원하여 음녀를 치게 하는 것으로 지금껏 음녀에게 눌려서 수그리고 있던 열 뿔은 "너 잘 걸렸다!" 하는 심정으로 음녀를 향해 묵었던 감정을 터뜨리기 시작했고 음녀를 깡그리 망하게 하고 무너지게 하면서 아예 먹어 치워 버리는 잔혹함을 보였습니다. 어쩌면 살을 먹는다는 것이 비유가 아니라 정말 그렇게 할 가능성도 있습니다. 또한 이 대목에서 확실히 열 뿔은 세계정부 10대 구역이 아니라 유럽 합중국의 열 왕을 의미한다는 것을 알 수 있는데 음녀의 본부인 교황청이 로마의 바티칸에 있으니 당연히 같은 유럽에 있는 자들이어야 그 음녀를 쳐 없애고 나눠 먹는 데 합세할 수 있지 않을까요?

이는 하나님이 자기 뜻대로 할 마음을 그들에게 주사 한 뜻을 이루게 하시고 그들의 나라를 그 짐승에게 주게 하시되 하나님의 말씀이 응하기까지 하심이라. (계 17:17)

당연히 이 모든 것들은 하나님께서 계획하신 심판의 일환으로 모든 것이 하나님의 주관하심 아래 진행되는 것이었습니다. 다들 하나로 뭉쳐야 한 방에 깨뜨리기 쉬울 테니 말이지요. 하나님의 그런 뜻이 아니라면 과연 평범한 상황이라면 미쳤다고 권력자가 자기 권력을 그리 순순히 넘겨주겠습니까.

또 네가 본 그 여자는 땅의 왕들을 다스리는 큰 성이라, 하더라. (계 17:18)

그런데 여기에서 또 한 번 묘한 구절이 나옵니다. 사도 요한이 본 그 여자라 함은 분명 짐승을 탄 음녀 바빌론일 텐데 그 음녀가 분명 앞에서 열 뿔에게 멸망 당했는데 이번에는 〈땅의 왕들을 다스리는 큰 도성〉이라는 설명이 붙여집니다. 음녀 바빌론과 더불어 계시록 내에서 묘한 호기심으로 해석을 갈리게 만드는 큰 성 바빌론이 어떤 관계를 가지고 있으며 로마 가톨릭 및 단일 세계종교 체제를 뜻하는 음녀 바빌론에 비하여 큰 성 바빌론은 어떤 의미를 가지고 있는지 이어지는 계시록 18장 강해를 기대하여 주십시오.

  이 일 후에 다른 천사가 하늘에서 내려오는 것을 보니 큰 권세를
가졌는데 그의 영광으로 땅이 환하여지더라. (계 18:1)

18장.

무너졌도다! 바빌론이여!

✕

이 일 후에 다른 천사가 하늘에서 내려오는 것을 보니 큰 권세를 가졌는데 그의 영광으로 땅이 환하여지더라. (계 18:1)

그렇게 짐승을 타고 거들먹거리던 음녀가 참혹하게 끔살당하는 모습을 보고 난 사도 요한의 눈에 또 다른 천사가, 그것도 큰 권세를 가지고 땅을 환하게 비칠 만큼의 거물급 천사장이 내려오는 것이 보였습니다.

힘찬 음성으로 외쳐 이르되 무너졌도다, 무너졌도다, 큰 성 바벨론이여, 귀신의 처소와 각종 더러운 영이 모이는 곳과 각종 더럽고 가증한 새들이 모이는 곳이 되었도다. 그 음행의 진노의 포도주로 말미암아 만국이 무너졌으며 또 땅의 왕들이 그와 더불어 음행하였으며 땅의 상인들도 그 사치의 세력으로 치부하였도다, 하더라. (계 18:2~3)

이 구절에서 지난 계 14장 강해에서 나온 천사의 메시지를 기억하신다면 박수 쳐 드립니다. 똑같은 멘트로 큰 바빌론의 멸망을 선포했던 그 장면은 예고편이었고 이제 그것이 본편으로 진행되는 모양입니다. 사도 요한은 본방 사수 중이라 할 수 있겠군요. 사실 앞에서 분명히 큰 음녀인 바빌론이 열 뿔과 짐승에게 깡그리 숙청을 당해 불태워졌는데 바로 다음 장에서 또 다시 무너짐이 선포되는 것에 많은 종말론자들이 의견이 분분하였습니다.

혹자는 큰 음녀 바빌론은 종교적 바빌론이고 큰 성 바빌론은 경제적·정치적 바빌론이다, 혹자는 큰 음녀 바빌론은 로마 가톨릭을 의미하는 종교적 바빌론이고, 큰 성 바빌론은 옛날 그 바빌론 터에 재건된 신 바빌론이라고 생각하기도 했습니다. 또 혹자는 이전에 큰 음녀 바빌론이 패망하고, 벌거벗기고, 살을 먹히고, 불태워지는 환상이 18장에서 구체적으로 성취되는 모습을 보여 주신 것이라고 하기도 하는데, 그렇다면 이번 장에서 그 바빌론을 멸망시키는 주체인 열 뿔이 한 번이라도 언급되어야 하는데 그런 모습은 전혀 나오지 않으며 바빌론의 멸망은 오로지 하나님의 큰 심판이라고만 언급되어 있습니다. 과연 큰 음녀 바빌론과 큰 성 바빌론은 어떤 관계일까요?

우리나라 사람 특성상 이렇게 물어보면 아무도 대답하지 않을 것이기에 그냥 대답해 드리자면 〈그게 그거〉입니다. 그 음녀 바빌론이 바로 큰 성 바빌론입니다. 왜냐하면 17장에서 음녀 바빌론을 설명할 때 〈땅의 왕들이 그녀와 더불어 음행하고 땅에 사는 자들이 포도주에 취했다〉고 하는데 이번 장에서 큰 성 바빌론 또한 똑같이 〈땅의 왕들이 그녀와 음행하고 모든 민족이 포도주에 취했다〉고 소개되어 있기 때문이지요. 사실 여기까지만 봐도 큰 음녀 바빌론과 큰 성 바빌론은 동일한 존재입니다. 그런데 어떻게 해서 전에 열 뿔에 의해 멸망한 바빌론이 장을 넘기자마자 또다시 등장하여 하나님께 멸망하는 것일까? 이 대목은 많은 마라나타 사역자들에게 수수께끼이자 대표적인 계시록의 난제였습니다. 또한 여기에 대해서 지금까지 속 시원하게 풀어 준 강해나 분석이 딱히 있지 않아 지금까지 의견들이 분분했는데 제 추리가 다소나마 이 비밀을 푸는 데 참고가 될 수 있기를 바랍니다.

우선 이번 장의 〈큰 성 바빌론〉이 지난번 〈큰 음녀 바빌론〉과 별개의 존재가 아니라는 것은 바로 다음 구절에서 나옵니다.

또 내가 들으니 하늘로부터 다른 음성이 나서 이르되 내 백성아, 거기서 나와 그의 죄에 참여하지 말고 그가 받을 재앙들을 받지 말라. (계 18:4)

또 내가 들으니, 하늘에서 다른 음성이 나서 말하기를 "나의 백성들아, 그녀에게서 나오라. 그리하여 그녀의 죄들에 동참자가 되지 말고 그녀의 재앙들도 받지 말라. (계 18:4, 킹제임스)

이 대목은 과연 무엇을 의미할까요? 보시다시피 계시록의 스토리에 의하면 지금은 일곱 대접 재앙이 진행 중이며 아마겟돈 전쟁과 지상 재림을 목전에 둔 시점입니다. 그런데 뜬금없이 무슨 주님의 백성이 그 큰 성 바빌론에 들어앉아 그녀의 죄에 동참할까 말까를 고민하고 있다는 것입니까? 이 대목은 전에 개구리 같은 세 영이 왕들을 모으는 것을 얘기하다가 갑자기 〈내가 도둑같이 오리니 깨어 있으라〉고 하셨던 것처럼 일종의 〈방백〉입니다. 이런 음녀 바빌론이 나타나 교회와 성도들을 미혹하고 그 배도와 배교의 죄악에 주님의 백성들이 가담하도록 꼬드길 것을 미리 아신 하나님께서 바빌론의 멸망을 선포하는 미래 예언을 하시는 가운데, 그것을 읽을 현재의 교회와 성도들에게 미리 경고를 하신 것입니다. 이 음녀 바빌론, 큰 성 바빌론이 미래에 이렇게 멸망할 것이다, 그러니 너희들은 이들의 죄악에 가담하지 말고 미혹되지 말라는 말씀이지요. 그렇기에 전에 사도 요한을 통해 그 음녀의 모습을 세세히 묘사하며 경계를 삼으신 것입니다. 바로 로마 가톨릭과 그들의 배도와 배교, 그들이 이끌어 갈 뉴 에이지와 에큐메니칼, WCC와 종교다원주의, 최종적으로 완성될 세계 통합 종교라는 큰 음녀 바빌론에 미혹되지 말라는 주님의 경고입니다.

(개역성경으로 보면 과연 이 바빌론이 전의 그 음녀 바빌론과 동일한지 매우 의구심이 들도록 묘사되어 있습니다. 일단 지칭부터가 〈그〉인데 킹제임스 역본에서는 〈그녀〉라고

명확히 호칭하여 큰 성 바빌론이 전의 그 음녀임을 밝혀 두고 있습니다.)

그의 죄는 하늘에 사무쳤으며 하나님은 그의 불의한 일을 기억하신지라. 그가 준 그대로 그에게 주고 그의 행위대로 갑절을 갚아 주고 그가 섞은 잔에도 갑절이나 섞어 그에게 주라. (계 18:5~6)

바빌론의 사탄 숭배 교의에서 시작하여 로마 가톨릭을 거쳐서 단일 세계종교에 이르기까지 쌓이고 쌓인 적폐와 죄악들이 마침내 심판을 받을 때가 되었고 하나님께서는 갑절로 되갚아 줄 것을 명령하십니다. 〈너희에게 준 만큼 되돌려주고 두 배로 채워 주라〉는 말씀에 비추어 보면 바빌론을 멸망시키는 데 하나님의 권능에 의한 천재지변만이 아닌, 이스라엘 저항군 및 동양 연합을 비롯한 반 세계정부 세력의 대대적인 기습이 있을 것으로도 보입니다.

그가 얼마나 자기를 영화롭게 하였으며 사치하였든지 그만큼 고난과 애통으로 갚아 주라. 그가 마음에 말하기를 나는 여왕으로 앉은 자요, 과부가 아니라 결단코 애통을 당하지 아니하리라, 하니 (계 18:7)

이 장면에서 저는 무릎을 탁! 치고 갔습니다. 적그리스도가 1인 체제를 구축하고 압제하는 와중에 하늘에 두 개의 태양이 없는데 어딜 감히 〈여왕〉을 자처하고 있는가 싶은데 사실 로마 가톨릭에서는 그들 성모를 〈하늘 황후〉라고 칭합니다. 우리가 흔히 예수님의 모친 마리아라고 생각하는 그 〈성모〉는 이미 오래전부터 존재하고 있었습니다.

자식들은 나무를 줍고 아버지들은 불을 피우며 부녀들은 가루를 반죽하여 하늘의 여왕을 위하여 과자를 만들며 그들이 또 다른 신들

에게 전제를 부음으로 나의 노를 일으키느니라. (렘 7:18)

(개역한글에는 하늘의 여왕을 〈하늘 황후〉라 칭하고 있습니다.)

이 하늘 황후, 또는 하늘의 여왕은 이미 예레미야 선지자 대에도 숭배되어 하나님을 깊이 빡치게 만들고 있었는데 그녀는 바로 아스다롯, 이쉬타르라고 불리며 여기저기에서 각색되어 여신으로 숭배되고 있었고 그 원본 모델은 바빌론의 창업지주 니므롯의 아내 세미라미스였습니다. 바빌론의 왕비인 그녀는 남편인 니므롯이 죽은 후 막 태어난 아들 담무스를 니므롯의 환생이라고 속여 자신을 성모라 칭했고 하늘의 여황이라 자처하며 스스로를 신격화했는데 그로부터 〈성모 숭배〉가 시작되어 그 세미라미스를 하늘 황후, 하늘의 여왕으로 경배했던 것입니다. 나는 남편 잃은 과부 따위가 아니라 여왕으로 앉은 자라는 저 외침은 바로 그 바빌론 교의의 근원이 되는 세미라미스가 외쳤던 그 소리였으니 그 바빌론 사탄 숭배의 후신인 로마 가톨릭, 음녀 바빌론이 스스로에게, 그리고 열국을 향해 내뱉는 소리였습니다.

(그러니 계시록을 읽는 성도들은 7절을 읽으면서 바로 눈치를 채시라는 열쇠일지도 모릅니다. 〈아하! 저년이 그년이구나!〉라고….)

그러므로 하루 동안에 그 재앙들이 이르리니 곧 사망과 애통함과 흉년이라. 그가 또한 불에 살라지리니 그를 심판하시는 주 하나님은 강하신 자이심이라. (계 18:8)

큰 성이자 음녀 바빌론이 개발살이 나는 데는 단 하루면 충분했습니다. 핵 공격이라도 당했는지, 화산이라도 폭발했는지 바빌론 전역이 불태워지고 초토화되었습니다. 혹자는 불로 완전히 태워졌다는 표현에서 이전에 열 뿔이 음녀의 살을 먹고 불로 완전히 사른다는 것을 떠올리기도 하시는데 엄연히 그녀를 심판하시는 주체가 하나님이시기에 열 뿔과는 무관한 일입니다. 물론 하나님께서 열 뿔을 주관하셔서 음녀를 불태웠다고 하실 수도 있겠지만 좀 더 복잡한 곡절이 있습니다.

그와 함께 음행하고 사치하던 땅의 왕들이 그가 불타는 연기를 보고 위하여 울고 가슴을 치며 그의 고통을 무서워하여 멀리 서서 이르되 화 있도다, 화 있도다, 큰 성, 견고한 성 바벨론이여, 한 시간에 네 심판이 이르렀다, 하리로다. (계 18:9~10)

이번 장에서 바빌론의 멸망이 앞의 17장에서 음녀가 숙청당하는 것과는 별개의 사건인 이유가 바로 이 대목인데 땅의 왕들과 음행하며 노니는 것까지는 같다가 그 음녀는 열 뿔에게 증오를 받아 숙청당하는데 이번 장에서의 바빌론은 멀쩡하게 땅의 왕들에게 사랑을 받으며 지내고 있다가 멸망하는 순간까지 찐한 사랑을 받고 있습니다. 참으로 묘하지요? 음녀 바빌론이 곧 큰 성 바빌론인데 음녀 바빌론은 17장에서 열 뿔에게 멸망했는데 큰 성 바빌론은 그때 망하지 않고 18장에서 하나님께 심판을 당해 멸망한다는 뭔가 이상한 각입니다. 좀 더 살펴보겠습니다.

땅의 상인들이 그를 위하여 울고 애통하는 것은 다시 그들의 상품을 사는 자가 없음이라. 그 상품은 금과 은과 보석과 진주와 세마포와 자주 옷감과 비단과 붉은 옷감이요, 각종 향목과 각종 상아 그릇이요, 값진 나무와 구리와 철과 대리석으로 만든 각종 그릇이요, 계피와 향료와 향과 향유와 유향과 포도주와 감람유와 고운 밀가루와 밀이요, 소와 양과 말과 수레와 종들과 사람의 영혼들이라. (계 18:11~13)

다소 종교적인 분위기의 음녀 바빌론과 달리 큰 성 바빌론은 그야말로 거대한 경제와 무역의 중심지입니다. 온갖 사치품들과 생필품들이 거래되며 게다가 인신매매가 행해지는 노예시장까지 있습니다. 종들과 사람의 영혼들, 즉 노예들과 사람들의 혼들이라고 하지만 원문에는 육체와 혼이며 〈노예들과 사람들의 혼들〉 자체가 인신매매를 당하여 팔려 가고 팔려 오는 사람들을 뜻하는 것입니다. 적그리스도가 지배하는 영역 내에서 짐승의 표를 받지 않은 자들, 혹은 새로 점령한 지역에서 짐승의 표를 받지 않은 자들, 완충지대에서 짐승의 표를 받지 않은 자들, 또는 짐승의 표를 받았지만 딱히 이용 가치가 없는 자들이 세계정부 요원들 혹은 세계정부 인증을 받은 노예상인 및 추노꾼들에게 납치되어 상품처럼 끌려와 노예시장에서 팔려 나가고 더 나아가서 인육시장까지 끌려와 식재료로 팔려나가는 것은 당연히 예측해 볼 수 있는 상황입니다.

(일설에 따르면 옛적 당나라에 의해 고구려가 멸망한 후 고구려 유민 20만 명이 당나라로 끌려갔는데 인육이 공공연히 거래되던 당나라에서 드물게 인육 값이 폭락했던 때가 바로 그 때였다고 합니다. 당나라로 끌려 간 고구려 유민들이 노예시장에서만 팔려나간 것이 아니라 인육시장에까지 팔려나가 당나라 사람들의 식탁 위에 올라갔을 가능성이 추측됩니다. 환난도 아닌 역사 속에서도 이랬는데....)

바빌론아, 네 영혼이 탐하던 과일이 네게서 떠났으며 맛있는 것들과 빛난 것들이 다 없어졌으니 사람들이 결코 이것들을 다시 보지 못하리로다. (계 18:14)

전 3년 반과 후 3년 반을 지나며 지구가 그토록 피폐해졌는데도 이 큰 성 바빌론에 그러한 상품들이 거래되며 흥청거렸다는 것은 적그리스도와 음녀의 무리들이 얼마나 세계를 착취하며 피를 빨아먹고 자신들만의 태평성대를 구가했는지 엿볼 수 있습니다. 마치 북괴가 평양에 거주하는 특권

층만을 위해 나머지 인민들을 고난의 행군을 걷게 한 것과 같다고 할 수 있겠습니다. 7년 대환난의 대부분을 바빌론에 빌붙어 꿀을 빨던 버러지들은 하루아침에 그 바빌론이 불길에 휩싸이고 흔적도 없이 사라지는 꼴을 보게 되었을 때 과연 어떤 반응을 보일지 참으로 궁금해지는 시점입니다. 어디 한번 볼까요?

바벨론으로 말미암아 치부한 이 상품의 상인들이 그의 고통을 무서워하여 멀리 서서 울고 애통하여 이르되 화 있도다, 화 있도다, 큰 성이여, 세마포 옷과 자주 옷과 붉은 옷을 입고 금과 보석과 진주로 꾸민 것인데 그러한 부가 한 시간에 망하였도다. 모든 선장과 각처를 다니는 선객들과 선원들과 바다에서 일하는 자들이 멀리 서서 그가 불타는 연기를 보고 외쳐 이르되 이 큰 성과 같은 성이 어디 있느냐, 하며 (계 18:15~18)

자주색과 주홍색으로 옷 입고 금과 보석과 진주로 단장했다는 것에서 확실히 이 큰 성 바빌론은 큰 음녀 바빌론과 같은 속성을 공유한 존재가 맞습니다. 그런데 이 구절들에서 큰 성 바빌론의 위치를 대략 짚어 보면 바다에서 보일 만한 거리라고 했을 때 아무리 봐도 바다와 연해 있는 〈항구도시〉 같다는 느낌이 듭니다.

티끌을 자기 머리에 뿌리고 울며 애통하여 외쳐 이르되 화 있도다, 화 있도다, 이 큰 성이여. 바다에서 배 부리는 모든 자들이 너의 보배로운 상품으로 치부하였더니 한 시간에 망하였도다. (계 18:19)

하루아침에 IMF 때처럼 폐업하고 부도나고 파산하고 난리를 칠 판이라 머리에 재를 뿌리고 아주 펑펑 울면서 난리가 났습니다.

하늘과 성도들과 사도들과 선지자들아, 그로 말미암아 즐거워하라. 하나님이 너희를 위하여 그에게 심판을 행하셨음이라, 하더라. (계 18:20)

너 하늘과 너희 거룩한 사도들과 선지자들이여, 그녀로 인하여 기뻐하라. 이는 하나님께서 그녀에게 너희 원수를 갚아 주셨기 때문이로다."라고 하더라. (계 18:20, 킹제임스)

그간의 기나긴 패악질과 죄업과 적폐를 한순간에 깡그리 갚아 주신 하나님의 단호하고도 확실한 한판 복수혈전이었습니다.

이에 한 힘 센 천사가 큰 맷돌 같은 돌을 들어 바다에 던져 이르되 큰 성 바벨론이 이같이 비참하게 던져져 결코 다시 보이지 아니하리로다. 또 거문고 타는 자와 퉁소 부는 자와 나팔 부는 자들의 소리가 결코 다시 네 안에서 들리지 아니하고 어떠한 세공업자든지 결코 다시 네 안에서 보이지 아니하고 또 맷돌 소리가 결코 다시 네 안에서 들리지 아니하고 등불 빛이 결코 다시 네 안에서 비치지 아니하고 신랑과 신부의 음성이 결코 다시 네 안에서 들리지 아니하리로다. 너의 상인들은 땅의 왕족들이라. 네 복술로 말미암아 만국이 미혹되었도다. (계 18:21~23)

그 살벌 무시한 대환난의 와중에도 이 큰 성 바벨론에 거주하는 자들은 연예인 구경도 하고 공장도 돌리고 요리도 즐기고 휘황찬란하게 네온사인도 켜 놓으며 시집가고 장가가고 귀족, 왕족 행세를 하며 할 거 다 하고 살았던 모양인데 그러기 위해서 얼마나 나머지 인류들을 피를 빨아먹고 착취했을지 짐작이 가고도 남습니다. 상품을 거래하는 상인들을 일컬어 〈왕족〉 운운하는 것을 보면 이런 재벌 · 기업가의 신분이 그야말로 엘리트 지배층이며 일루미나티나 글로벌리스트를 연상시키는 표현입니다. 천사가 돌을 바다에 던지며 이렇게 바빌론이 무너진다고 말한 것을 보면 큰 성 바빌론이 멸망하는 경로는 이렇겠군요.

> 1. 반 세계정부 저항군 및 동양 연합에 의한 전면 기습 타격
> 2. 화산 폭발과 지진으로 인한 붕괴 및 대화재
> 3. 불에 타고 무너진 후 아예 아틀란티스 대륙처럼 침몰해 버림

(그야말로 3단 콤보, 쓰리 쿠션, 트리플 악셀을 달성했다….)

게다가 이것들이 이렇게 참혹하게 멸망하는 가장 큰 이유는….

선지자들과 성도들과 및 땅 위에서 죽임을 당한 모든 자의 피가 그 성 중에서 발견되었느니라, 하더라. (계 18:24)

선지자들과 성도들과 이 땅에서 살해된 모든 사람의 피가 그녀 안에서 보였느니라."고 하더라. (계 18:24, 킹제임스)

바로 이곳 큰 성 바빌론에는 짐승의 표를 거부한 유대인들과 각국의 숨은 회심자들, 그들을 이끄는 리더들과 적그리스도에 대항하고 신세계 질서에 반기를 들었던 자들을 끌고 와서 잔혹하게 참살하는 처형장이 있었던 것입니다. 그것이 인육시장이 될지, 혹은 로마 시대처럼 콜로세움이 될지, 둘 다가 될지는 모르겠지만, 이런 이유로 이노무 음녀가 전에도 이때도 〈피에 취해 있는〉 것이고 하나님께서 단단히 칼을 갈고 계시는 것입니다. 추리가 시작되는 것은 여기에서부터인데 과연 이 큰 성 바빌론은 어디이며, 무엇을 가리키는 것일까요? 많은 종말론 학자들이 큰 성 바빌론을 재건된 고대 바빌론시, 예루살렘, 뉴욕, 또는 로마로 해석하고 있는데 위치는 둘째

치고라도 이 큰 성 바빌론과 앞의 큰 음녀 바빌론이 둘이 어떤 관계인지부터 살펴보는 것이 좋겠습니다. 제가 전부터 계속 둘이 같은 존재, 그년이 그년이라고 계속 말씀드리고 있었지만 17장에 이미 멸망했던 바빌론이 어떻게 다음 장에 멀쩡하게 나와서 그때에서야 멸망하느냐는 엄청난 딜레마가 생기게 됩니다. 저 또한 이 대목에서 상당한 묵상을 해야 했는데 의외로 답은 쉽게 풀렸습니다.

우리가 계 13장에서 짐승을 보았을 때 그 열 뿔과 일곱 머리의 짐승이 적그리스도라고 하는 인격적 존재를 의미하기도 하지만 그가 다스릴 〈나라〉를 의미하기도 했습니다. 그와 같이 음녀는 로마 가톨릭이라고 하는 종교 집단, 특히 〈교황권〉이라고 하는 지휘부를 상징함과 동시에 그들이 위치한 〈거점 도시〉라고 봐야 하는 것입니다. 그리하여 같은 존재인 바빌론이 큰 음녀와 큰 성으로 분리되어 로마 가톨릭 교황권을 뜻하는 〈큰 음녀 바빌론〉과 교황권의 거점 도시인 〈큰 성 바빌론〉으로 나뉘는 것입니다.

이 개념으로 보았을 때 계 17장에서 큰 음녀 바빌론의 멸망은 교황권이 숙청당해 무너지는 것을 뜻하며 18장에서 큰 성 바빌론의 멸망은 그 교황권의 거점 도시가 무너지는 각각 다른 상황인 것이지요. 한 마디로 교황권이 무너진다 해도 그 도시가 무너지는 것까지 포함하지는 않는다는 뜻입니다.

(건물주가 죽었다고 건물이 붕괴되는 법이 없는 것처럼 말입니다. 쉽게 말해 이 상황은 계 17장에서 건물주 죽고, 18장에서 건물이 무너지는 것이라고 볼 수 있습니다.)

적그리스도는 더 이상 쓸모가 없게 된 로마 가톨릭 교황권을 숙청하면서도 그 거점 도시인 바빌론은 그대로 유지하는데 그도 그럴 것이 전 3년 반 동안 적그리스도가 로마 가톨릭을 최대한 등에 업고 그 권위를 이용하여 자신을 높이고 적극적인 PR을 하는 와중에 그 과정에서 로마 가톨릭에 전례 없는 특전을 내리고 음으로 양으로 보살피며 전폭적으로 밀어줌으로써 종교적 권위에 덧붙여 그 거점이 되는 도시를 거대한 경제적 중심지로도 만들어 버린 터라 아무리 교황권을 숙청하더라도 정성껏 키워 놓은 그 도시까지 부숴 버리는 멍청한 짓을 할 턱이 없는 것입니다. 전에는 교황권이 관리하던 그곳을 적그리스도가 직접 관리하겠지요. 모르긴 몰라도 교황권을 숙청한 후 그 공석에는 거짓 선지자가 대리 임무를 수행하며 세계정부의 총리이자 단일 세계종교의 새 교황으로서 적그리스도의 충실한 심복 노릇을 계속할 터입니다. 혹은 거짓 선지자가 자신의 앞잡이를 앉혀 둘 수도 있고, 어쨌든 원래 있던 원본 음녀가 열 뿔에게 숙청당했어도 그 음녀가 앉아 있는 교황권이 공석이 되지 않고 새로운 인물로 채워졌기 때문에 17장에서 음녀가 숙청을 당했음에도 18장에서 멀쩡하게 음녀가 등장하여 심판을 당하는 것입니다.

이런 경우는 이미 전례가 있습니다. 흔히 열 뿔, 열 뿔 하지만 처음 돋아났던 열 뿔 중에 세 뿔은 뿌리째 뽑혀 버렸지요.

내가 그 뿔을 유심히 보는 중에 다른 작은 뿔이 그 사이에서 나더니 첫 번째 뿔 중의 셋이 그 앞에서 뿌리까지 뽑혔으며 이 작은 뿔에는 사람의 눈 같은 눈들이 있고 또 입이 있어 큰 말을 하였더라. (단 7:8)

또 그것의 머리에는 열 뿔이 있고 그 외에 또 다른 뿔이 나오매 세 뿔이 그 앞에서 빠졌으며 그 뿔에는 눈도 있고 매우 큰 말을 하는 입도 있고 그 모양이 그의 동류보다 커 보이더라. (단 7:20)

자, 분명히 열 뿔 중에 세 뿔이 뽑혀 나갔으니 열 뿔이 아니라 일곱 뿔이 되어야 하겠지요? 그러나 지금까지 계시록에 등장한 용이고 짐승이고 간에 열 뿔을 달고 있었지, 일곱 뿔을 달고 있었습니까? 숫제 계 17장에는 열 뿔은 열 왕이라는 말씀까지 나옵니다. 이게 어떻게 된 일인가, 어렵게 생각할 필요가 없습니다. 당연히 적그리스도의 유럽 합중국 지배에 반발하던 10개국 중 3개국의 대통령 및 정부를 갈아 버리고 적그리스도의 앞잡이들로 새로 채워 넣는다는 의미이며 그러니 세 뿔이 뿌리째 뽑혀 나갔어도 다시 충원되어 그대로 열 뿔이 존재하게 된 것입니다. 계 17장과 18장 또한 바로 이런 상황인 것입니다. 결국 〈음녀〉란 특정 인물이 아니라 〈직책명〉이며 그 음녀에 해당하는 직책에 누군가가 앉으면 그대로 채워지는 겁니다. 열두 사도 중에 가룟 유다가 빠졌어도 맛디아로 교체되어 열두 사도의 편제가 그대로 유지되는 것처럼 말이지요. 바로 이런 이유로 계 17장에도, 18장에도 음녀가 등장하여 먼저는 숙청을 당하고, 뒤에는 심판을 받게 되었습니다.

그렇다면 큰 성 바빌론의 위치는 어디일까? 당연히 〈로마〉 가톨릭의 중심지인 〈로마〉 되겠습니다. 뉴욕도 아니고, 나폴리도 아니고, 구 바빌론도 아니고 바로 그 로마시입니다. 모르긴 몰라도 유럽 합중국의 수도 자체도 로마로 옮겨올 터인데 교황청은 원래부터 로마 내의 바티칸에 있었으니 적그리스도가 이사를 와서 둘이 같이 붙어 지내게 될 셈이지요. 단순히 음녀가 〈일곱 산의 도시〉에 앉았다고 해서 〈일곱 산의 도시 = 로마〉이니 그 거점 도시가 로마라고 해석하는 것이 아닙니다. 이미 초대 교회 때부터 로마시를 일컬어 〈바빌론〉이라 칭하여 불렀던 전례가 있습니다.

택하심을 함께 받은 바벨론에 있는 교회가 너희에게 문안하고 내 아들 마가도 그리하느니라. (벧전 5:13)

그러면 로마시는 내륙 도시인데 어떻게 바닷가 도시가 되고, 거대한 무역 도시가 될 수 있냐고 하겠지만 적그리스도는 유럽 합중국의 패권을 쥔

후부터 로마 가톨릭에 대한 전폭적 후원을 하면서 그 반경을 바티칸 시국을 넘어서서 바티칸과 로마시 전체, 그리고 나폴리에 이르는 해안 영역을 단일 권역으로 묶는 도시 재개편을 실시, 기존 로마시를 거대한 〈메갈로폴리스〉로 변형시킬 것입니다.

필자 주

: 광역시급 대도시를 일컫는 〈메트로폴리스〉들을 또다시 한 권역으로 연결하여 묶음으로 더욱 거대한 도시로 팽창시키는 것을 〈메갈로폴리스〉라고 합니다. 쉽게 말해 서울과 인천과 위성도시들이 포함된 〈수도권〉일대를 아예 그냥 하나의 도시처럼 권역화해 버리는 것이지요.

이렇게 될 경우 로마시는 단순히 내륙 도시가 아닌, 거대한 해안지대와 항구를 포함하는 광대한 대도시로 변신하게 되며 핵전쟁 후 피폐한 와중에 주인공 보정(?)을 받은 적그리스도의 경제 부흥 정책이 성공하게 되면 당연히 세계 경제와 교역의 중심축은 유럽 합중국으로 옮겨 오게 되며 그 옮겨온 모든 것은 로마라는 이름의 〈메갈로폴리스〉로 집중되는 것입니다.

(세계 경제와 교역의 중심축이 된다는 것도 좋게 생각해서 그런 것이고, 아마도 착취와 수탈의 중심축이 될 것이다.)

> 유럽 합중국이 단일 세계정부로 레벨 업 하고
> 로마 가톨릭이 단일 세계종교로 레벨 업 하듯이
> 로마시도 〈메갈로폴리스 바빌론〉으로 레벨 업 하는 것이지요.

과거 나치 독일의 히틀러가 자신이 집권하는 데 도움을 준 정치깡패 조직인 〈나치 돌격대〉를 토사구팽하여 처단한 〈장검의 밤〉이라는 사건을 일으켰는데, 그 사건으로 인해 나치 돌격대의 기존 간부들이 대거 숙청되었음에도 나치 돌격대라는 조직은 그대로 유지되어 이후 나치 독일이 패망할 때까지 나치당 내 최대 규모의 조직으로 그 위상을 유지해 나갔듯이 큰 음녀 바빌론, 로마 가톨릭의 교황권이 열 뿔에 의해 숙청을 당해 소멸된다 해도 그 자리를 적그리스도와 거짓 선지자의 앞잡이가 새로 위탁받아 충원할 뿐 큰 성 바빌론은 여전히 큰 음녀 바빌론의 이름으로 존속하여 있다가 하나님의 심판에 의해 참혹한 멸망을 맞을 것입니다. 이제 큰 성 바빌론도 무너진 이상 신세계 질서, 단일 세계정부의 중심부가 붕괴된 것이며 이제 적그리스도에게도 남은 것은 최후의 발악뿐입니다. 그 최후의 발악이 도착하게 될 아마겟돈 벌판을 구경하시려면 이어지는 계시록 19장 강해를 기대해 주십시오.

이 일 후에 내가 들으니 하늘에 허다한 무리의 큰 음성 같은 것이 있어 이르되 할렐루야, 구원과 영광과 능력이 우리 하나님께 있도다. (계 19:1)

19장.

최종 결전! 아마겟돈!

이 일 후에 내가 들으니 하늘에 허다한 무리의 큰 음성 같은 것이 있어 이르되 할렐루야, 구원과 영광과 능력이 우리 하나님께 있도다. 그의 심판은 참되고 의로운지라 음행으로 땅을 더럽게 한 큰 음녀를 심판하사 자기 종들의 피를 그 음녀의 손에 갚으셨도다, 하고 두 번째로 할렐루야, 하니 그 연기가 세세토록 올라가더라. (계 19:1~3)

바빌론을 싹 쓸어 버린 후 천국은 전승의 축포가 울리며 기쁨으로 가득 차 있습니다. 허다한 천국 신민들이 하나님을 향해 할렐루야를 외치며 찬양하고 있으니 계시록 초반의 그 찬양 분위기가 한층 더 고조된 것 같았습니다. 그 와중에 더욱 확실히 알게 된 것은 〈큰 음녀 바빌론 = 큰 성 바빌론〉이라는 것입니다. 앞의 계 18장이 분명 큰 성 바빌론이 멸망하는 장면이었고 이번 장에 들어서자마자 멸망한 바빌론을 일컬어 〈음행으로 땅을 타락게 한 큰 음녀〉라 칭하고 있는 것만 봐도 큰 음녀 바빌론과 큰 성 바빌론을 헷갈릴 필요가 없음을 알 수 있습니다. 그 음녀의 패거리들은 지옥으로 떨어져 영원히 꺼지지 않을 불과 연기를 마시며 제대로 확인 사살까지 당했습니다. 그 모습을 보며 천국 권속들은 기쁨으로 하나님을 찬양하고 있습니다.

또 이십사 장로와 네 생물이 엎드려 보좌에 앉으신 하나님께 경배

하여 이르되 아멘, 할렐루야, 하니 보좌에서 음성이 나서 이르시되 하나님의 종들, 곧 그를 경외하는 너희들아. 작은 자나 큰 자나 다 우리 하나님께 찬송하라, 하더라. (계 19:4~5)

가만 생각해 보면 사도 요한만 천사를 따라 이리저리 옮겨 다니며 입신하여 환상을 보고 계시를 받았을 뿐 하나님의 보좌 앞 풍경은 처음이나 지금이나 똑같이 스물네 장로와 네 생물들과 천군천사들이 경배와 찬양을 올리는 모습이었을지도 모릅니다. 패역한 자들이 한바탕 쓸려 나갔고 또 쓸려 나갈 예정이기에 천국 백성들에게는 오로지 찬양밖에 남은 것이 없습니다.

또 내가 들으니 허다한 무리의 음성과도 같고 많은 물소리와도 같고 큰 우렛소리와도 같은 소리로 이르되 할렐루야, 주 우리 하나님, 곧 전능하신 이가 통치하시도다. 우리가 즐거워하고 크게 기뻐하며 그에게 영광을 돌리세. 어린 양의 혼인 기약이 이르렀고 그의 아내가 자신을 준비하였으므로 그에게 빛나고 깨끗한 세마포 옷을 입도록 허락하셨으니 이 세마포 옷은 성도들의 옳은 행실이로다, 하더라. (계 19:6~8)

이스라엘의 결혼식 풍습이라고 한다면 먼저 우리네 약혼식에 해당하는 〈정혼식〉을 먼저 하는데 이때 이미 혼인신고를 하고 법적인 부부가 됩니다. 그 후 신랑은 신혼집 장만을 위해 떠나면서 신부 아버지에게 지참금을 낸 후 상당 기간 신부와 떨어져 있는데, 이 동안 신부는 신부 단장을 하고 기다려야 하지요. 그러다 신랑이 〈내 집 마련〉에 성공하여 준비를 마치면 밤에 신랑 친구들과 함께 신부의 집으로 가서 꽃단장하고 기다리는 신부를 맞이해 평균 7일가량의 잔치를 벌이고 혼인 잔치가 끝나면 신랑이 신부를 마련해 놓은 신혼집으로 데려와 함께 사는 것입니다.

우리가 예수님을 영접했을 때 이미 〈정혼〉을 마쳤으며 예수님은 자신의 십자가 보혈로 지참금을 치르고 우리를 사셨고, 이후 우리가 거할 처소를 준비하시고 나면 우리를 만나러 공중에 강림하셔서 우리를 〈휴거〉시키신 후 7년간의 혼인 잔치를 여시며 그 잔치가 끝나면 이제 주님께서 우리를 처소로 데려가실 때가 되었다고 할 수 있습니다. 7년 대환난이 막바지에 다다른 이상 이제 혼인 잔치는 거의 파장이 되어가며 클라이맥스로 주님의 신부 된 성도들이 최종적으로 준비하고 식을 올릴 때가 되었습니다. 그 동네 결혼 풍습이 우리와 달라 생소하지만 어쨌든 예식장에서 본식을 올릴 때가 되었는지 신부는 흰 세마포를 웨딩드레스 삼아 입고 있는데 이 세마포가 성도들의 〈옳은 행실〉이라고 해서 마치 성도들이 죄에서 온전히 떠나 그 무슨 행위가 완벽해야 한다는 식으로 해석하기 일쑤입니다만 그 세마포를 신부 본인이 입고 나온 게 아니라 주님께서 〈허락하셔서 입게 하셨다〉는 것이 핵심입니다.

사실 우리의 의라는 것은 없습니다. 우리가 의롭게 된 것은 십자가에서 흘리신 예수님의 보혈로 인하여 예수님의 의가 우리에게 덧씌워져 우리가 의롭다 여김을 받게 된 것이지요. 이 세마포 또한 마찬가지입니다. 우리가 예수님을 영접하고 그 보혈의 공로를 의지하여 죄 사함을 받은 후 주님을 만나는 날까지 구원의 확신과 예수님을 믿는 믿음을 저버리지 않는다면 우리는 천국의 모든 공문서에 〈의로운 자〉로 기록되어 그 세마포를 입도록 허락되며 분명 주님의 의로 허락받은 세마포지만 문서상에는 〈우리의 의〉로 기록되는 놀라운 은혜를 입게 됩니다. 구원은 행위에서 난 것이 아니요, 하나님의 선물이라는 말씀이 참으로 아멘입니다.

천사가 내게 말하기를 기록하라. 어린 양의 혼인 잔치에 청함을 받은 자들은 복이 있도다, 하고 또 내게 말하되 이것은 하나님의 참되신 말씀이라, 하기로 (계 19:9)

계속해서 사도 요한을 에스코트하여 가이드를 해 주던 천사장이 이제는 그에게 〈이러이러하게 적어라〉고 보도 지침을 하달합니다. 가만 보면 초대 받은 자, 하객, 신랑 신부 친구들도 복이 있다고 할 정도라면 결혼식의 주 인공인 신부는 얼마나 복이 넘칠지 상상조차 되지 않습니다. 게다가 천사 가라사대 〈이것은 참된 하나님의 말씀〉이라고 하니 얼마나 확실한 약속일 지요.

내가 그 발 앞에 엎드려 경배하려 하니 그가 나에게 말하기를 나는 너와 및 예수의 증언을 받은 네 형제들과 같이 된 종이니 삼가 그리하지 말고 오직 하나님께 경배하라. 예수의 증언은 예언의 영이라, 하더라. (계 19:10)

이 장면은 상당히 이채로운 부분인데 지금까지 쭉 설명을 해 준 천사에 게 사도 요한이 냉큼 경배하려고 엎드리는 모습입니다. 그리고 그 천사는 얼른 손사래를 치며 사양하고 〈나도 너랑 똑같은 동료이고 종이니 나한테 경배하지 말고 하나님께 경배드려〉라고 권면하고 있지요. 명색이 사도인 요한이 천사 숭배 따위를 할 리가 없으나 그 천사가 전달해 준 메시지들이 모두 하나님의 말씀, 옛날 표현으로 하면 〈어명〉이었기에 사도 요한이 하나님께 위임을 받아 말씀을 전달하러 온 천사에게 경배함으로써 하나님께 올리는 경배를 한 것일지도 모릅니다. 여기까지는 그런가 보다 할 수 있는데 천사의 태도가 매우 묘합니다. 자기 분수를 잘 알고 사양하는 것까지는 매우 바람직한데 이 천사가 자신을 설명하기를 〈예수의 증언을 받은 네 형제들과 같은 동료 종〉이라고 합니다. 그리고 그 예수의 증언이란 〈예언의 영〉이라고 하는데 이 대사를 좀 더 쉽게 설명하면 〈나도 너나 네 형제들처럼 성령으로 예언의 말씀을 전하는 주님의 종이다〉라는 의미입니다.

좀 더 쉽게 설명하면 〈나도 너희 사도들처럼 주님의 예언을 전하는 종이다〉라는 것인데 천사가 말하기에는 왠지 모르게 부자연스럽다는 느낌은

왜일까요? 물론 하나님의 말씀을 받아 전달하는 대언, 예언의 직분을 감당하는 천사이기에 인간 사도와 선지자와 같은 역할을 수행하고 있으니 사도 요한에게 그렇게 말했을 수도 있겠지만 한편으로는 굉장히 묘한 느낌이 드는 게 사실입니다. 과연 이 천사는 누구이기에 자신을 〈사도들의 동료 종〉이라고 소개하는 것일까요?

(게다가 아무리 천사라도 그렇지 명색이 예수님의 핵심 제자들인 열두 사도의 일원인 요한을 〈너〉라고 부르면서 말을 까고 하대한다는 것도 상당히 기분이 묘한 일입니다. 이 천사에 대해서는 22장에서 제 개인적인 견해를 말씀드리겠습니다.)

또 내가 하늘이 열린 것을 보니 보라, 백마와 그것을 탄 자가 있으니 그 이름은 충신과 진실이라. 그가 공의로 심판하며 싸우더라. 그 눈은 불꽃같고 그 머리에는 많은 관들이 있고 또 이름 쓴 것 하나가 있으니 자기 밖에 아는 자가 없고 또 그가 피 뿌린 옷을 입었는데 그 이름은 하나님의 말씀이라 칭하더라. (계 19:11~13)

또다시 하늘 문이 열렸고 지상 재림하실 예수님의 모습이 드러났습니다. 충신과 진실, 공의로 심판하시며, 만왕의 왕이며 만주의 주님이시기에 많은 왕관을 쓰셨고 그분의 모든 대적을 쳐서 베어 버리실 것이라 그 적군들의 피로 그분의 옷이 적셔졌으며, 또한 주님의 이름은 〈하나님의 말씀〉이셨습니다. 이 장면을 목격한 사도 요한은 요한계시록을 집필한 후에 요한복음을 집필하면서 잊지 않고 적어 넣었습니다.

태초에 말씀이 계시니라. 이 말씀이 하나님과 함께 계셨으니 이 말씀은 곧 하나님이시니라. 그가 태초에 하나님과 함께 계셨고 (요 1:1~2)

말씀이 육신이 되어 우리 가운데 거하시매 우리가 그의 영광을 보니 아버지의 독생자의 영광이요, 은혜와 진리가 충만하더라. (요 1:14)

(사도 요한은 요한복음 1장의 이 구절을 지상 재림을 위해 흰말을 타고 그 군대를 호령하시는 예수님의 모습을 떠올리며 적었던 것입니다. 그의 이름이 〈하나님의 말씀〉이었던 것을 기억하며⋯.)

더 이상 주님은 나귀 새끼를 타고 조촐하게 입성하시는 그런 분이 아니셨습니다. 채찍에 맞고 가시관을 쓰고 십자가를 지시고 갈보리 언덕길을 걸어가시는 그런 분도 아니셨습니다. 스폰지에 적신, 식초 섞은 포도주로 겨우 입술을 축이시고 옆구리에 창을 맞아 물과 피를 쏟으신 그런 분도 아니셨습니다. 이제는 흰말을 타고 대군을 휘몰아 모든 것을 갈아엎으실 심판주이며 정복자의 모습 그대로였습니다. 이 모습은 이사야 선지자가 먼저 보고 기록한 바 있습니다.

에돔에서 오는 이는 누구며 붉은 옷을 입고 보스라에서 오는 이 누구냐, 그의 화려한 의복, 큰 능력으로 걷는 이가 누구냐, 그는 나이니 공의를 말하는 자요, 구원하는 능력을 가진 이니라. 어찌하여 네 의복이 붉으며 네 옷이 포도즙 틀을 밟는 자 같으냐. 만민 가운데 나와 함께 한 자가 없이 내가 홀로 포도즙 틀을 밟았는데 내가 노함으로 말미암아 무리를 밟았고 분함으로 말미암아 짓밟았으므로 그들의 선혈이 내 옷에 튀어 내 의복을 다 더럽혔음이니 (사 63:1~3)

곧 일어날 아마겟돈 전쟁에서 주님께서는 옷을 잔뜩 물들일 만큼의 피를 적들에게 흘리게 하실 것이며, 포도즙 틀을 밟듯이 그들을 멸하시며 모르긴 몰라도 에돔과 보스라 일대에서 많은 사상자가 나올 것으로 보입니다.

하늘에 있는 군대들이 희고 깨끗한 세마포를 입고 백마를 타고 그를 따르더라. (계 19:14)

신랑 되신 주님께는 신부 된 교회였으나, 대장 되신 주님께는 군사들이 되어 우리도 흰 세마포와 흰말을 타고 주님을 따르고 있습니다. 주님께서 보혈을 흘려 그분의 옷을 적셔 주셨기에 우리의 세마포는 희고 정결해지고 그분이 타신 흰말도 우리가 함께 탈 수 있게 된 것입니다. 그런 우리에게 남은 것은 예전이나 지금이나 앞으로도 영원히 〈그를 따르는〉 것입니다.

그의 입에서 예리한 검이 나오니 그것으로 만국을 치겠고 친히 그들을 철장으로 다스리며 또 친히 하나님 곧 전능하신 이의 맹렬한 진노의 포도주 틀을 밟겠고 그 옷과 그 다리에 이름을 쓴 것이 있으니 만왕의 왕이요, 만주의 주라, 하였더라. (계 19:15~16)

계 12장에 나왔던 해를 입고 달을 딛고 열두 별의 면류관을 쓴 여인이 낳은 아이는 역시나 해석이 필요 없이 예수님이셨습니다. 그리고 주님께서는 앞서 천사들이 메시지로 예고한 바와 같이 그 진노의 포도주 틀을 밟아 모든 악한 자들을 처단하실 것입니다. 또한 주님의 입에서 나오는 예리한 칼이라 함은 주님의 권능을 담은 〈말씀〉이라고 볼 수 있는데 이사야 선지자가 이 장면 또한 먼저 보고 스포일러를 잘해 두었습니다.

공의로 가난한 자를 심판하며 정직으로 세상의 겸손한 자를 판단할 것이며 그의 입의 막대기로 세상을 치며 그의 입술의 기운으로 악인을 죽일 것이며 (사 11:4)

사도 바울도 이 장면을 미리 보았는지 한마디 했었지요.

그 때에 불법한 자가 나타나리니 주 예수께서 그 입의 기운으로 그를 죽이시고 강림하여 나타나심으로 폐하시리라. (살후 2:8)

불법의 비밀과 불법의 사람, 멸망의 아들, 그 불법한 자인 적그리스도도 주님의 입에서 나오는 말씀의 검 앞에 추풍낙엽이니 이 모든 것이 능치 못함이 없는 것은 바로 우리 주님께서 만왕의 왕이며 만주의 주이시기 때문입니다. (분석이 필요 없는 말 그대로입니다….)

또 내가 보니 한 천사가 태양 안에 서서 공중에 나는 모든 새를 향하여 큰 음성으로 외쳐 이르되 하나님의 큰 잔치에 모여 (계 19:17)

느닷없이 천사 하나가 태양을 밟고 서서는 쩌렁쩌렁하게 외치는데 얼마나 크게 외쳤으면 수천수만 광년을 뚫고 지구까지 소리가 들려 새들의 귀에 들렸겠습니까. 새들에게만 들리는 소리였는지 어쨌는지 모르겠지만 하나님께서 새들을 위해 모처럼 파티를 열어 주신다는 〈큰 기쁨의 좋은 소식〉이었습니다. 사실 이런 파티는 대환난을 처음 시작할 때도 있었습니다. 그때도 아마겟돈 못지않은 커다란 전쟁이었지요. 기억하시려나 모르겠지만….

주 여호와께서 이같이 말씀하셨느니라. 너 인자야, 너는 각종 새와 들의 각종 짐승에게 이르기를 너희는 모여 오라. 내가 너희를 위한 잔치, 곧 이스라엘 산 위에 예비한 큰 잔치로 너희는 사방에서 모여 살을 먹으며 피를 마실지어다. 너희가 용사의 살을 먹으며 세상 왕들의 피를 마시기를 바산의 살진 짐승, 곧 숫양이나 어린 양이나 염소나 수송아지를 먹듯 할지라. 내가 너희를 위하여 예비한 잔치의

기름을 너희가 배불리 먹으며 그 피를 취하도록 마시되 내 상에서 말과 기병과 용사와 모든 군사를 배부르게 먹일지니라, 하라. 주 여호와의 말씀이니라. (겔 39:17~20)

개역한글 역본에는 〈살을 먹으며〉를 〈고기를 먹으며〉라고 좀 더 리얼하게 묘사하고 있는데 하나님의 밥상에서 말과 기병과 용사와 모든 군사를 배부르게 먹여 준다는 것은 〈그들을 음식으로 만들어 밥상에 올려〉 새들과 짐승들을 배부르게 먹여 준다는 것입니다. 휴거 직후 곡과 마곡 전쟁이 끝난 후에도 이스라엘 도처에 즐비하게 널려 있는 곡과 마곡 연합군의 시체를 처리하기 위해 새들과 들짐승들을 불러 모았고 그들에게 하나님께서 친히 선불로 결제하신 한바탕의 회식을 열어 주셨습니다. 환난의 시작도 새와 짐승들을 위한 고기 뷔페, 환난의 마지막도 새들을 위한 고기 뷔페로 장식하시니 참으로 하나님의 라임은 기가 막힙니다. 한 가지 다른 점은 이번에는 새들만을 위한 파티라는 건데 종말론 학자들이 말하기로는 므깃도 주변 중동 일대에 독수리 떼가 몇 배나 증식하여 늘어났다고도 하는데 그것이 어쩌면 진작부터 아마겟돈 전쟁을 위해 준비하시는 하나님의 손길일 지도 모를 일입니다.

번개가 동편에서 나서 서편까지 번쩍임 같이 인자의 임함도 그러하리라. 주검이 있는 곳에는 독수리들이 모일 것이니라. (마 24:27~28)

예수님의 지상 재림은 전 세계가 모두 주목할 대사건이며 특히 시체로 뒤덮이고 독수리들이 그 시체를 뜯어 먹으러 모여든 아마겟돈 벌판을 향해 오실 것입니다. 시체와 독수리 말씀은 두 번 언급되는데 눅 17장과 마 24장입니다. 눅 17장에서는 휴거를 설명하시는 예수님께 자꾸만 거기가 어디냐고 묻는 눈치 없는 제자들에게 어느 특정 장소에서 벌어지는 심판이 아니라 어디든 죄가 있는 곳에 심판이 벌어진다는 의미로 시체와 독수리 비유를 드신 것입니다. 한 마디로 들림받고 버려지는 휴거는 특정 장소가 아니라 전 지구적으로 벌어지는 사건이라는 의미로 하신 말씀이지요. 그러나마 24장에서는 명백히 아마겟돈 전쟁을 염두에 두고 하신 말씀입니다. 어쨌든 새들이 배불리게 될 고기 뷔페의 메뉴를 보겠습니다.

왕들의 살과 장군들의 살과 장사들의 살과 말들과 그것을 탄 자들의 살과 자유인들이나 종들이나 작은 자나 큰 자나 모든 자의 살을 먹으라, 하더라. (계 19:18)

왕들의 고기와 장군들의 고기와 장사들의 고기와 말들과 그 탄 자들의 고기와 자유한 자들이나 종들이나 무론대소하고 모든 자의 고기를 먹으라, 하더라. (계 19:18, 개역한글)

(개역한글 역본이 더욱 리얼한데 아마겟돈 전장에 모인 주님의 적들을 사람 취급도 아닌 말 그대로 〈고기〉 취급하고 있습니다. 1등품부터 하등품까지 종류와 레벨도 다양한 제품들이 진열되어 있어 새들만 노났습니다.)

또 내가 보매 그 짐승과 땅의 임금들과 그들의 군대들이 모여 그 말 탄 자와 그의 군대와 더불어 전쟁을 일으키다가 (계 19:19)

이렇게 보면 마치 아마겟돈에 모인 군대들이 모두 한마음 한뜻으로 대동단결하여 예수님과 그 군대에 대항하려고 모인 것 같지만 엄밀히 따지면 이 대목은 아마겟돈에 모인 군대들 중에서 적그리스도와 그 휘하 군대를 집중적으로 주목한 것입니다. 이날 아마겟돈에 집결한 군대는 적그리스도의 군대와 동양 연합 군대, 그리고 양쪽 사이에서 샌드위치가 되고 있는 이스라엘의 저항군입니다. 이 중에 적그리스도의 군대들은 예수님께서 재림하시기 전까지 동양 연합 군대 및 이스라엘 저항군과 전투를 벌이고 있다가 예수님께서 재림하시자 예수님을 대항하여 총부리를 돌리려 했고, 동양 연합 군대도 그중에 일부는 전투의 적수를 예수님으로 바꾸고 적그리스도의 군대에 가세하여 총검을 예수님께로 돌릴 것입니다. 마치 헤롯과 빌라도가 원수였다가 예수님을 십자가에 달던 당일에 친구가 된 것처럼 말이지요. 모르긴 몰라도 재림하시는 예수님과 하늘 군대를 마치 외계인의 침공 정도로 뻥을 치며 미혹하려 들 것이고 동양 연합 군대들 중에 개념 없이 눈깔이 삔 것들은 거기에 홀라당 넘어가서 적그리스도와 합세할 터입니다. 그래 봤자 결과는….

짐승이 잡히고 그 앞에서 표적을 행하던 거짓 선지자도 함께 잡혔으니 이는 짐승의 표를 받고 그의 우상에게 경배하던 자들을 표적으로 미혹하던 자라. 이 둘이 산 채로 유황불 붙는 못에 던져지고 (계 19:20)

이건 뭐 전쟁인지 아니면 일방적인 학살과 진압인지 모를 지경인데 짐승과 거짓 선지자가 끽소리 못 하고 체포되어 유황이 펄펄 끓는 불못에 산 채로 던져집니다. 아마도 예수님께서 지상 재림하셔서 적그리스도의 군대들을 섬멸하시자마자 그 일대가 예언된 바와 같이 불과 유황으로 타오르는 불못이 되어 버리는 듯합니다.

여호와의 칼이 피 곧 어린 양과 염소의 피에 만족하고 기름 곧 숫양의 콩팥 기름으로 윤택하니 이는 여호와를 위한 희생이 보스라에 있고 큰 살륙이 에돔 땅에 있음이라. 들소와 송아지와 수소가 함께 도살장에 내려가니 그들의 땅이 피에 취하며 흙이 기름으로 윤택하리라. 이것은 여호와께서 보복하시는 날이요, 시온의 송사를 위하여 신원하시는 해라. (사 34:6~8)

(주님의 칼이 짐승 같고 괴물 같은 적그리스도의 수하들을 모조리 쳐 없애 버리시고….)

에돔의 시내들은 변하여 역청이 되고 그 티끌은 유황이 되고 그 땅은 불붙는 역청이 되며 낮에나 밤에나 꺼지지 아니하고 그 연기가 끊임없이 떠오를 것이며 세세에 황무하여 그리로 지날 자가 영영히 없겠고 (사 34:9~10)

(대적들이 섬멸되자마자 불과 유황으로 타는 못이 만들어져 죽은 그들을 가둬 버릴 준비를 마쳤습니다.)

그 나머지는 말 탄 자의 입으로부터 나오는 검에 죽으매 모든 새가 그들의 살로 배불리더라. (계 19:21)

산과 바위틈까지 쫓겨 들어가 숨은 보람도 없이 남은 자들도 모조리 예수님의 예리한 칼날에 절단이 났고 그들의 시체들은 모든 새에게 배불리 먹혔습니다. 아직까지는 백보좌 심판 전이라 불못은 첫 손님으로 짐승과 거짓 선지자만 먼저 받았고 나머지들은 지옥으로 떨어졌다가 천년왕국 이후에 불못으로 입주하게 될 예정입니다. 이렇게 깔끔하게 끝날 것 같지만 이제 아마겟돈 전쟁의 현장 특파원으로 옛날 옛적에 파견되었던 스가랴 선지자를 만나 볼 시간입니다. 생소하지만 아마겟돈 전쟁 당일의 상황을 계시를 받아 목격한 스가랴 선지자의 예언을 살펴보겠습니다.

보라, 내가 예루살렘으로 그 사면 모든 민족에게 취하게 하는 잔이 되게 할 것이라. 예루살렘이 에워싸일 때에 유다에까지 이르리라. 그 날에는 내가 예루살렘을 모든 민족에게 무거운 돌이 되게 하리니 그것을 드는 모든 자는 크게 상할 것이라. 천하만국이 그것을

치려고 모이리라. (슥 12:2~3)

    그 날에 내가 예루살렘을 모든 백성에게 무거운 돌이 되게 하리라. 비록 세상의 모든 백성이 그것을 치려고 함께 모일지라도, 그 돌을 드는 자들은 모두 산산이 부서지리라. (슥 12:2~3, 킹제임스)

    천하만국이 예루살렘을 치려고 모여드는데 적그리스도의 군대들은 당연히 유대인들의 씨를 말리고 완전히 멸망시키고 겸사겸사 동방에서 진격해 올 동양 연합 군대를 대비해 유리한 고지를 선점하기 위해서였고, 동양 연합 군대는 보나 마나 적그리스도의 중요한 거점이 될, 그리고 적그리스도가 자기가 하나님이라고 선포하기까지 했던 묵직한 존재감을 가진 도시를 쳐서 빼앗음으로 기선을 제압하기 위해, 양군이 예루살렘을 향해 쳐들어왔습니다. 사실 후 3년 반에 이르러 이스라엘, 유대인들은 페트라를 비롯한 광야로 흩어져 숨어 살거나 저항군을 편성하여 세계정부군에 대한 레지스탕스 활동을 하고 있었는데, 일곱 대접 재앙을 거치며 적그리스도의 통제력이 느슨해지고 세계정부가 타격을 받게 되자 자연스레 중동 일대에서의 지배력도 해이해져 광야에 숨어 있던 유대인들에게는 숨통이 트이는 상황이 되었던 것입니다. 더 급한 전선을 틀어막기 위해서인지 중동 일대에 주둔해 있던 적그리스도의 군대가 대폭 철수하여 공백이 생기자 유대인들은 슬금슬금 광야에서 나와 예루살렘으로 돌아왔고 일곱째 대접 재앙 때 도시가 무너지긴 했으나 그 잔해물들을 정비하여 거주할 채비를 갖추어 놓고 있었는데 바로 그때 아마겟돈 전쟁이 터지고 적그리스도의 군대가 예루살렘으로 들이닥쳤습니다.

    (일곱째 대접 때 〈큰 성이 세 갈래로 갈라지고 만국의 성들도 무너졌다〉고 되어 있어 세 조각으로 무너진 큰 성이 예루살렘이 아니라 해도 예루살렘 또한 저 때 같이 붕괴된 것은 맞습니다. 다만 이때는 예루살렘이 세계정부의 영토였고 그 재앙으로 인해 예루살렘에

있던 세계정부 권속들이 죽거나 철수하고 성전과 거기 세워진 멸망의 가증한 것도 함께 박살이 났을 것으로 보입니다. 그렇게 비어 버린 예루살렘에 유대인들이 다시 돌아온 것이지요.)

내가 이방 나라들을 모아 예루살렘과 싸우게 하리니 성읍이 함락되며 가옥이 약탈되며 부녀가 욕을 당하며 성읍 백성이 절반이나 사로잡혀 가려니와 남은 백성은 성읍에서 끊어지지 아니하리라. (슥 14:2)

적그리스도의 군대가 예루살렘을 쳐서 함락시킨 후 거주하고 있던 유대인들 절반을 포로로 잡고 약탈하고 패악을 부렸으나 그 와중에 동양 연합 군대가 들이닥쳤고 양측이 유대인들을 사이에 두고 맞짱을 뜨는 사이 나머지 유대인들은 가까스로 참화를 피할 수 있었습니다. 그리고 그사이 예수님께서 지상 재림하셨습니다.

예루살렘을 친 모든 백성에게 여호와께서 내리실 재앙은 이러하니 곧 섰을 때에 그들의 살이 썩으며 그들의 눈동자가 눈구멍 속에서 썩으며 그들의 혀가 입 속에서 썩을 것이요, 그 날에 여호와께서 그들을 크게 요란하게 하시리니 피차 손으로 붙잡으며 피차 손을 들어 칠 것이며 (슥 14:12~13)

예루살렘에 모여들어 쌈박질을 하던 적그리스도의 군대와 그리고 그 와중에 일부 미혹되어 적그리스도의 군대에 합세해 예수님을 향해 총검을 돌리던 동양 연합 군대는 예수님의 말씀의 검이 날아드는 순간 모조리 참혹한 최후를 맞았습니다. 살과 눈과 혀가 녹고 서로 쳐 죽이면서 말이지요.

그 산 골짜기는 아셀까지 이를지라. 너희가 그 산 골짜기로 도망

하되 유다 왕 웃시야 때에 지진을 피하여 도망하던 것 같이 하리라. 나의 하나님 여호와께서 임하실 것이요, 모든 거룩한 자들이 주와 함께 하리라. (슥 14:5)

적그리스도의 군대와 동양 연합 군대를 피해 산과 골짜기로 도망가던 유대인들의 눈에도 지상 재림하시는 예수님과 흰옷을 입은 성도들의 모습이 보였습니다. 예수님을 향해 〈나의 하나님 여호와〉라 칭하는 것을 보며 여기에서도 삼위일체를 확인할 수 있는 것은 덤입니다.

유다도 예루살렘에서 싸우리니 이때에 사방에 있는 이방 나라들의 보화, 곧 금은과 의복이 심히 많이 모여질 것이요 (슥 14:14)

예루살렘에서 전투의 틈바구니 속에 숨어 있던 유대인들도 뛰쳐나와 적그리스도와 동양 연합의 군대들을 기습하였고 그들이 가져온 수많은 물자들은 그들이 전멸하면서 모두 유대인들에게 노획되었습니다. 이렇게 지상 재림과 함께 아마겟돈 전쟁이 마무리되는데 여기에서 매우 중요한 대목이 나옵니다.

예루살렘을 치러 왔던 이방 나라들 중에 남은 자가 해마다 올라와서 그 왕 만군의 여호와께 경배하며 초막절을 지킬 것이라. (슥 14:16)

예루살렘을 치러 왔던 군대들 중에서 남은 자들이 살아서 천년왕국에 들어가 초막절을 지키러 올라온다는 것은 한 마디로 아마겟돈 전쟁에서 지상 재림하시는 예수님의 칼에 죽지 않고 살아남은 자들이 있다는 것입니다. 짐승과 거짓 선지자가 잡혀서 불못에 던져지고 나머지도 모두 칼에 죽어 시체가 새들에게 뜯어 먹힌다고 하는데 살아남은 자들은 어떤 자들인가 궁금할 수 있지만 바로 적그리스도에게 미혹되어 예수님께로 총부리를 돌리지 않고 개념을 잡고 있던 동양 연합 군대입니다. 당연히 양측 모두가 짐승의 표를 받은 적그리스도의 군대라면 그 누구도 살아남을 수 없이 모두 죽었어야 하는데 살아남은 자가 있다는 것은 짐승의 표를 받지 않은 자들이 있다는 것이고, 적그리스도의 군대에 속해 있으면서 짐승의 표를 받지 않은 자가 있을 수가 없으니 반대편인 동양 연합 군대는 짐승의 표를 받지 않았다는 의미가 되는 것입니다. 모르긴 몰라도 환난 와중에 회심하여 예수님을 영접한 자들도 상당수가 동양 연합 군대에 속해 있을 확률이 높으며 그런 자들은 예수님의 지상 재림을 목격하고 그 자리에서 총을 내버리고 두 손을 번쩍 들었을 것이고 혹은 동료 전우들에게도 급히 전파하여 함께 총을 버리고 손을 들도록 권면했을지도 모릅니다.

(짐승이 〈전 세계를 모조리 통합해 지배한다는〉 것을 뒤엎는 근거가 짐승의 영역은 땅의 사 분의 일이라는 계 6:8과 함께 슥 14:16입니다. 적그리스도의 치세는 천하통일이 아니라 동양 및 유라시아와 더불어 천하삼분이며 짐승이 지배하는 〈각 족속과 백성과 방언과 나라〉들은 그에게 허락된 영역에 한정되었음이 확실해집니다. 이때를 위해서라도 때를 얻든지 못 얻든지 복음을 전하기에 힘써야 할 것입니다. 설령 미리 영접하지 않아 휴거가 못 되더라도 이때라도 깨닫고 살아서 천년왕국에 들어갈 수 있도록 말이지요.)

이렇게 7년 대환난의 대미를 장식하는 예수님의 지상 재림이 성취되었고, 지구 최후의 결전인 아마겟돈 전쟁은 막을 내렸으며 벌판에는 적그리스도의 군사들이 시체가 되어 뒹굴고 있고 피가 넘쳐흐르고 유대인들은 환호성을 울리며 동양 연합 군인들은 어안이 벙벙한 채 주위를 둘러보며 머뭇거리고 있을 것입니다.

그러나 아직은 정리가 완전히 끝나지 않았습니다. 이후에 일어날 일들과 최후의 심판에 대해서는 이어지는 계시록 20장 강해를 기대하여 주십시오.

　또 내가 보매 천사가 무저갱의 열쇠와 큰 쇠사슬을 그의 손에 가지고 하늘로부터 내려와서 (계 20:1)

20장.

천년왕국과 최후의 심판 ━━━━━━

✕

또 내가 보매 천사가 무저갱의 열쇠와 큰 쇠사슬을 그의 손에 가지고 하늘로부터 내려와서 용을 잡으니 곧 옛 뱀이요, 마귀요, 사탄이라. 잡아서 천 년 동안 결박하여 무저갱에 던져 넣어 잠그고 그 위에 인봉하여 천 년이 차도록 다시는 만국을 미혹하지 못하게 하였는데 그 후에는 반드시 잠깐 놓이리라. (계 20:1~3)

아마겟돈 전쟁이 막 마무리되고 땅에서는 새들이 고기 뷔페를 즐기는 사이 천사 하나가 무저갱의 열쇠와 큰 사슬을 가지고 내려와 사탄을 체포하여 무저갱에 던져 가둔 뒤 봉인해 버립니다. 이미 짐승과 거짓 선지자도 체포되어 이제 막 조성된 불과 유황 못에 첫 손님으로 떨어졌기에 용도 자기 차례를 기다리며 벌벌 떨고 있었을 텐데 어찌 된 일인지 그는 불못 대신 무저갱으로 떨어졌고 예전처럼 왔다 갔다 드나들지 못하게 봉인되고 사슬로 제대로 묶여 버렸습니다. 명색이 공중 권세 잡은 자라 쉽사리 잡힐 리는 만무할 터 체포 과정에서 어느 정도 저항은 있었을 테지만 천사장 미카엘도 아닌 그냥 이름도 없는 천사 하나에게 끽소리 못 하고 붙잡혔으니 그 천사가 대단한 건지, 사탄이 약한 건지 모를 일입니다. 돌려 말하면 천사 한 명을 상대하지 못해 질질 끌려가서 무저갱에 집어 던져지는 주제에 그토록 하나님께 까불었다는 얘기이기도 합니다.

하나님께서는 과거 출애굽 하여 가나안 땅으로 들어온 히브리 민족에게 약속하신 가나안 땅을 분양해 주시면서 출애굽의 역사를 알지 못하는 다음 세대에게 전쟁을 가르치시고 그들을 단련하시기 위해 가나안 족속들을 완전히 멸하지 않고 남겨 놓으십니다. 그때처럼 대환난이 끝나고 하나님께서 무려 천 년에 이르는 평화를 약속하시면서도 그 천 년이 지난 후 새롭게 형성된 신세대를 검열하시기 위해 사탄을 아주 멸하지 않고 봉인해 두신 것입니다.

(왜 검열을 하시냐고요? 당연히 천 년이라는 세월 동안 수많은 세대가 태어나 자라고 살아가게 되는데 하나님과 휴거 신부들과 기타 환난 시대 순교자들의 통치하에 살아가는데도 여전히 죄인 된 아담의 본성을 버리지 못해 그 심중에 반역을 하고 배도할 것들이 생겨나는 것입니다. 그런 자들을 한꺼번에 분리하여 단번에 처단한 후 온전한 새 하늘과 새 땅이 임하게 하시려는 하나님의 뜻입니다.)

이쯤에서 잠시 아마겟돈 벌판으로 다시 돌아가 보겠습니다. 전투가 한창인 와중에 예수님께서 군대와 함께 재림하시지요.

그 때에 여호와께서 나가사 그 이방 나라들을 치시되 이왕의 전쟁 날에 싸운 것 같이 하시리라. 그 날에 그의 발이 예루살렘 앞 곧 동쪽 감람산에 서실 것이요, 감람산은 그 한 가운데가 동서로 갈라져 매우 큰 골짜기가 되어서 산 절반은 북으로, 절반은 남으로 옮기고 (슥 14:3~4)

그 날에 생수가 예루살렘에서 솟아나서 절반은 동해로, 절반은 서해로 흐를 것이라. 여름에도 겨울에도 그러하리라. 여호와께서 천하의 왕이 되시리니 그 날에는 여호와께서 홀로 한 분이실 것이요, 그의 이름이 홀로 하나이실 것이라. (슥 14:8~9)

주님께서 감람산으로 재림하시고 산이 갈라져 골짜기가 생겼으며 예루살렘에서 생수가 솟아나 지중해와 사해로 흘러가며 사계절을 끊임없이 흐르게 되었습니다. 그러나 이 장엄한 와중에 주님께서는 전장 정리에 착수하십니다.

그가 큰 나팔 소리와 함께 천사들을 보내리니 그들이 그의 택하신 자들을 하늘 이 끝에서 저 끝까지 사방에서 모으리라. (마 24:31)

먼저 천사들을 보내서서 온 사방에 흩어진 이스라엘, 유대인들과 기타 환난 때 회심한 자들을 그곳으로 불러 모으셨습니다.

인자가 자기 영광으로 모든 천사와 함께 올 때에 자기 영광의 보좌에 앉으리니 모든 민족을 그 앞에 모으고 각각 구분하기를 목자가 양과 염소를 구분하는 것 같이 하여 양은 그 오른편에 염소는 왼편에 두리라. (마 25:31~33)

그 후 따로 모든 민족을 대상으로 〈양과 염소의 심판〉을 진행하십니다. 생존한 인류를 그곳으로 모두 불러 모으시거나 혹은 약간 초자연적인 방법으로 그곳에 위치해 있는 동양 연합 군대의 생존자들은 현장 생방송으로, 유라시아나 동양 연합 및 각국의 나머지 생존자들에게는 일종의 입신처럼 역사하실 수 있을 것으로 보입니다. 어쨌든 그렇게 모든 민족이 주님께 주목할 수 있도록 무대가 세팅되면 주님께서 말씀하십니다.

그 때에 임금이 그 오른편에 있는 자들에게 이르시되 내 아버지께 복 받을 자들이여, 나아와 창세로부터 너희를 위하여 예비된 나라를 상속받으라. (마 25:34)

놀랍게도 오른편에 있는, 일명 양들에게 마치 예수님을 영접한 성도에게처럼 하나님의 왕국을 상속해 줄 것을 약속하시는데 과연 그들이 무엇을 했기 때문이었을까요?

내가 주릴 때에 너희가 먹을 것을 주었고 목마를 때에 마시게 하였고 나그네 되었을 때에 영접하였고 헐벗었을 때에 옷을 입혔고 병들었을 때에 돌보았고 옥에 갇혔을 때에 와서 보았느니라. (마 25:35~36)

대체 언제 주님께서 저런 일을 겪으셨고 저런 도움을 받으신 적이 있었다고 저리 말씀하시나 어안이 벙벙해진 오른편 양들이 주님께 얼른 손사래를 치며 말씀드립니다.

이에 의인들이 대답하여 이르되 주여, 우리가 어느 때에 주께서 주리신 것을 보고 음식을 대접하였으며 목마르신 것을 보고 마시게 하였나이까. 어느 때에 나그네 되신 것을 보고 영접하였으며 헐벗으신 것을 보고 옷 입혔나이까. 어느 때에 병드신 것이나 옥에 갇히신 것을 보고 가서 뵈었나이까, 하리니 (마 25:37~39)

참으로 오른손이 한 일을 왼손이 모르게 하는 의로운 행실답게 의인들은 자신들이 한 것을 전혀 기억도 못 하고 있었는데 주님께서는 단호하게 말씀하십니다.

임금이 대답하여 이르시되 내가 진실로 너희에게 이르노니 너희가 여기 내 형제 중에 지극히 작은 자 하나에게 한 것이 곧 내게 한 것이니라, 하시고 (마 25:40)

우리가 흔히 이 양과 염소의 심판을 우리가 죽어서 하나님의 심판대 앞에 섰을 때 받게 될 심판으로 생각하는 경우가 많으며 거의 대부분의 목회자들은 〈우리 형제들, 이웃들에게 잘해 주고 그들에게 잘 베풀어 주는 것이 주님께 한 것입니다〉라고 가르치기 일쑤인데 의도는 좋다만 본문의 문자적인 내용과는 동떨어진 해석입니다. 엄연히 이 상황은 주님께서 지상 재림하신 이후에 모든 민족을 모아 두고 심판하시는 것이며 그 옆에 미리 천사들을 시켜서 집합시켜 놓은 이스라엘, 유대인들을 입회인으로 세워 두신 상황입니다. 우리가 흔히 생각하는 것처럼 주님께서는 〈너희가 너희 형제에게 한 것이 내게 한 것이다〉라고 말씀하시기는커녕 〈너희가 내 형제에게 한 것〉이라고 말씀하시는데 과연 〈주님의 형제〉라고 하면 대체 누구를 의미하는 것일까 오래 생각하지 마십시오. 바로 인자이신 예수님의 육적 혈육인 이스라엘, 유대인들입니다. 교회가 휴거되고 대환난의 시점이 되었을망정 그때라도 회심하여 예수님을 믿거나, 혹은 짐승의 표를 받지 않거나, 혹은 그 속한 나라의 방침이 이스라엘과 유대인을 돕고 후원하는 것이거나, 혹은 각 개인이 갖은 수단과 방법으로 유대인을 돕고 후원한다면 그 결과는 그들에게 하나님의 나라에 들어갈 수 있는 특권을 허락받는 것이었습니다.

믿음의 조상 아브라함에게 〈너를 축복하는 자는 내가 축복하고, 너를 저주하는 자는 내가 저주하겠다〉고 하신 그 약속은 무려 휴거 이후의 환난 세상에도 에누리 없이 적용되었고 그 풍진 환난의 시대에도 권세가 다 깨어져 광야로 도망쳐 숨은 유대인들을 향해 내미는 손이 있다면 그것을 모두 주님께서 기억하시고 주님 자신에게 베푼 것으로 인정하여 상을 주시겠다는 것입니다. 국가 원수 개인의 종교와 신념이 무엇이든, 정부 기조가 민주주의이든, 전체주의이든 간에 적그리스도에 맞서 짐승의 표를 거부하고 선민 이스라엘을 향해 우호를 잃지 않는다면 무려 그 나라는 국가 단위로 양으로 분류되어 천년왕국에 들어갈 수 있게 된다니 이 얼마나 크나큰 은혜입니까? 우리가 지금부터 기도에 기도를 더하여 지금뿐 아니라 휴거 이후에 우리나라를 통치하게 될 정부와 지도자를 위해 미리부터 준비해야 할 이유가 이것입니다.

(아무리 마지막 때가 가까웠다 한들 최후의 최후의 최후까지도 포기하지 말고, 설령 휴거되어 주님의 보좌 앞에 간다 할지라도 기도와 간구를 쉬지 말아야 할 것입니다.)

당연히 왼편에 있는 염소들에게 주어질 운명은 이것뿐입니다.

또 왼편에 있는 자들에게 이르시되 저주를 받은 자들아. 나를 떠나 마귀와 그 사자들을 위하여 예비 된 영영한 불에 들어가라. (마 25:41)

아마겟돈 전쟁에 출전한 적그리스도의 군대들은 진작 다 죽어 지옥에 떨어지고 나머지 세계정부 주민들도 모조리 영벌에 처해지게 되었습니다.

또 내가 보좌들을 보니 거기에 앉은 자들이 있어 심판하는 권세를 받았더라. 또 내가 보니 예수를 증언함과 하나님의 말씀 때문에 목 베임을 당한 자들의 영혼들과 또 짐승과 그의 우상에게 경배하지 아니하고 그들의 이마와 손에 그의 표를 받지 아니한 자들이 살아서 그리스도와 더불어 천 년 동안 왕 노릇 하니 (그 나머지 죽은 자들은 그 천 년이 차기까지 살지 못하더라.) 이는 첫째 부활이라. (계 20:4~5)

또 내가 보좌들을 보니, 그들이 그 위에 앉았는데 심판이 그들에게 주어졌더라. 또 예수에 대한 증거와 하나님의 말씀으로 인하여 목 베임을 당한 사람들의 혼들도 보았는데, 그들은 그 짐승에게나 그 형상에게 경배하지 아니하였을 뿐만 아니라 그의 표를 그들의 이마 위에나 손에도 받지 아니하였더라. 그러므로 그들은 살아서 그리스도와 함께 천 년을 통치하더라. 그러나 죽은 자들 가운데서 그 나

머지는 천 년이 끝날 때까지 다시 살지 못하리라. 이것이 첫 번째 부활이라. (계 20:4~5, 킹제임스)

휴거 된 신부들은 물론, 믿음을 지키고 짐승의 표를 거부하여 목 베임을 당해 순교한 자들도 첫째 부활로 살아나 예수님과 더불어 천년왕국의 왕좌에 앉았으며 먼저 〈심판〉에 참여하는 첫 업무를 보게 되었습니다. 물론 시작은 가볍게 심판을 맡은 법관 업무로 왕 노릇을 시작했지만, 천년왕국에서는 사람이 잘 죽지는 않고 늘어나기는 펑펑 늘어나기 때문에 한 100년만 지나도 지구 인구가 억대를 넘어 조 단위로 늘어날 계산이 큽니다. 그렇게 되면 왕 1인당 거의 수천, 수백만 명 이상의 백성을 맡아 다스리게 될 것입니다. 천년왕국이 절반도 지나기 전에 기나긴 그린벨트로 묶여 있던 지구 바깥의 태양계와 은하계가 재개발되어 다른 행성으로 이주하여 개척을 하고 생활권을 확장시킬지도 모릅니다. 짐승의 표를 거부하고 믿음을 지켜 순교한 자들은 부활하여 왕 노릇을 하며 해피엔딩을 맞았으나 그 외에 죽은 자들은 대환난 때 짐승의 표를 받고 죽었다면 당연히 지옥에 떨어졌을 터이고 휴거 이전에 죽은 자들도 역시나 지옥에서 고통받으며 살아나지 못합니다.

이 첫째 부활에 참여하는 자들은 복이 있고 거룩하도다. 둘째 사망이 그들을 다스리는 권세가 없고 도리어 그들이 하나님과 그리스도의 제사장이 되어 천 년 동안 그리스도와 더불어 왕 노릇 하리라. (계 20:6)

순간의 선택이 천 년을 좌우한다는 말이 바로 여기에서 나온 게 아닌가 합니다. 이렇게 시작되는 천년왕국을 잠시 엿보면….

그 때에 이리가 어린 양과 함께 살며 표범이 어린 염소와 함께 누우며 송아지와 어린 사자와 살진 짐승이 함께 있어 어린 아기에게 끌리며 암소와 곰이 함께 먹으며 그것들의 새끼가 함께 엎드리며 사자가 소처럼 풀을 먹을 것이며 젖 먹는 아이가 독사의 구멍에서 장난하며 젖 뗀 어린 아이가 독사의 굴에 손을 넣을 것이라. 내 거룩한 산 모든 곳에서 해 됨도 없고 상함도 없을 것이니 이는 물이 바다를 덮음 같이 여호와를 아는 지식이 세상에 충만할 것임이니라. (사 11:6~9)

평화롭고 화평하고 화목하며 모든 생명이 하나님의 영광을 인정하고 하나님을 믿고 아는 지식이 넘쳐나 주님의 법 앞에 순종하고 스스로 따르는 유토피아입니다.

거기는 날 수가 많지 못하여 죽는 어린이와 수한이 차지 못한 노인이 다시는 없을 것이라. 곧 백세에 죽는 자를 젊은이라 하겠고 백세가 못 되어 죽는 자는 저주 받은 자이리라. 그들이 가옥을 건축하고 그 안에 살겠고 포도나무를 심고 열매를 먹을 것이며 (사 65:20~21)

100살에 죽었으면 무슨 저주를 받았거나 죄를 지어서 천벌을 받았나 싶을 정도로 수명이 기나긴 세상이며 자유롭게 집을 짓고 하고 싶은 일들을 하며 살게 되는 곳입니다.

그들의 수고가 헛되지 않겠고 그들이 생산한 것이 재난을 당하지 아니하리니 그들은 여호와의 복된 자의 자손이요, 그들의 후손도 그들과 같을 것임이라. 그들이 부르기 전에 내가 응답하겠고 그들이 말을 마치기 전에 내가 들을 것이며 (사 65:23~24)

그들은 헛되이 수고하지 아니할 것이요, 괴로움으로 출산하지 않을 것이니 이는 그들이 주의 복 받은 자의 자손이요, 그들의 후손도 그들과 함께 할 것임이라. 그때에는 그들이 부르기 전에 내가 대답할 것이요 그들이 말을 마치지 아니하였는데도 내가 들으리라. (사 65:23~24, 킹제임스)

옛적 에덴동산에서 쫓겨난 아담은 뼈가 빠지게 일을 해야 했고 이브는 고통을 받으며 출산해야 했는데 그 죄악의 업보가 모조리 끝이 나 천년왕국의 주민들은 하나님과 동행하며 신나게 자기 할 일을 하고 생산량도 척척 늘어 가고 여자들은 고통 없이 출산하며 낳은 아이들도 별 탈 없이 쑥쑥 자라게 되었습니다. (그러니 인구가 팍팍 늘어날 수밖에….)

보라. 내가 새 일을 행하리니 이제 나타낼 것이라. 너희가 그것을 알지 못하겠느냐. 반드시 내가 광야에 길을, 사막에 강을 내리니 (사 43:19)

한 마디로 에덴동산, 유토피아, 파라다이스, 샹그릴라 그대로인데 사람의 마음을 미혹할 사탄이 없어졌기 때문에 더 이상 인간들은 내적인 고뇌와 맞서 싸울 필요 없이 지키려면 얼마든지 하나님의 율법과 계명을 지키면서 살 수 있습니다. 혹자는 〈산상수훈〉이 천년왕국 시대에 실무적으로 적용될 율법이라 말하기도 합니다만 어쨌든 지킬 수 있음에도 어길 경우에 처벌 또한 더 막중할 것은 불문가지라 하나님과 분봉왕들은 그런 자들을 단호하게 처단하고 철장으로 쳐부수는 듯한 처벌을 내릴 것입니다. 그러니만치 온전히 하나님과 동행하지 못하는 자들에게 천년왕국은 그야말로 철권통치, 파쇼 독재정치, 반민주 경찰국가, 전체주의 통제사회에 지나지 않을 것이고 서서히 반역의 씨앗들이 뿌려집니다. 짐승의 표를 받지 않은 자들에게 신세계 질서의 단일 세계정부가 바로 그랬던 것처럼, 온전히 하나님을 섬기지 못하는 자들에게는 천년왕국이 이전 신세계 질서 내지 세계정부나 진배없는 모양으로 보일 것입니다. 그들 눈에는 예수 그리스도가 적그리스도로 보이고 각국의 왕들이 열 뿔, 열 왕, 일곱 머리로 보이겠지요. 그러한 반역의 씨앗에 불을 붙이는 것은 바로 사탄입니다. 모르긴 몰라도 이렇게 천년왕국의 법령을 어기고 반항하는 자들 또한 사탄이 무저갱에서 풀려나온 후부터 나타나지 않을까요?

천 년이 차매 사탄이 그 옥에서 놓여나와서 땅의 사방 백성 곧 곡과 마곡을 미혹하고 모아 싸움을 붙이리니 그 수가 바다의 모래 같으리라. (계 20:7~8)

천년왕국이 막바지에 이르러 그런 반체제 무리들의 쪽수가 다 찼다는 판단이 섰을 때 사탄이 무저갱에서 풀려나 모처럼 땅의 백성들을 미혹하려고 나왔습니다. 당연히 이 모든 것은 하나님의 큰 그림 속에 포함된 일이었고 하나님을 전심으로 믿지 아니하고 본색을 숨기고 있던 무리들은 사탄에게 덥석 넘어가 그 숫자가 거의 바다의 모래 같이 많았는데 모르긴 몰라도 사탄은 그들에게 옛적 대환난 광경을 자신의 버전으로 재구성하여 환상 또는 입신으로 홀로그램처럼 보여 주며 속였을 것입니다. 예상되는 미혹 멘트는….

지금 너희들을 압제하고 있는 저 왕들은 원래 내 밑에서 벌벌 기면서 두들겨 맞던 버러지들이었는데 저들의 수괴인 예수라는 자가 내 권세를 빼앗고 나를 가둔 후 그들을 주인으로 삼고 도리어 너희들을 종으로 삼아 괴롭히고 있는 것이다, 그러니 나와 함께 다시 한번 일어나서 너희의 자유를 쟁취하고 저 독재 정권을 무너뜨리고 우리의 신세계 질서를 회복하여 저 왕들과 유대인들에게 다시 표를 찍어 노예로 만들자….

(헐! 쓰고 보니 정말 그럴듯하다….)

이렇게 속아 넘어간 사방 백성들은 〈곡과 마곡〉이라는 이름으로 불리는데 이들이 곡과 마곡으로 불리는 이유는 두 가지로 추리해 볼 수 있습니다. 첫 번째는 에스겔 38장에 등장하는, 대환난의 오프닝을 장식한 그 곡과 마곡과 직접적인 연관이 있는 것은 아니고 스토리상 〈떼거지로 모여서 예루살렘을 치려고 모인〉 자들이기 때문에 그때의 곡과 마곡에 비유하여 표현한 것이라는 해석입니다. 멀쩡하던 세상을 환난으로 만들려고 궐기한 것들이기 때문이기도 하고 말이지요. 두 번째는 이들이 정말 그 곡과 마곡의 후손이라는 것입니다. 곡과 마곡은 핵전쟁에서 멸망한 게 아니라 6분의 1이 살아남아 명맥을 유지했으며 대환난 기간 동안 유라시아의 이름으로 존속하여 동양 연합과 더불어 세계정부와 〈천하삼분〉을 형성했기에 당연히 그 나라와 민족들은 아마겟돈 이후 천년왕국에 살아서 입성해 계속 번성해 나간 것입니다. 게다가 예루살렘의 위치상 동양인들보다는 이들이 그 주변 지역으로 퍼져 나가기 유리하고 그렇기에 예루살렘을 기준으로 〈땅의 사방 백성〉이 곡과 마곡의 후손들이 되었다는 추측입니다. 이 경우 굉장히 묘한 것은 휴거 직후 대환난 초입에 그렇게 운명을 걸고 대치했던 곡과 마곡, 그리고 이스라엘이 대환난의 공동 승자가 되어 함께 천년왕국의 주류 민족이 되었다는 대반전이기도 합니다. 어쨌든 이들의 폭동은 그대로 한 큐에 진압당합니다.

그들이 지면에 널리 퍼져 성도들의 진과 사랑하시는 성을 두르매 하늘에서 불이 내려와 그들을 태워버리고 (계 20:9)

곡과 마곡의 후손들을 위시하여 사탄의 미혹에 넘어간 것들은 지구 전체에서, 어쩌면 지구 밖의 태양계, 은하계에 퍼져 살던 것들까지 모조리 집결하여 예루살렘을 포위하는데 당연히 그곳에 거주하는 성도들도 진을 치고 맞설 준비를 합니다만 저들이 집결을 마치고 포위하자마자 하나님께서는 환영의 축포로 불을 내려 모조리 싹쓸이 태워 버리십니다. 어쩌면 하나님께서 사탄이 그들을 미혹하고 모아서 예루살렘을 포위하도록 하신 이유가 일일이 저것들을 찾아다니며 없애 버려야 하는 수고를 더시기 위해서였을지도 모를 일입니다. 제 발로 모여와서 한 방에 죽어 주는 간편함!

또 그들을 미혹하는 마귀가 불과 유황 못에 던져지니 거기는 그 짐승과 거짓 선지자도 있어 세세토록 밤낮 괴로움을 받으리라. (계 20:10)

사탄도 에누리 없이 또다시 붙들려 이번에는 무저갱이 아닌 불못으로 던져졌는데 그곳에는 이미 1,000년 전에 아마겟돈에서 잡혀서 떨어진 짐승과 거짓 선지자가 먼저 와서 자리를 잡았고 마침내 셋이 사이좋게 영원 무궁토록, 세세토록 불을 쬐게 되었습니다. 이로써 태초의 반역과 에덴동산 이래 하나님과 사탄, 빛과 흑암의 각축은 영원히 막을 내렸습니다.

또 내가 크고 흰 보좌와 그 위에 앉으신 이를 보니 땅과 하늘이 그 앞에서 피하여 간 데 없더라. (계 20:11)

여기까지 그 모든 스펙타클한 광경들을 지켜본 사도 요한의 눈에 또다시 들어온 광경은 하나님의 흰 보좌와 거기에 앉아 계신 하나님의 모습이었습니다. 또한 주님의 면전에서 땅과 하늘은 사라져 버려 일종의 카오스 같은 모습이 되었는데 천년왕국이 막을 내리고 최후의 심판을 맞기 위해 주민들을 잠시 모처로 이동시키신 후 하나님께서 기존의 태양계를 불태우고 녹여 버리신 후 새 하늘과 새 땅을 조성하실 준비를 갖추시는 것 같습니다. 여기에 대해서는 사도 베드로께서 언급한 말씀에서 대략 짚어 볼 수 있습니다.

하나님의 날이 임하기를 바라보고 간절히 사모하라. 그 날에 하늘이 불에 타서 풀어지고 물질이 뜨거운 불에 녹아지려니와 우리는 그의 약속대로 의가 있는 곳인 새 하늘과 새 땅을 바라보도다. (벧후 3:12~13)

노아의 홍수 때 노아 식구들은 방주에 타서 숨고 바깥세상은 물이 넘치고 지각변동이 일어나 새로운 세계로 조성되었던 것처럼 이번에도 똑같이 천년왕국 거민들이 모처로 숨고 바깥세상은 불에 타 녹으며 새 하늘과 새 땅으로 변화될 것입니다. 그리고 그와 병행하여 최후의 심판이 진행됩니다.

또 내가 보니 죽은 자들이 큰 자나 작은 자나 그 보좌 앞에 서 있는데 책들이 펴 있고 또 다른 책들이 펴졌으니 곧 생명책이라. 죽은 자들이 자기 행위를 따라 책들에 기록된 대로 심판을 받으니 바다가 그 가운데에서 죽은 자들을 내주고 또 사망과 음부도 그 가운데에서 죽은 자들을 내주매 각 사람이 자기의 행위대로 심판을 받고 (계 20:12~13)

바다도 그 안에 있던 죽은 자들을 넘겨주고 또 사망과 지옥도 그들 안에 있던 죽은 자들을 넘겨주니 그들이 각자 자기들의 행위에 따라 심판을 받으며 (계 20:13, 킹제임스)

첫째 부활에서 주님의 백성들이 해피엔딩을 맞았으니 이제는 불신한 죄인들도 부활할 때입니다. 그러나 이들의 부활은 영원한 심판으로 확인 사살을 당하기 위한 뼈아픈 부활이며 어차피 이미 지옥에 떨어진 죄인들이기에 그들에게 생명책은 없고 의로움도 없으며 죄를 덮어줄 믿음도 없고 오로지 그들의 행위에 의해서만 심판을 받게 되었습니다. 그런데 이미 지옥에 떨어졌던 것들에게 구원받을 만한 행위가 있을 턱이 없으니 당연히 심판의 결과는 정해진 것이나 다름없었습니다. 영원히 활활 타고 있을, 어쩌면 이제까지 갇혔던 지옥보다 훨씬 더 뜨거울 불못행 티켓뿐입니다.

사망과 음부도 불못에 던져지니 이것은 둘째 사망, 곧 불못이라. 누구든지 생명책에 기록되지 못한 자는 불못에 던져지더라. (계 20:14~15)

사망과 지옥도 불못에 던져지니 이것이 둘째 사망이라. 누구든지 생명의 책에 기록되지 않은 자는 불못에 던져지더라. (계 20:14~15, 킹제임스)

사망과 지옥이라고 해서 별 어렵게 생각할 것도 없이 천년왕국이 끝나 새 하늘과 새 땅, 새 예루살렘의 시대를 살게 된다면 더 이상 사망이란 것이 없이 모든 인류는 천국에서 사는 것과 같을 것입니다. 그리고 더 이상 사탄에게 미혹되어 하나님을 등지고, 그럼으로써 지옥에 떨어질 일도 더 이상 없을 것입니다. 그렇기에 이 백보좌 심판, 모든 죄악 된 것을 불못에 쓸어 넣는 최후 심판에서 사망과 지옥도 불못에 던져진다고 표현한 것입니다. 창세 이래로 예수님을 영접하지 않고 이 땅에 살고 죽었던 모든 자의 최종 운명은 불못에서 겪을 영원한 형벌이며 그 자체가 살았으나 사망한 것이나 다름없기에 〈둘째 사망〉이라 하였습니다. 모르긴 몰라도 새 하늘과 새 땅이 조성되어 기존 세상이 무너지더라도 예루살렘 및 주변 지역은 특별히 보존하실 듯한데 그 불못을 모든 거민이 주님께 경배하러 올 때 구경할 것이기 때문입니다.

여호와가 말하노라. 매월 초하루와 매 안식일에 모든 혈육이 내 앞에 나아와 예배하리라. 그들이 나가서 내게 패역한 자들의 시체들

을 볼 것이라. 그 벌레가 죽지 아니하며 그 불이 꺼지지 아니하여 모든 혈육에게 가증함이 되리라. (사 66:23~24)

이미 〈둘째 사망〉을 맞았기에 살아서 불못의 고통을 당하고 있으나 그들은 〈시체〉에 불과합니다. 그리고 무엇보다도 그날에는 더 이상 이 세상에 일루미나티와 사탄의 회당들이 존재하지 않을 것입니다. 영원히, 단 하나도, 자취와 흔적조차도 말이지요.

예루살렘과 유다의 모든 솥이 만군의 여호와의 성물이 될 것인즉 제사 드리는 자가 와서 이 솥을 가져다가 그것으로 고기를 삶으리라. 그 날에는 만군의 여호와의 전에 가나안 사람이 다시 있지 아니하리라. (슥 14:21)

이제 기존의 세상은 정리되었고 최후의 심판도 마쳐서 모든 것이 정화되었는데 아직 사도 요한이 받을 계시는 끝나지 않았습니다. 새 하늘과 새 땅에서 사도 요한이 구경하는 것들과 새 예루살렘에 대해서는 이어지는 계시록 21장 강해를 기대해 주십시오.

또 내가 새 하늘과 새 땅을 보니, 처음 하늘과 처음 땅이 없어졌고 바다도 다시 있지 않더라. (계 21:1)

21장.

새 하늘 새 땅 새 예루살렘 ─────────

또 내가 새 하늘과 새 땅을 보니, 처음 하늘과 처음 땅이 없어졌고 바다도 다시 있지 않더라. (계 21:1)

최후의 백보좌 심판까지 마친 후 지구는 한바탕 신축 공사를 마치고 새 하늘과 새 땅으로 새롭게 태어났습니다. 처음 하늘과 처음 땅은 모조리 불 타서 없어져 버리고 모르긴 몰라도 하늘과 땅이 천국과 비슷한 상태로 신 장개업을 할 터입니다. 이제 더 이상 사람이 죽지도 않을 것이기에 그들을 위하여 새로운 공간이 필요할 것이며 모처로 피신해 있던 인류가 〈호롱호 롱호롱 산새 소리에 잠 깨어 뜰로 나오면〉 새 하늘과 새 땅이 아름답게 그 들을 반겨 줄 것입니다. 하나님께서 좀 더 인심을 쓰신다면 리모델링 작업 을 하시기 전에 천년왕국 상태에서 그들이 지어 놓은 집과 인프라들도 어 떤 특별한 권능으로 보존해 두셨다가 새롭게 세팅된 하늘과 땅에 그대로 내리꽂아 복구해 주실지도 모르지요. 아마 불못도 하나님께서 따로 보존해 두셨다가 은하계 저 멀리 보이지 않는 곳에 처박아 두실지, 혹은 새 예루살 렘 부근에 〈영구보존 박물관〉으로 박제해 두실지도 모를 일입니다.

또 내가 보매 거룩한 성 새 예루살렘이 하나님께로부터 하늘에서 내려오니 그 준비한 것이 신부가 남편을 위하여 단장한 것 같더라. (계 21:2)

하나님께서 손수 장만하신 거룩한 도성이 마치 결혼식에 단장한 신부 같다고까지 하니 얼마나 아름다운지는 상상조차 되지 않습니다. 아무리 억울하게 생긴 여성 동무도 청담동 원장님 손을 거치면 절세의 강남 미녀로 환골탈태한다는데 하물며 천지를 지으시고 주관하시는 하나님께서 작정을 하고 손을 보신다면 염천교 거지들 움막도 베르사유 궁전으로 변할 것입니다. 그러니 타이틀마저 〈거룩한 도성〉인 새 예루살렘을 하나님께서 얼마나 정성을 다해 시공하셨을지 가히 짐작이 가고도 남습니다.

내가 들으니 보좌에서 큰 음성이 나서 이르되 보라, 하나님의 장막이 사람들과 함께 있으매 하나님이 그들과 함께 계시리니 그들은 하나님의 백성이 되고 하나님은 친히 그들과 함께 계셔서 모든 눈물을 그 눈에서 닦아 주시니 다시는 사망이 없고 애통하는 것이나 곡하는 것이나 아픈 것이 다시 있지 아니하리니 처음 것들이 다 지나 갔음이러라. (계 21:3~4)

이제는 이 세상이 곧 천국입니다. 큰 환난에서 나와 종려나무 가지를 들고 찬양하던 자들에게 장막을 쳐 주시고 하나님께서 그들과 함께 거하시겠다고 약속하신 것처럼 천년왕국의 시민들은 새로운 주의 장막 아래 들어가 이제는 하나님과 함께 거주하며 사망도, 슬픔도, 울부짖음도, 고통도 없이 영원 복락과 기쁨만이 남아 있습니다. 특히 최후의 백보좌 심판을 목격한 백성들은 자신들의 가족, 친구, 지인, 혹은 사랑했던 사람들이 끝내 구원받지 못하고 불못으로 떨어지는 것을 보며 그야말로 피눈물을 흘렸을 테지만 하나님께서 직접 그들의 모든 눈물을 닦아 주시며 위로하시고 이제는 모든 백성의 마음이 하나님과 하나가 되었습니다.

(그때부터는 불못에 떨어진 자들이 정말 가증하게 보일 거다….)

보좌에 앉으신 이가 이르시되 보라, 내가 만물을 새롭게 하노라, 하시고 또 이르시되 이 말은 신실하고 참되니 기록하라, 하시고 또 내게 말씀하시되 이루었도다. 나는 알파와 오메가요, 처음과 마지막이라. 내가 생명수 샘물을 목마른 자에게 값없이 주리니 이기는 자는 이것들을 상속으로 받으리라. 나는 그의 하나님이 되고 그는 내 아들이 되리라. (계 21:5~7)

하나님께서는 태초에 천지를 창조하셨고, 땅 위의 인간들에게 강포함과 패괴함이 가득하자 홍수로 한 번 멸하신 후 새로운 땅을 만드셨으며, 대환난으로 피폐해진 땅을 지상 재림 후 다시 새롭게 천년왕국으로 만드셨고, 천 년이 찬 후 이전 하늘과 땅을 불태우고 새 하늘과 새 땅으로 만물을 새롭게 만드셨습니다. 지금까지 사도 요한에게 말씀하신 이 모든 말씀은 한마디도, 일점일획도 야부리가 없는 참되고 신실한 하나님의 약속이며 무엇보다도 초림 때 예수님께서 십자가를 지시고 "다 이루었다."고 하셨던 것처럼 또다시 계시록을 읽는 성도들에게 굳세게 말씀해 주십니다. 주님께서는 알파와 오메가, 시작과 끝이시며 의에 주리고 목이 말라 주님을 찾아온 자들에게 생명수의 샘, 구원을 값도 없이 선물로 주셨습니다. 그렇게 예수님을 영접하여 구원을 받고 예수님의 의로 덧씌워져 죄 사함을 받고 죄와 사망으로부터 승리한 성도, 이긴 자들은 주님의 모든 것을 상속받을 자녀가 되며 영원히 하나님과 함께 복락을 누리며 살아갈 것입니다. 이 구원의 복음을, 큰 기쁨의 좋은 소식을 주님께서 다시 한번 사도 요한에게 "내가 이미 다 십자가에서 이루었다. 구원을 값없이 주겠다. 나를 믿고 영접하는 자는 이긴 자이며 모든 것을 상속받은 하나님의 자녀다."라고 힘 있게 확언해 주십니다.

그러나 두려워하는 자들과 믿지 아니하는 자들과 흉악한 자들과 살인자들과 음행하는 자들과 점술가들과 우상 숭배자들과 거짓말

하는 모든 자들은 불과 유황으로 타는 못에 던져지리니 이것이 둘째 사망이라. (계 21:8)

그러나 그 이긴 자에 해당하지 않는 모든 자, 예수님을 믿는다고 하면서 구원의 확신이 없는 자들, 아예 예수님을 믿지 않는 자들과 기타 모든 율법의 죄를 범한 자들은 그 죄악을 사함 받을 길이 없기에 에누리 없이 불못에 떨어지는 둘째 사망을 받게 될 것이라 단호하게 말씀하시지요. 어렵게 생각할 것이 없습니다. 구원의 확신이 없이 두려워하는 자들은 믿지 아니하는 자들이며 우상 숭배하는 자이며 존재 자체가 가증스러운 자이며 그런 자들은 산상수훈의 법에 따라 누구를 욕만 해도 살인이며 야한 생각만 해도 음행이며 오늘의 운세 한번 봐도 마술이며 말 한마디만 해도 거짓말입니다. 천년왕국도 지나 새 하늘과 새 땅에서 새 예루살렘을 맞이하게 된 계시록의 막바지에서 또다시 주님께서는 바른 구원의 복음을 계시록을 읽는 성도들에게 가르쳐 주고 계신 것입니다.

일곱 대접을 가지고 마지막 일곱 재앙을 담은 일곱 천사 중 하나가 나아와서 내게 말하여 이르되 이리 오라. 내가 신부 곧 어린 양의 아내를 네게 보이리라, 하고 성령으로 나를 데리고 크고 높은 산으로 올라가 하나님께로부터 하늘에서 내려오는 거룩한 성 예루살렘을 보이니 (계 21:9~10)

사도 요한의 전담 가이드라도 되는 듯 이번에도 그 천사장이 와서는 사도 요한에게 어린양의 신부를 보여 주겠다며 입신으로 환상을 보여 줍니다. 크고 높은 산 위로 데려가 거룩한 도성인 새 예루살렘이 하늘에서 내려가는 모습을 보여 주는데 2절에서 사도 요한이 하나님께로부터 새 예루살렘 내려가는 모습을 아무래도 얼핏 스쳐 가듯이 보았다가 이 천사의 에스코트를 받아서 더 자세하게 들여다본 것 같습니다. 주님의 신부들이 거주할 곳이기에 그곳 자체가 바로 〈어린양의 아내〉로 불려도 손색없을 것입니다.

(본격적으로 사도 요한이 새 예루살렘 모델하우스 안내원으로 빙의하여 브리핑을 시작합니다.)

하나님의 영광이 있어 그 성의 빛이 지극히 귀한 보석 같고 벽옥과 수정 같이 맑더라. 크고 높은 성곽이 있고 열두 문이 있는데 문에 열두 천사가 있고 그 문들 위에 이름을 썼으니 이스라엘 자손 열두 지파의 이름들이라. (계 21:11~12)

전등을 켜지 않아도 하나님의 영광이 귀한 보석 같은 광채를 번쩍번쩍 내고 있으며 벽옥같이 눈이 시원하고 수정같이 깨끗하며 당연히 크고 높은 성벽이 있는데 열두 대문이 있고 대문마다 천사들이 로비 매니저로 서서 고객들을 응대할 준비를 갖추고 있으며 문마다 이스라엘 열두 지파의 이름이 각각 적혀 있습니다.

(로비 매니저란 은행에서 고객들을 안내하는 보안요원인데 옛날 표현으로는 〈은행 청원경찰〉이라고 불렀습니다.)

천하만국의 수많은 사람들이 드나들 것이기에 성문도 열두 개나 되고 닫아 둘 틈이 없을 것입니다. 문마다 이스라엘 열두 지파의 이름이 새겨진 것을 보면 하나님의 구원 역사가 이스라엘로부터 시작되었으며 이스라엘이 하나님의 본 백성임을 밝히 보여 주는 인증샷이 아닐까 하는 생각이 듭니다.

동쪽에 세 문, 북쪽에 세 문, 남쪽에 세 문, 서쪽에 세 문이니 그 성

의 성곽에는 열두 기초석이 있고 그 위에는 어린 양의 열두 사도의 열두 이름이 있더라. (계 21:13~14)

친절하게 열두 문은 동서남북에 각각 균등하게 배치되어 있는데 새 예루살렘의 성벽에 놓인 열두 기초석에는 예수님의 열두 사도들의 이름이 적혀 있습니다. 성문에는 열두 지파, 기초석은 열두 사도라 함은 유대인으로부터 시작되어 이방인 교회로 이어진 하나님의 구원 역사를 보여 주는 상징이며 결국 원가지인 유대인과 접붙임 받은 가지인 이방인 교회 모두 주님 안에 같은 성도로서 함께 살아갈 형제임을 의미한다고 하겠습니다.

너희는 사도들과 선지자들의 터 위에 세우심을 입은 자라. 그리스도 예수께서 친히 모퉁잇돌이 되셨느니라. 그의 안에서 건물마다 서로 연결하여 주 안에서 성전이 되어 가고 너희도 성령 안에서 하나님이 거하실 처소가 되기 위하여 그리스도 예수 안에서 함께 지어져 가느니라. (엡 2:20~22)

새 예루살렘은 바로 이 모습을 보여 주고 있었습니다.

내게 말하는 자가 그 성과 그 문들과 성곽을 측량하려고 금 갈대 자를 가졌더라. 그 성은 네모가 반듯하여 길이와 너비가 같은지라. 그 갈대 자로 그 성을 측량하니 만 이천 스다디온이요, 길이와 너비와 높이가 같더라. 그 성곽을 측량하매 백사십사 규빗이니 사람의 측량, 곧 천사의 측량이라. (계 21:15~17)

사도 요한을 가이드하는 천사가 금 갈대를 들고 새 예루살렘을 측량하는데 이번에는 무슨 다른 의미가 있어서가 아니라 브리핑 목적으로 하는 것입니다. 정사각형으로 네모가 반듯하며 길이와 너비와 높이가 같은데 1

만 2,000스타디온, 환산하면 2,200km에 이르는 광대한 넓이와 장대한 높이입니다. 성벽은 144큐빗, 환산하면 65m라고 하는데 성 높이에 비해 성벽이 너무 낮아 이상해 보이지만 이 65m가 성벽 높이가 아니라 〈두께〉를 말하는 것이라면 그 장대한 도성에 어울릴 것으로 보입니다. 미국의 세대주의 종말론 학자들은 새 예루살렘의 공간을 실무적으로 계산하여 거의 미국을 덮을 만한 크기이며 거주 공간으로 보면 15피트 면적의 방이 41조 개, 10피트 면적의 방은 207조 개가 있고 매 입방 마일마다 500만 개가 넘는 아파트가 있어 그야말로 사람이 지을 수 없는 초월적인 건축물이라고 합니다.

(이런 걸 뚝딱 지으시는 하나님 앞에서 어딜 바벨탑 따위로 비비려고 들었는지…. 참고로 〈사람의 척도, 곧 천사의 척도〉라는 말의 의미는 천사가 측량하여 산출한 결과물은 사람의 척도 기준에 맞추어 계산했다는 의미입니다. 즉, 천사가 아니라 사람이 재었어도 똑같은 결과가 나온다는 것입니다.)

그 성곽은 벽옥으로 쌓였고 그 성은 정금인데 맑은 유리 같더라. 그 성의 성곽의 기초석은 각색 보석으로 꾸몄는데 첫째 기초석은 벽옥이요, 둘째는 남보석이요, 셋째는 옥수요, 넷째는 녹보석이요, 다섯째는 홍마노요, 여섯째는 홍보석이요, 일곱째는 황옥이요, 여덟째는 녹옥이요, 아홉째는 담황옥이요, 열째는 비취옥이요, 열한째는 청옥이요, 열두째는 자수정이라. 그 열두 문은 열두 진주니 각 문마다 한 개의 진주로 되어 있고 성의 길은 맑은 유리 같은 정금이더라. (계 21:19~21)

(그 귀한 귀금속들을 아낌없이 건축 자재로 내주신 통 크신 하나님…. 성벽에 벽돌 하나만 빼내도 돈이 얼마냐….)

성 안에서 내가 성전을 보지 못하였으니 이는 주 하나님, 곧 전능하신 이와 및 어린 양이 그 성전이심이라. 그 성은 해나 달의 비침이 쓸 데 없으니 이는 하나님의 영광이 비치고 어린 양이 그 등불이 되심이라. (계 21:22~23)

흔히 우리가 함께 모여 예배를 드리는 교회, 예배당을 성전이라 생각하지만 사실 우리는 우리 자체가 〈성전〉입니다. 세상의 다른 모든 종교와 우리네 〈교회〉가 다른 점은 모든 종교의 신도들은 자기가 다니는 교당에 소속된 교인들이지만 우리네 교회 성도들은 우리 한 사람, 한 사람이 독립된 독자적인 〈교회〉이며 〈성전〉인 것입니다. 다만 효율성 있고 질서 있는 경배를 하나님께 올려 드리고 성도들과 함께 모여 교제하며 주의 종으로부터 하나님의 말씀을 배우고 듣기 위하여 예배당에 모여 함께 예배를 드리고 편의상 그곳을 〈교회〉라 하는 것이지 원칙적으로는 우리 각자가 교회이고 성전이기에 우리가 서 있는 곳이 어디든, 우리가 기도하고 찬양하는 그곳이 바로 예배당입니다. 그러니 성전이니 교회니 하는 건물과 조직에 절대적인 의미를 둘 필요는 없으며 나 자신이 독자적인 성전과 교회로서 하나님을 신령과 진정으로 예배하고 경배할 수 있느냐가 관건인 것입니다. 이 땅에서도 그랬건만 새 예루살렘으로 향하게 되면 아예 경배받으실 하나님과 어린양께서 떡 하니 우리와 함께 계신다니 우리의 노래마다 찬송이요, 말마다 경배며, 매일의 삶이 예배가 될 것이라 더 이상의 성전은 의미가 없어질 것입니다. 게다가 성전만 없는 게 아니라 하나님과 어린양께서 몸소 그 영광으로 성을 환하게 비추고 계시기에 해나 달도 있을 필요가 없습니다.

만국이 그 빛 가운데로 다니고 땅의 왕들이 자기 영광을 가지고 그리로 들어가리라. 낮에 성문들을 도무지 닫지 아니하리니 거기에는 밤이 없음이라. 사람들이 만국의 영광과 존귀를 가지고 그리로

들어가겠고 (계 21:24~26)

사방 2,200km에 달하는 새 예루살렘을 가득히 채운 광채, 그리고 하나님과 예수님의 영광으로 온 세상이 환하게 비추어져 모든 민족이 그 빛 가운데서 살아가게 되었습니다. 밤도 없으니 매일이 낮이며 낮에는 성문을 닫지 않는다니 자동으로 그 성문은 닫을 필요가 없이 24시간 개방된 상태입니다. 당연한 말이지만 천년왕국에서 왕과 백성으로 살던 것이 새 땅과 새 하늘, 새 예루살렘에서는 그 무슨 사회주의 혁명이라도 일어난 것처럼 신분제도가 혁파되어 다 같은 백성이 된 것이 아닙니다. 그 시스템은 새 예루살렘 시대에도 이어지며 왕들은 여전히 자신이 맡은 백성들과 천사들을 다스리고 자신의 임지와 새 예루살렘을 부지런히 오가며 출퇴근을 할 것입니다. 모르긴 몰라도 왕들인지라 성문을 드나들 때마다 수행원들을 대동하고 한껏 위엄을 부리며 다니는 것 정도는 하나님께서도 허락해 주시지 않을까 싶습니다. 땅의 백성들도 새 예루살렘에 거주할 권리는 있을지 의문이지만 그곳을 오가며 근무할 수는 있을 터이기에 거주는 서울 바깥의 수도권 위성도시에서 살면서 직장은 서울로 출근하는 사람들처럼 부지런히 새 예루살렘을 오가면서 열심히 살아갑니다. 혹시나 새 예루살렘에 자기 친구나 친척이 살거나 혹은 천년왕국을 거치면서 친분을 돈독하게 쌓아 둔 사람이 있다면 며칠 머물다가 오는 정도도 허락될 수는 있겠지요. 그렇게 새 예루살렘의 하루는 떠들썩하게 흘러가고 있습니다.

무엇이든지 속된 것이나 가증한 일 또는 거짓말하는 자는 결코 그리로 들어가지 못하되 오직 어린 양의 생명책에 기록된 자들만 들어가리라. (계 21:27)

다시 한번 강조할 말씀은 이 새 예루살렘에 들어올 수 있는 자들, 새 하늘과 새 땅을 볼 수 있는 자들은 신천지 총회본부에 등록된 자들이 아니라

〈어린양의 생명책에 기록된 자들〉, 예수님을 구주로 믿고 영접하고 예수님의 십자가 보혈의 공로로 죄 사함을 받아 사망에서 생명으로 옮겨져 하나님의 은혜로 값없이 의롭다 칭함을 받은 이긴 자들, 구원받은 자들, 여기까지 읽고 계신 바로 여러분들입니다.

이제 마지막 남은 계시록의 피날레입니다. 이 계시와 예언을 읽고 배우게 될 성도들에게 전하실 하나님의 마지막 당부의 말씀을 알고 싶으시다면 이어지는 계시록 22장 강해를 기대해 주십시오.

또 그가 수정 같이 맑은 생명수의 강을 내게 보이니 하나님과 및 어린 양의 보좌로부터 나와서 (계 22:1)

22장.

주 예수여, 오시옵소서! ─────

✕

또 그가 수정 같이 맑은 생명수의 강을 내게 보이니 하나님과 및 어린 양의 보좌로부터 나와서 (계 22:1)

마침내 사도 요한은 하나님의 보좌에서 흘러나오는 생명수 강을 보았습니다. 이 생명수 강은 〈구원〉 그 자체이며 또한 하나님의 보좌 앞에서 실제로 흐르는 강이며 구원받은 주님의 백성들만이 값없이 마시고 영원한 생명을 누릴 수 있는 특별한 선물이며 이 땅에서는 성령의 충만함으로 미리 누려 보았던 은혜입니다. 이미 예수님께서는 이 생명수 강을 말씀하셨습니다.

내가 주는 물을 마시는 자는 영원히 목마르지 아니하리니 내가 주는 물은 그 속에서 영생하도록 솟아나는 샘물이 되리라. (요 4:14)

내가 주는 물을 마시는 사람은 누구든지 영원히 목마르지 아니하리라. 그러나 내가 그에게 주는 물은 그 사람 안에서 영원한 생명으로 솟아오르는 샘물이 되리라.”고 하시니라. (요 4:14, 킹제임스)

이는 보좌 가운데에 계신 어린 양이 그들의 목자가 되사 생명수 샘으로 인도하시고 하나님께서 그들의 눈에서 모든 눈물을 씻어 주실 것임이라. (계 7:17)

또 내게 말씀하시되 이루었도다. 나는 알파와 오메가요, 처음과 마지막이라. 내가 생명수 샘물을 목마른 자에게 값없이 주리니 (계 21:6)

복음서에서부터 계시록에 이르기까지 말씀으로만 들어 뫼셨던 바로 그 생명수의 강이 이제는 모든 주님의 백성들 앞에 구체적이고 실무적인 강과 샘이 되어 흘러넘치게 되었습니다.

길 가운데로 흐르더라. 강 좌우에 생명나무가 있어 열두 가지 열매를 맺되 달마다 그 열매를 맺고 그 나무 잎사귀들은 만국을 치료하기 위하여 있더라. (계 22:2)

술이 있으면 안주가 있듯이 생명의 샘이 흐르는 옆에 생명나무와 그 열매들이 흐드러지게 차려져 있습니다. 에덴동산에서 아담과 이브가 선악나무의 실과를 먹음으로써 영영 잃어버리게 되었던 생명나무의 열매를 이제는 모든 백성이 사탕 깨물어 먹듯이 먹을 수 있게 되었고 영원한 생명을 누리게 되었습니다. 열두 가지 열매라는 것에서 생명나무의 과실이 열두 가지가 있는 게 아니라 달마다 수확을 할 수 있게 〈과실이 열두 번 맺히는〉 것으로 해석하기도 하는데 어렵게 생각할 필요가 없습니다. 비누 모양이 별 모양이든, 타원형이든, 네모든 간에 똑같은 비누이듯이 생명나무 과실이 열두 가지 모양과 맛으로 다채롭게 열려 있는 모습을 묘사하는 것입니다. 보기 좋은 떡이 먹기도 좋다고 비주얼까지 신경 써 주시는 하나님 은혜가 어찌나 세심한지요. 게다가 마시는 생명수의 강, 먹는 생명나무 열매와 더불어 일종의 피로회복제나 자양강장제, 박카스나 핫식스 같은 역할을 해 주는 별미로 생명나무 잎사귀들을 놓아두셨습니다. 치유라고는 하지만 새 예루살렘 시대에 어디가 아프거나 병들거나 할 턱이 없으므로 이 잎사귀들은 활기와 원기를 더 북돋아 주고 마음을 유쾌하게 해 주는 엔돌핀 같은 촉

진제가 될 것입니다.

다시 저주가 없으며 하나님과 그 어린 양의 보좌가 그 가운데에 있으리니 그의 종들이 그를 섬기며 그의 얼굴을 볼 터이요, 그의 이름도 그들의 이마에 있으리라. (계 22:3~4)

이제는 죽음이 없기에 저주도 없습니다. 아담과 이브가 에덴동산에서 뱀의 꾐에 넘어가 선악과를 따먹은 순간부터 시작된 저주는 7년 대환난에 이르기까지 인류를 에워쌌으나 예수님의 오심과 십자가 지심으로 그 저주를 대신 지셨으며 먼저는 휴거로, 다음은 지상 재림으로 그 모든 저주를 파하시고 모든 것을 회복하셨습니다. 또한 모든 휴거 된 백성들과 택함 받은 14만 4천 명은 직접 하나님의 얼굴을 마주 대면하며 섬기는 영광을 얻게 되었습니다.

이기는 자는 내 하나님 성전에 기둥이 되게 하리니 그가 결코 다시 나가지 아니하리라. 내가 하나님의 이름과 하나님의 성, 곧 하늘에서 내 하나님께로부터 내려오는 새 예루살렘의 이름과 나의 새 이름을 그이 위에 기록하리라. (계 3:12)

이르되 우리가 우리 하나님의 종들의 이마에 인치기까지 땅이나 바다나 나무들을 해하지 말라, 하더라. 내가 인침을 받은 자의 수를 들으니 이스라엘 자손의 각 지파 중에서 인침을 받은 자들이 십사만 사천이니 (계 7:3~4)

(한 마디로 카페지기 밑에 운영진들이란 얘기다. 하나님과 직접 대면하여 섬기고 받들어 뫼실 수 있는 직책이라면 그 시절 기준으로는 그야말로 나는 새도 떨어뜨리는 끗발일 듯하다.)

다시 밤이 없겠고 등불과 햇빛이 쓸 데 없으니 이는 주 하나님이 그들에게 비치심이라. 그들이 세세토록 왕 노릇 하리라. (계 22:5)

새 하늘과 새 땅, 새 예루살렘은 하나님의 영광이 모든 조명과 해와 달을 대체하시기에 밤도 없고 그 어떤 어둠과 그늘진 곳도 없이 밝고 명랑함이 넘치는 곳인데 그곳에서 우리는 하나님과 함께 영원무궁 세세토록 왕 같은 제사장이 될 것입니다.

또 그가 내게 말하기를 이 말은 신실하고 참된지라. 주 곧 선지자들의 영의 하나님이 그의 종들에게 반드시 속히 되어 질 일을 보이시려고 그의 천사를 보내셨도다. 보라. 내가 속히 오리니 이 두루마리의 예언의 말씀을 지키는 자는 복이 있으리라, 하더라. (계 22:6~7)

하루가 천 년 같고 천 년이 하루 같은 하나님의 시간표도 그렇거니와 이어질 영원의 복락이 우리 앞에 있는데 지금의 이 인생은 그저 잠깐 사이에 스쳐 지나갈 찰나에 지나지 않을 터입니다. 사도 요한에게 천사를 통하여 보여 주신 이 계시록의 말씀들은 한 가지도 헛되이 적힌 것이 없이 모두 신실하고 참된 하나님의 약속이며, 되도 않게 상징이니 영적인 해석이니 운운하지 말고 말씀하여 주신 본문에 충실하여 제대로 묵상하고 소망하는 자에게 하나님께서는 시대의 징조를 분별하게 하시고, 깨어 있게 하시고, 나아가 그 모든 약속과 상급을 내려주실 것입니다.

이것들을 보고 들은 자는 나 요한이니 내가 듣고 볼 때에 이 일을 내게 보이던 천사의 발 앞에 경배하려고 엎드렸더니 (계 22:8)

이 모든 예언과 계시의 말씀들은 예수님의 제자 사도 요한이 바로 그 증인입니다. 사도 요한은 자신에게 모든 것을 설명하고 보여 준 천사에게 너무도 고마운 마음과 또한 하나님께 위탁을 받아 계시의 말씀을 전해 준 천사에게 예를 갖추는 것이 하나님께 예를 표하는 것이라 여겼음인지 얼른 그 자리에 엎드려 경배하려고 했습니다. 그러나 사도 요한이 아무래도 연로하여 기억력이 좀 깜빡깜빡하는지 전에도 그렇게 경배하려고 엎드렸다가 튕긴 것을 잊어버린 모양이었습니다. (이 화상이 똑같은 말 두 번 하게 만드네….)

그가 내게 말하기를 나는 너와 네 형제 선지자들과 또 이 두루마리의 말을 지키는 자들과 함께 된 종이니 그리하지 말고 하나님께 경배하라, 하더라. (계 22:9)

선지자들인 사도 요한의 형제들, 계시록의 말씀들을 지키는 자들과 같은 동료 종이라고 스스로를 소개하는 이 천사는 앞에도 말씀드렸듯이 뭔가 평범한 천사라고 보기에는 왠지 느낌이 묘한데 과연 이 천사는 누구일까요?

또 내게 말하되 이 두루마리의 예언의 말씀을 인봉하지 말라. 때가 가까우니라. 불의를 행하는 자는 그대로 불의를 행하고 더러운 자는 그대로 더럽고 의로운 자는 그대로 의를 행하고 거룩한 자는 그대로 거룩하게 하라. (계 22:10~11)

국내외 정세가 급박하고 언제라도 터질 듯 말 듯한 대격변의 시대를 마주하게 된 이때에 참으로 어설프고 서툴게나마 말씀을 풀어 전하게 된 것도 그때가 가까운 지금, 이 책의 예언의 말씀들을 봉인하지 말라는 주님의 명령을 수행한 것이 아닌가 합니다. 어쩌면 지금처럼 세상이 혼미해지고 미혹의 영이 판을 치며 구원의 확신은 희미해져 가고 재림 소망은 타락하며 복음 전파의 길이 좁혀져 가는 것도 불의한 자는 그대로 불의하게 두고,

더러운 자는 그대로 더럽게 두고, 의롭고 거룩한 자는 그 의로움과 거룩함을 간직하게 하라는 이 말씀이 응한 것인지도 모릅니다. 비유하자면 신입 사원을 추가 모집하지 않는 대신 이미 있는 경력직들의 고용을 보장하겠다는 느낌조차 들었습니다.

> **보라, 내가 속히 오리니 내가 줄 상이 내게 있어 각 사람에게 그가 행한 대로 갚아 주리라.** (계 22:12)

이 대환난 문턱에서 우리가 어떤 마음을 가지고 실천하느냐에 따라 우리에게 주어질 상급이 결정될 것입니다. 우리들은 구원은 믿음으로 받으나, 상급은 행위로 받을 것이며 행함이 없는 믿음은 상여금도, 인센티브도 없는 기본급에 지나지 않을 터입니다.

> **나는 알파와 오메가요, 처음과 마지막이요, 시작과 마침이라. 자기 두루마기를 빠는 자들은 복이 있으니 이는 그들이 생명나무에 나아가며 문들을 통하여 성에 들어갈 권세를 받으려 함이로다.** (계 22:13~14)

> **그의 계명들을 행하는 자는 복이 있나니, 이는 그들이 생명나무에 대한 권리를 가지며 또 그 문들을 통하여 도성 안으로 들어가게 하려 함이니라.** (계 22:14, 킹제임스)

두루마기를 빠는 자들 또는 계명들을 행하는 자들이란 그 무슨 행위나 행실을 정결하고 거룩하게 하고 온전히 죄에서 떠나는 그런 것을 의미하는 것이 아니라 결국 그들이 생명나무의 열매를 먹고 새 예루살렘으로 들어간다는 것을 보면 〈예수님에 대한 영접과 믿음〉을 의미합니다. 율법의 행위는 단 한 가지만 주춤해도 모든 율법을 다 범하는 것이지만 율법의 완성이

신 예수님을 영접하여 구주로 믿는다면 그런 자들에게는 예수님의 의로 인하여 모든 율법과 계명을 빠짐없이 다 지켜 행한 것과 같은 상태로 거듭나게 되는 것입니다.

개들과 점술가들과 음행하는 자들과 살인자들과 우상 숭배자들과 및 거짓말을 좋아하며 지어내는 자는 다 성 밖에 있으리라. (계 22:15)

이 바닥은 모 아니면 도, 이기 때문에 예수님을 영접하고 믿어 생명나무의 열매를 먹고 새 예루살렘 도성에 드나드는 자들 외에는 머물 곳이 없습니다. 새 하늘 아래, 새 땅 위에 머물 곳이 없다면 그들은 모조리 불못에 거할 뿐입니다. 그곳이야말로 예수님께서 말씀하신 〈바깥 어두운 데〉이며 그곳에서 그들은 슬피 울며 이를 갈 것입니다.

나 예수는 교회들을 위하여 내 사자를 보내어 이것들을 너희에게 증언하게 하였노라. 나는 다윗의 뿌리요, 자손이니, 곧 광명한 새벽별이라, 하시더라. (계 22:16)

이 모든 것들은 교회와 성도들에게 읽혀 주시고 알게 하시기 위해 천사를 보내셔서 사도 요한에게 증거하게 하신 것이며 주님의 목적은 모든 교회와 성도들이 자신들에게 주어진 구원과 상급과 영생과 영원 복락을 하나도 빠짐없이 누리게 하시는 것입니다.

성령과 신부가 말씀하시기를 오라, 하시는 도다. 듣는 자도 오라, 할 것이요, 목마른 자도 올 것이요, 또 원하는 자는 값없이 생명수를 받으라, 하시더라. (계 22:17)

(이 성령과 신부는 결단코 〈안상홍과 장길자〉와는 무관합니다.)

성령님께서 모든 교회와 성도들, 생명 있는 자들을 향하여 이 모든 행운과 행복과 은혜를 누리러 오라고 두 팔 벌려 초대하고 계십니다. 또한 신부 단장을 한 새 예루살렘이 우리를 향해 어서 오라고 초청하고 있습니다. 이 말씀을 듣는 모든 자가 그곳으로 올 수 있도록, 목마른 자들과 원하는 자들이 값없이 생명수를 마실 수 있도록 오늘도 보혜사 성령님께서는 동분서주하시며 모든 자의 심령에 역사하고 계십니다.

내가 이 두루마리의 예언의 말씀을 듣는 모든 사람에게 증언하노니 만일 누구든지 이것들 외에 더하면 하나님이 이 두루마리에 기록된 재앙들을 그에게 더하실 것이요, 만일 누구든지 이 두루마리의 예언의 말씀에서 제하여 버리면 하나님이 이 두루마리에 기록된 생명나무와 및 거룩한 성에 참여함을 제하여 버리시리라. (계 22:18~19)

이는 내가 이 책의 예언의 말씀들을 듣는 각 사람에게 증거함이니 누구든지 이것들에 더하면 하나님께서 이 책에 기록된 재앙들을 그에게 더하실 것이요 또 누구든지 이 예언의 말씀들에서 삭제하면 하나님께서 생명의 책과 거룩한 도성과 이 책에 기록된 것들에서 그의 부분을 제하여 버리시리라. (계 22:18~19, 킹제임스)

최후의 경고는 바로 이것입니다. 계시록의 말씀을 업신여겨서 멋대로 날조하고 조작하고 검열 삭제하며 편집하려 들고 싶으면 본인 모가지 개수를 잘 세어 보고 하든가 말든가 하라는 것입니다. 천년왕국이 상징이라느니 계시록의 말씀은 비유로 풀고 영적으로 봐야 한다느니, 교회는 환난을 통과해야 한다느니, 배도·멸망·구원의 계시록 실상이니 하는 것들에 정신들 팔지 말고 올바른 마라나타 신앙과 환난 전 휴거의 개념을 똑바로 세우고 주님 오심을 소망하기를 하나님께서는 원하고 계십니다.

이것들을 증언하신 이가 이르시되 내가 진실로 속히 오리라, 하시거늘 아멘, 주 예수여, 오시옵소서. (계 22:20)

반드시 속히 오리라 하신 주님의 약속에 우리의 대답은 오직 이것이니 "그렇습니다! 아멘! 주 예수여, 오시옵소서."입니다. 전에도 그랬고 지금도 그렇듯 앞으로도 주님 오실 그날까지 우리는 마음을 다하고 힘을 다하고 뜻을 다하여 주님을 사랑하고 기다릴 것입니다.

결국 1장부터 22장까지의 모든 계시록의 말씀들은 하나님께서 우리를 전에도 사랑하셨고, 지금도 사랑하시고, 앞으로도 영원히 사랑하고 계신다는 것을 보여 주고 있었습니다. 사랑하는 자녀들에게 그 모든 환난과 재앙들을 피하게 하고, 그 모든 축복과 복락을 누리게 하시려는 그것이 결국 계시록의 말씀을 우리에게 주시는 하나님의 목적이었습니다. 다만 하나님의 뜻은 그러하나 우리의 삶과 행실이 뜻 같지가 못하여 이래저래 흔들리고 휘청이며 때로는 꺾이고 넘어지고 쓰러지기 일쑤입니다. 그러나 결코 그것이 끝이 아닙니다. 우리는 언필칭 주님의 군사요, 살아가는 것이 영적 전쟁일진대 전쟁에서 늘 상승불패(常勝不敗)하고 필승무적(必勝無敵)이기를 바랄 수는 없는 노릇입니다. 전투에서 이기고 지는 것은 군인이 늘상 겪는 일이고 이길 때가 있으면 때로는 질 때도 있는 것이지요.

어떤 상황이 정말 심대하게 닥쳐 말로든 행동으로든 주님을 부정하고 믿음을 배반하는 행동을 해야 할 기로에 놓일 때도 분명 있을 것입니다. 물론 이런 경우에 죽으면 죽으리라 하고 순교할 각오로 맞선다면 가장 이상적이지만 모두가 다 그런 강대한 믿음을 가질 수는 없으며 그 상황에 눌려 어쩔 수 없는 선택을 해야 하는 경우가 있습니다. 그러나 설령 그런 상황에 놓여 주님을 부정하고 믿음을 배반하는 행동을 했다 할지언정 〈내가 주님을 배반하고 배도하였다〉고 혼자 끙끙 앓고 포기하고 좌절하고 주저앉지 말고 다시 주님께 돌아오셔야 합니다. 하나님께서 우리의 모든 행위를 검열하시고 심령을 감찰하시기에 그 선택을 해야만 했던 그 상황조차 알고 계십니다. 진정 주님께서 바라시는 것은 우리가 순교할 각오로 불의에 맞서 목숨을 던지는 것임과 동시에 쓰러졌다 해도 주저앉지 않고 다시 일어서서 주님께로 나오는 것입니다.

우리의 승리는 〈최후승리〉이지 〈무패전승〉이 아닙니다. 싸우는 족족 패할지라도, 패할 때마다 다시 일어나 싸워야 합니다.

개막전부터 결승전까지 100번의 대결에서 99번을 패했다 할지라도 최종 결승전에서의 승리를 바라보며 출전하는 것이 우리네 크리스천들입니다. 그 여정 중에 때로는 돌아서고 주저앉고 넘어지고 할지언정 우리가 향하는 그 여정의 끝이 〈예수 그리스도〉라면 우리는 진정한 승리자입니다. 전에도 사랑하셨고, 지금도 사랑하시고, 앞으로도 영원히 우리를 사랑하시며 그 독생자를 내어주시기까지 우리를 사랑하셨던 하나님께서는 잃어버린 모든 주의 자녀가 돌아오기를 원하고 계십니다. 이 모든 환난을 능히 피하고 주님의 신부로 온전히 설 수 있기를 간절히 바라고 계십니다. 간곡히 청하옵기는 전에 하나님을 사랑하셨다면 지금도, 앞으로도 그 사랑을 꼭 간직하시고, 지금 하나님을 사랑하고 계신다면 앞으로도 그 사랑을 버리지 마시고, 만약 어떤 문제로 인해 잠시 하나님을 등지고 있다면 당신을 사랑하셔서 기다리시는 하나님께로 지금 돌아오십시오. 지금 당신의 모습이 어떠하다 해도 괜찮습니다. 지금 당신의 모습이 불신자이며 배도자이고 미혹에 빠진 자이고 이단에 속한 자이며 교회를 대적하고 성경을 부정하며 구원의 확신을 짓밟고 영과 육으로 악을 행하고 죄에서 떠나지 아니한 죄인 중의 괴수라 할지라도 지금이라도 성령님의 인도하심을 따라 예수님께로 돌아오셔서 당신의 인생 여정의 끝을 〈예수 그리스도〉로 마무리하고 주님께서 다시 오실 큰 기쁨의 날에 함께 주님을 만나러 가야 하지 않겠습니까?

주 예수의 은혜가 모든 자들에게 있을지어다. 아멘. (계 22:21)

그러므로 우리는 우리 주 예수 그리스도의 은혜에 힘입어 주님께서 가르치신 대로 이렇게 기도해야 하겠습니다.

> **하늘에 계신 우리 아버지여,**
> **이름이 거룩히 여김을 받으시오며 나라가 임하시오며**
> **뜻이 하늘에서 이루어진 것 같이 땅에서도 이루어지이다.**
> **오늘 우리에게 일용할 양식을 주시옵고**
> **우리가 우리에게 죄지은 자를 사하여 준 것 같이**
> **우리 죄를 사하여 주시옵고**
> **우리를 시험에 들게 하지 마시옵고 다만 악에서 구하시옵소서.**
> **나라와 권세와 영광이 아버지께 영원히 있사옵니다. 아멘.**

흥미로운 이야기들 & 후기

야심 차게 준비했던 요한계시록 강해가 총 22장 과정을 마무리하였습니다.

원래 드라마가 끝나도 메이킹 필름이 공개되는 법이고 강의가 마쳐도 보충 수업이 있는 법이라 그냥 끝내기는 좀 허전해서 본편에서 다소 설명이 미진했거나 혹은 여러분께 좀 더 설명해 드렸으면 하는 내용들에 대해서 번외 편을 마련하여 추가로 설명을 해 드릴 계획이었습니다. 유수한 목사님들의 중후하면서도 학구적인 강해와 달리 모험적이고 실험적인 저의 강해가 다소 새롭게 느껴지셨을 수도 있을 것이나 사실 완벽한 것은 이 땅에서는 없을 것입니다. 계시록을 가장 정확하게 이해하려면 우리가 휴거된 후 하늘나라에서 사도 요한을 직접 만나서 막걸리 한 됫박에 부침개 한 접시라도 대접하면서 리뷰를 들어야 할 것입니다. 먼저 여러분께 계시록의 전체적인 진행을 한 큐에 보실 수 있게 도표 형식으로 정리해 드릴까 합니다.

장	내용
1장	* 사도 요한이 계시록을 집필한 배경 * 일곱 교회에 편지하라는 명령을 받음
2장	* 에베소 · 서머나 교회에 보내는 편지 * 버가모 · 두아디라 교회에 보내는 편지
3장	* 사데 · 빌라델비아 교회에 보내는 편지 * 라오디게아 교회에 보내는 편지
* 사도 요한 당대에 속히 일어날 일들 + 교회에 주시는 상급	

4장	* 하늘로 올라가서 네 생물과 하나님의 보좌를 목격
5장	* 어린양께서 일곱 인으로 봉인된 책을 받으심
6장	* 어린양께서 일곱 인을 떼심 * 첫째 인 → 흰말, 적그리스도의 등장 * 둘째 인 → 붉은 말, 전쟁과 학살 * 셋째 인 → 검은 말, 경제난과 식량난 * 넷째 인 → 청황색 말, 땅 4분의 1을 짐승이 점령 * 다섯째 인 → 후 3년 반 순교자들의 간구 * 여섯째 인 → 지상 재림과 세계정부의 멸망

* 일곱 인은 대환난 전체를 미리 보여 주는 예고편

7장	* 이스라엘 열두 지파에서 14만 4천 명이 인을 맞음 * 전 3년 반에 거의 모든 회심자가 사망하여 승천
8장	* 일곱째 인 → 나팔 재앙의 준비 * 첫째 나팔 → 피 섞인 우박과 불 * 둘째 나팔 → 거대한 산이 바다로 떨어짐 * 셋째 나팔 → 큰 별이 강과 물에 떨어짐 * 넷째 나팔 → 빛의 3분의 1이 어두워짐

* 1~4번째 나팔은 곡과 마곡 전쟁 · 극동 대전쟁과 병행함
* 두 증인의 재앙도 병행하여 추가됨

9장	* 다섯째 나팔 → 5개월간의 황충 재앙 * 여섯째 나팔 → 유브라데강 전쟁 * 전 3년 반의 종결

* 신생 세계정부와 동양 연합의 1차 격돌
* 적그리스도의 승리로 세계 패권 장악

10장	* 사도 요한이 일곱 우렛소리를 들음 * 사도 요한이 천사로부터 작은 책을 받아서 먹음
11장	* 두 증인이 1,260일 동안 예언하고 재앙을 내림 * 전 3년 반이 끝나자 적그리스도에 의해 사망함 * 두 증인이 부활 승천하고 대지진이 일어남

* 두 증인은 모세와 엘리야

12장	* 해를 입고 달을 딛고 열두 별의 면류관을 쓴 여인 * 아이를 삼키려고 달려드는 용 * 철장으로 만국을 다스릴 아이를 낳음 * 천사들이 용과 마귀들을 하늘에서 쫓아냄 * 아이는 하늘로 올라가고 여인은 광야로 피함 * 한 때와 두 때와 반 때 동안 보호받을 피난처

* 여인은 이스라엘, 아이는 예수님
* 옛 암몬과 모압과 에돔의 광야로 피난처들이 마련됨
* 이때 사탄은 공중 권세를 잃고 지구로 떨어짐

13장	* 바다에서 첫째 짐승이 올라와 마흔두 달간 집권 * 이스라엘, 유대인들이 짐승에게 패하여 깨어짐 * 그가 지배하는 영역에서 모든 족속을 다스림 * 땅에서 둘째 짐승이 올라와 세상을 미혹함 * 첫째 짐승이 죽었다가 살아남 * 둘째 짐승이 우상을 만들어 경배하게 함 * 우상에 경배하지 않는 자들을 학살함 * 첫째 짐승의 이름과 수로 표를 만들어 받게 함 * 짐승의 666 표가 없는 자들은 매매가 불가능함

* 첫째 짐승은 적그리스도, 둘째 짐승은 거짓 선지자
* 유럽 합중국을 베이스로 하여 지구의 4분의 1을 지배함
* 이 시점에 교회는 없으며 성도는 이스라엘, 유대인
* 짐승은 영적인 모습이며 겉으로는 인간 모습을 하고 있음

14장	* 시온산 위에 선 14만 4천 명 * 유대인 남성들로 구성됨 * 곡식을 거두고 포도를 거둘 때가 이르렀음 * 큰 성 바빌론의 멸망이 선포됨
15장	* 유리 바다 위에서 구원받은 유대인들이 찬양함 * 일곱 대접을 든 천사들이 준비됨
16장	* 첫째 대접 → 짐승 표를 받은 자들에게 악성 종기 * 둘째 대접 → 바다가 피가 되어 수자원 말살 * 셋째 대접 → 강과 하천이 피로 변함 * 넷째 대접 → 해가 뜨거워져 사람들을 불태움 * 다섯째 대접 → 세계정부가 흑암에 휩싸임 * 여섯째 대접 → 유브라데강이 말라 버림 * 일곱째 대접 → 대지진으로 도시들이 무너짐 * 개구리 같은 세 영이 왕들을 아마겟돈으로 부름 * 섬들과 산들이 지각변동을 일으킴 * 큰 우박이 떨어져 많은 피해를 일으킴

	* 일곱 대접 재앙은 상당수가 적그리스도의 영역에 떨어짐 * 세계정부 · 동양 연합 · 유라시아 연합이 천하삼분을 이룸
17장	* 일곱 머리와 열 뿔 가진 짐승을 탄 음녀 바빌론 * 열 뿔, 열 왕이 적그리스도에게 권세를 넘겨줌 * 열 뿔이 음녀를 미워하여 숙청함
	* 큰 음녀 바빌론은 로마 가톨릭 및 단일 세계종교 * 열 뿔, 열 왕은 유럽 합중국 * 유럽 합중국 → 단일 세계정부 순으로 영토가 확장됨 * 유럽 → 지구 25% → 최대 지구의 75%까지 지배함
18장	* 큰 성 바빌론이 무너짐 * 모든 상고들과 선원들이 통곡함
	* 큰 음녀 바빌론과 큰 성 바빌론은 동일한 존재 * 기존의 교황권이 숙청된 후 후임자를 충원하여 계속 유지 * 바빌론은 핵 공격과 지각변동으로 인해 파괴되고 침몰함
19장	* 어린양과 성도들의 지상 재림 * 짐승과 거짓 선지자가 불못으로 던져짐 * 짐승의 군대는 모조리 전멸함
	* 적그리스도의 군대와 동양 연합 군대가 격돌 * 양쪽이 모두 예루살렘을 노리고 쳐들어옴 * 전투 중에 예수님의 지상 재림 * 적그리스도의 군대와 동양 군대 일부는 예수님을 대적함 * 예수님을 대적한 자들은 전멸하고 나머지는 살아남음 * 생존한 동양 연합 군대는 살아남아 천년왕국에 입성함 * 재림 후 양과 염소의 심판으로 모든 민족을 심판함 * 짐승의 표를 받은 나머지 인류는 모조리 지옥에 떨어짐 * 짐승의 표 없이 이스라엘을 도운 국가는 천년왕국에 들어감
20장	* 용이 체포되어 무저갱에 1,000년 간 봉인됨 * 짐승의 표를 거부하고 순교한 자들이 부활함 * 휴거 신부와 순교자들은 왕 노릇을 함 * 나머지 구약 성도들은 부활 없이 천국에서 거주함 * 지옥에 떨어진 자들도 부활 없이 지옥에서 거주함 * 1,000년 이후 사탄이 무저갱에서 풀려남 * 다수 백성들을 미혹하여 전쟁을 일으킴 * 예루살렘을 포위했다가 하나님께 진압당함 * 짐승과 거짓 선지자가 있는 불못으로 용이 떨어짐 * 지옥에 있던 자들이 부활하여 백보좌 심판을 받음 * 최종적으로 모조리 불못으로 떨어짐

21장	* 새 하늘과 새 땅이 열리고 새 예루살렘이 내려옴 * 휴거 신부들은 그대로 왕 노릇을 함 * 사도 요한이 새 예루살렘을 설명함
22장	* 생명나무의 열매와 잎사귀 * 어린양의 보좌에서 생명수의 강이 흘러나옴 * 휴거 신부들과 14만 4천 명은 하나님을 대면함 * 마지막 당부 말씀과 종결

* 마라나타....

이렇게 정리해 볼 수 있겠습니다. 참 쉽죠잉?

이제부터 몇 가지 문의에 답변과 보충 설명을 드리겠습니다.

▎ 1. 무저갱은 몇 번 열리는가?

사실 무저갱은 일반 불신자들이 들어가는 지옥과는 달리 뭔가 특별한 곳입니다. 굳이 말하자면 인간 영혼이 갇히는 감옥을 지옥 또는 음부라고 한다면 타락 천사, 마귀들이 들어가는 감옥을 일컬어 무저갱이라 하지요. 이 무저갱이 제대로 영업을 한 때는 바로 홍수 이전에 전 인류를 대상으로 혼혈을 하여 네피림을 생산했던, 그리고 홍수 이후에는 가나안 족속들을 대상으로 네피림을 생산했던 그 타락 천사들을 어둠의 사슬로 묶고 영원한 결박으로 봉인하여 흑암에 가둔 것입니다. 그러나 하나님께서 사탄을 인간 경작의 도구로 쓰시고자 그 패거리들을 모두 다 무저갱에 유폐하지 않으시고 〈공중 권세〉를 잡는 것을 허락하셔서 지구와 천국 사이의, 흔히 은하계라 불리는 어두운 하늘에 거하도록 하셨습니다. 그리하여 무저갱에 봉인된 마귀들이 있고, 공중 권세 잡은 마귀들이 있는 것입니다.

(지옥에서 영혼들을 괴롭히는 마귀는 없습니다. 무저갱이 아니면 큰 깊음이라 불리는 은하계 둘 중 하나가 저들의 처소입니다.)

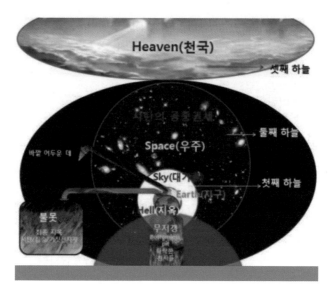

Heaven(천국)

셋째 하늘

사탄의 공중권세

Space(우주)

둘째 하늘

바깥 어두운 데

Sky(대기)

첫째 하늘

Earth(지구)

Hell(지옥)

불못
최후 지옥
(불과 유황 못/겟세마네)

무저갱
Bottomless
악한
천사들

딱 제가 생각한 그대로를 묘사한 그림입니다.

어쨌든 무저갱은 그냥 일반적인 형벌을 주시는 감옥이라기보다는 하나님의 특별한 계획과 역사에 의하여 용도를 가진 곳이기에 열었다 닫았다 하는 공간인데 이 무저갱이 몇 번 열렸던 적이 있습니다. 우선은 적그리스도가 처음으로 지상에 나와서 예수님을 해하려 들었던, 바로 이스카리옷 유다, 가룟 유다의 탄생 때 한 번 무저갱이 열렸겠지요. 그리고는 그가 다시 무저갱으로 돌아갔는데 특이하게 사도들은 그런 그를 향해 〈자기 처소로 갔다〉는 표현을 사용합니다. 그리고 두 번째 열린 것은 그가 7년 대환난에 활약하기 위해 시기는 알 수 없으나 다시 인간으로 태어났을 때로 추측됩니다. 세 번째 열린 것은 나팔 재앙 때 황충 재앙을 위하여 잠시 열었다가 5개월 후 다시 봉인하셨고 네 번째 열린 것은 아마겟돈 전쟁 직후 천사가 용을 잡아서 처넣기 위해서였습니다. 그리고 마지막으로는 천년왕국 말미에 사탄이 잠시 풀려나느라고 열렸었지요. 이렇게 무저갱은 총 네 번 열립니다.

(처음 개업하여 손님들을 맞이한 것부터 치면 다섯 번이겠지요.)

▎ 2. 지옥과 무저갱과 불못의 차이점은?

지옥은 현재 불신자들이 죽으면 가는 곳으로 부자와 나사로의 예화 그대로입니다. 불신자들은 불로 고통받으며 성경에 나오는 지옥의 모습은 타오르는 불입니다. 무저갱은 앞서 설명을 해 드렸듯이 마귀들을 결박하여 가둬 놓는 공간이며 당연히 감옥이니만치 마귀들도 고통을 받고, 황충 재앙 때 무저갱을 열자 거대한 연기가 솟았다는 것을 볼 때 그곳도 마찬가지로 불과 열기로 형벌을 주는 것으로 추측됩니다. 불못은 아마겟돈 전쟁 직후에 생성되며 그 생성되는 위치는 아마겟돈 전장을 둘러싼 주변 지역 일대입니다. 짐승과 거짓 선지자가 먼저 들어가고 나머지 지옥에 갇힌 자들은 천년왕국 후 부활하여 백보좌 심판을 받은 후 다시 지옥에서 불못으로 옮겨져 영원히 고통받습니다. 지옥에서는 그나마 살아생전의 인간 모습으로 형벌을 받지만 불못에 이르면 인간의 모습마저 잃어버리고 구더기, 벌레, 뱀, 새, 동물, 괴물 등 갖가지 짐승 모습으로 전락하는 것으로 보입니다.

(불못에 떨어진 자들을 보는 사람들이 〈가증함〉을 느낀다니….)

▎ 3. 게 3:10 "시험의 때에 너를 지키리니"의 의미는?

여전히 알쏭달쏭하신 분들이 더러 계실 듯한데 저 구절을 영어로 하면 'keep~ from' 구문입니다. 여기에서 keep이란 단어 자체가 이미 '~하지 않도록'이라는 의미를 담고 있습니다. 단순히 '지킨다'가 아니라 그것을 당하지 않도록 지켜준다는 의미입니다. 그러니 'from the hour of temptation'이란 〈시험의 때로부터〉 지켜 준다는 것으로서 명확하게 〈시험을 겪지 않도록〉 지켜 주신다는 의미가 되는 것입니다.

> ▎ 시험의 시간 동안 지켜 주신다는 게 아니고
> ▎ 시험의 와중에 지켜 주신다는 게 아니고

> 시험의 때에 지켜 주신다는 게 아니고
> 시험의 때로부터 지켜 주신다는 의미인 것입니다.

(엎어치든 메치든 시험을 겪지 않게 해 주신다는 의미다….)

4. 인을 맞는 자들이 유대인 14만 4천 명뿐인가?

인을 맞은 자들만 황충 재앙을 피할 수 있다고 하였는데 나팔 재앙이 전 3년 반에 일어나고, 인 맞은 자들이 유대인 14만 4천 명뿐이라면 그때 회개하여 예수님을 믿은 환난 성도들은 황충 재앙을 고스란히 당해야 하는 것인가, 아니면 그때까지는 예수님을 영접한 환난 성도가 없는 것인가, 정말 유대인 14만 4천 명만 인을 맞아 황충 재앙을 피할 수 있는 것인가 하는 문의를 해 주신 분이 계셨는데, 저는 첫 번째 질문과 마지막 질문에 대하여 'Yes'라고 답변해 드리겠습니다. 인 맞은 자는 오직 유대인 14만 4천 명뿐이며 그들만이 휴거 신부와 대등한 특권을 누리게 됩니다. 그 나머지는 황충 재앙을 감내해야 합니다. 성령님이 충만하게 역사하시는 휴거 이전 은혜 시대에는 끝까지 예수님 믿기를 거부하고 올바로 구원의 확신도 없이 살다가 환난에까지 떨어졌으니 그 시절에 처하여서는 더 이상 입으로, 마음으로만 영접하고 믿는다고 될 것이 아니고 〈온갖 환난과 황충 재앙을 온몸으로 겪어 내며〉 뼈를 깎는 고초 속에서 회개하고 회심하며, 그 행위로써 자신의 믿음을 증명해야 합니다. 우리가 지금 이때에 예수님을 믿고 영접하여 구원받는 것이 얼마나 큰 은혜이고 특권이며 거저 주신 선물인지 아시겠지요?

5. 사도 요한에게 계시를 전해 준 천사는 누구인가?

아마도 천사가 여러 번 바뀌었다기보다는 같은 천사가 전담으로 거의 대부분의 계시를 전달해 준 것 같은데 모르긴 몰라도 이 천사는 땅과 바다를 딛고 서서 작은 책을 건네주었던 그 천사와 동일 인물일지도 모릅니다.

천사들의 체구에 대해서는 나와 있지 않기에 그 천사가 일곱 대접 재앙에도 참여했다고 하면 가능한 일이지요. 그런데 그 천사는 저도 주목했듯이 평범한 천사와는 달리, 마치 자기가 선지자나 사도라도 되는 것처럼 얘기하고 있는데 이 천사는 과연 누구일까 하는 것입니다. 예수님의 엘리트 제자들인 열두 사도의 일원, 게다가 면류관을 쓰고 보좌에 앉을 이십사 장로의 일원인 사도 요한을 향해 너너 거리면서 말을 까고 호령질을 할 수 있을 만큼 대가 센 천사인데 보시면 이 천사는 마치 그가 하나님인 것처럼 읽는 사람이 착각할 만큼 하나님의 명령을 직접 위임받아 전달하며, 기적을 행하고, 계시와 환상을 전달하는 자입니다. 하나님의 대리인, 작은 하나님, 소 야훼 등으로 불리며 기적들을 행하고 출애굽 하는 히브리 백성들의 성막에 하나님 대신 임재하여 하나님의 말씀들을 전달했던 천사장은 유대 전승에 의하면 그 이름이 〈메타트론〉입니다. 천사들 중 가장 거대하고 막강하며 때로는 총사인 미카엘보다 더욱 존재감이 있는데 대표적으로는 출애굽 하는 히브리 백성들에게 하나님께서 딸려 보내셔서 구름 기둥과 불꽃 기둥의 모습으로 인도하고 모세를 도와 홍해를 가르고 파라오의 병거 바퀴들을 쳐부수어 히브리 백성들을 구해 내고 또한 가나안 족속들을 지배하던 마귀들을 모조리 박살 내어 무저갱에 가둔 천사이기도 합니다.

이렇게 천사들 중에서 드물게 실무적인 기적을 행하며 강력한 파워를 보여 준 메타트론은 그 칭호만 해도 불세출의 위대한 자, 계약의 천사, 파괴의 천사, 천국의 재상, 천상의 서기, 작은 하나님, 천사들의 왕 등 어마어마한 타이틀을 보유하고 있는데 그의 펜대질 한 번에 천군천사들의 업적이 생겼다가 지워졌다 하면서 무려 하나님의 보좌 앞에서 유일하게 〈앉아 있는 것이 허락된〉 거물급의 천사입니다. 그런데 이 대천사장, 메타트론은 유대 전승에 의하면 바로 최초의 휴거자이며 최초의 선지자인 〈에녹〉입니다. 에녹은 하나님과 동행하며 365년을 살았고 휴거되었으며 하늘로 부름받아 미래에 일어날 여러 가지 일들을 계시받았던, 한 마디로 사도 요한의 구약 버전입니다. 그는 노아의 홍수를 미리 보았기에 아들 이름을 〈므두셀라〉, 그가 죽은 후에 심판이 온다는 의미로 지었고 심지어는 수천 년 후의 미래에 있을 지상 재림까지 목격한 선지자였습니다.

아담의 칠대 손 에녹이 이 사람들에 대하여도 예언하여 이르되 보라, 주께서 그 수만의 거룩한 자와 함께 임하셨나니 (유 1:14)

에녹은 사도 요한처럼 하늘로 들림받아 온갖 계시들을 보았고 그의 마지막은 천사들과 같은 영광스러운 몸으로 변신하는 것이었는데 그를 통하여 이후의 휴거 신부들이 어떻게 변화될지 하나님께서는 미리 보여 주셨다고 할 수 있을 것입니다. 그런데 중요한 것은 지상에서는 족장이자 선지자였던 에녹이 들림받은 후에는 영광스러운 육신으로 천사처럼 변신한 것이며 유대 전승에서는 에녹이 천사로 변신한 것을 〈메타트론〉이라는 이름의 천사장이 된 것으로 생각했습니다. 사도 요한을 가이드하며 계시록의 예언과 환상들을 보여 주었던 천사가 이 메타트론이라면 그야말로 수천 년 전 최초의 선지자가 자신의 새까만 후배 선지자인 사도 요한에게 하나님의 말씀을 전달해 주고 있는 모습이겠지요. 에녹과 요한의 선지자 짬밥 차이를 해병대 기수로 환산하면 거의 해병대 1기와 76,000기 정도 차이가 나는 셈이니, 이 정도면 거의 사도 요한이 에녹의 군화를 닦고 있어도 모자랄 어마어마한 대선배입니다. 그 정도 되니 그 천사가 사도 요한을 향해 너너 거리면서 호령질을 할 수 있지 않았을까요? 그렇고 하니 사도 요한도 전해 주는 계시를 듣고 넙죽 엎드려 경배하려고 했고 천사는 손사래를 치며 오버하지 말라고 내밀며 슬쩍 〈너나 나나 같은 선지자이고 주의 종인데….〉 하며 너스레를 떨었던 것이 아닐까 하는 생각도 들었습니다. 저의 개인적인 견해이긴 한데 왠지 흥미롭습니다.

여기까지 계시록 강해를 마무리하며 번외 편으로 몇 가지 이야기를 나누어 보았습니다.

　무슨 뜻인지도 모르고 그저 읽고 또 읽었던 요한계시록, 철이 좀 들고 나서는 다른 목사님들의 강해를 읽으며 배우고 또 배웠던 요한계시록을 24년이 지나 제 손으로 서투나마 형제자매 여러분들께 참고가 되어 드릴 글을 내게 되어 참으로 기쁘기 그지없습니다. 무엇보다도 여기까지 이 어설픈 종을 인도하시고 도와주신 에벤에셀의 하나님께 모든 영광을 올려 드리며 저의 몇 마디가 시대의 징조를 분별하고 계시록의 말씀을 상고하실 많은 분들께 겨자씨만 한 도움이라도 될 수 있다면 그보다 더 큰 즐거움이 없을 듯합니다. 최대한 누구라도 쉽고 편하게 읽을 수 있도록, 마치 앞에서 말로 설명해 주는 느낌이 드시게끔 구어체로 작성했으며 자칫 딱딱할 수도 있는 학술적인 내용들 사이사이에 재주껏 드립을 치고 개그도 섞어 가며 윤활유를 바르는 센스도 발휘해 보았습니다. 계시록의 말씀이 성경 육십육 권 중에 가장 교회와 성도들에게 생소하게 여겨지지만 그래도 정말 많은 국내외 주의 종들이 계시록 강해를 집필하였고 저 또한 수십 년간 공부하고 상고하는 과정에서 여러 강해들을 읽고 참고하였습니다. 앞선 선배, 선열들의 크나큰 노고와 섬김에 감사를 드리며 후학으로서 그 연구와 지식을 계승, 발전시킨다는 마음에 약간의 노력을 더하여 보았습니다. 특히 저는 계시록 본문에 문자적으로 적혀 있는 내용을 〈개연성 있게 설명하는데〉 중점을 두었고 상징과 비유보다 문자적 해석을 기준으로 했으며 특히 본문이 탐정인지라 〈추리〉를 활용하여 마치 단서를 모아 사건의 트릭을 풀듯이 말씀을 풀어내었습니다.

　아마 이전의 다른 계시록 강해들에서 들어 보지 못하셨던 내용이나, 속 시원하게 답을 주지 못했던 난제들, 또는 스쳐 지나갔던 내용들에 대한 대답도 본서를 통해 어느 정도는 답을 얻으실 것입니다. 일단 그것들은 저 자신부터가 계시록을 공부하는 와중에 매우 궁금했던 것들이었기에 사람 사는 것 다 거기서 거기라고 제가 궁금했던 것은 여러분들도 궁금하실 것이라 여겨졌습니다. 말은 요한계시록 강해이지만 계시록은 물론 성경 전체를 아우르는 분석이었으며 종말론은 물론 구원론에 대해서도 집중하여 다시 오실 주님을 사모하고 시대의 징조를 분별하는 것만큼이나 여러분들로 하여금 구원의 확신을 가지시게 하고픈 소망이 제 마음속에 가득했기에 이런 염원이 본서를 읽으실 여러분의 심령을 움직였으면 하고 간구할 따름입니다.

요즘같이 난리와 난리 소문이 일어나고 도처에 전쟁과 전쟁 위기가 감도는 이때에 우리가 붙들 것은 결국 주님의 십자가요, 우리가 의지할 곳은 결국 아버지 하나님의 사랑입니다. 저와 여러분 모두의 영혼에 성령님이 충만하여 계시고 내가 오늘 죽더라도 주님과 티타임을 가질 수 있다는 구원의 확신이 있는 한 그날과 그 시를 알지 못하더라도 우리는 이미 다시 오실 주님과 함께 살아가는 것입니다. 아무쪼록 이 마지막 때에 어떤 미혹과 속임에도 여러분의 영과 육을 내어주지 마시고 여러분이 살아갈 오늘 하루를 감사히 살아가시며 어떤 인생 계획도 포기하지 말고 생업과 가정과 학업과 여러분이 속해 있는 모든 곳에서 성실하게, 진실하게, 신실하게, 그리스도인으로서 최고의 모습을 보여 주시기 바랍니다. 여러분의 그 모습에 하나님께서 기쁨을 감추지 못하실 것이며 여러분께 씌워 줄 면류관을 보다 더 아름답게 만드실 것입니다. 저의 책을 읽어 주실 여러분을 진심으로 사랑하고 축복하며 다시 한번 저의 전부이신 주 예수님께 모든 영광을 올려 드립니다.

계시탐정의 서재에서

장진욱 목사 올림